U0804452

# 太平天国

## 狂飙实相

A Legend of the Taiping Movement

宋平明 著

中国出版集团有限公司
世界图书出版公司
北京 广州 上海 西安

**图书在版编目（CIP）数据**

太平天国狂飙实相 / 宋平明著. — 北京：世界图书出版有限公司北京分公司，2023.4
ISBN 978-7-5232-0269-2

Ⅰ. ①太… Ⅱ. ①宋… Ⅲ. ①太平天国革命—通俗读物 Ⅳ. ①K254.09

中国国家版本馆CIP数据核字（2023）第044797号

书　　名　太平天国狂飙实相
　　　　　TAIPING TIANGUO KUANGBIAO SHIXIANG

著　　者　宋平明
策划编辑　赵　茜
责任编辑　赵　茜
责任校对　张建民
装帧设计　崔欣晔

出版发行　世界图书出版有限公司北京分公司
地　　址　北京市东城区朝内大街137号
邮　　编　100010
电　　话　010-64038355（发行）　64033507（总编室）
网　　址　http://www.wpcbj.com.cn
邮　　箱　wpcbjst@vip.163.com
销　　售　新华书店
印　　刷　中煤（北京）印务有限公司
开　　本　880mm × 1230mm　1/32
印　　张　11.75
字　　数　280千字
版　　次　2023年4月第1版
印　　次　2023年4月第1次印刷
国际书号　ISBN 978-7-5232-0269-2
定　　价　58.00元

**版权所有　翻印必究**
（如发现印装质量问题，请与本公司联系调换）

# 自序

我以前是新东方的一名英语老师，上了无数的英语课，教了无数来自天南海北的学生。在讲了七八年英语课之后，我发现在英语课堂上，我竟然大段大段地在讲历史，学生竟然听得津津有味，还有人觉得我讲历史比讲英语更合适，甚至鼓励我同时开一门历史课。

学生的这种鼓励，我有时把它当作玩笑，有时把它当作对自己的鞭策和质问。我经常问自己一个问题：宋平明，你到底是一个历史老师还是一个英语老师？对于这个灵魂之问，我没法回答，自己也不知道答案。既然无法做出明确的取舍和分割，那就只能两者兼容在一起。因此，自从2011年起，我开始在中国社会科学院近代史研究所攻读历史学博士学位，同时继续从事英语教学工作。几年过去，倒也能坚持下来，兼顾得还不错。

在此期间，我发现自己对太平天国这段历史特别感兴趣。而且，我们大多数人似乎对太平天国这段历史也都十分熟悉。因为，我们从小到大的各级教科书中对这段发生于晚清时期的农民起义都做了专门的介绍，并且给予了极高的评价，我们甚至要背诵和牢记金田起义的具体日期、事件经过及其教训，太平天国运动的历史意义成为各级历史课必考的考点。所以，太平天国这一段历史，深深地印在我们每一个人的脑海里。

但是，随着翻看的相关资料和著作的不断增多，我越来越发现这些材料所讲述的太平天国历史与我们从小到大在历史教科书上学习的不太一样。刻印在我们脑海中的这段历史，过于呆板和僵化，人物不够鲜活，故事不够生动，逻辑不够顺畅。能够让我们记起的，可能只是几个脸谱化的历史人物，比如洪秀全、杨秀清、石达开等几个“好人”，以及曾国藩、李鸿章、左宗棠等几个“坏人”；可能只是几个历史片段及细节，比如金田起义的波澜壮阔，天京内讧的互相残杀，天王洪秀全富丽堂皇的天王府等；也可能只是两个历史文献，也就是《天朝田亩制度》和《资政新篇》。因此，我们对太平天国这段历史的了解大多是片面的、孤立的和不连贯的。很多问题，我们可能并没有搞清楚。比如，有一个特别简单和要命的问题就是，为什么那么正面的太平天国运动和洪秀全竟然败在那么腐朽的清王朝手里？再具体而言，为什么洪秀全要去创立拜上帝会？拜上帝会是如何从一个宗教性团体狂飙猛进而变成一个颇具战力的战斗集体？清政府为什么没有在广西境内将拜上帝会扼杀在萌芽状态？太平军如何冲出广西并一路杀向南京？太平天国的两个历史文献《天朝田亩制度》和《资政新篇》为什么没有改变太平天国乃至整个中国的命运？天京内讧为什么会发生，它对太平天国的发展又有什么影响？为什么是曾国藩这个清朝文官平定了太平天国运动？太平天国运动对晚清政局，乃至对中国近代史有哪些影响？

因此，在翻看了众多的太平天国史料和著作之后，我要自己写一本不同的太平天国史的愿望越来越强烈，并试图去回答上述诸问题。但是，写作一本太平天国史，是一个实在过于浩大而枯燥的事情。一方面担心自己能力有限而无法完成，即使写出来，也可能会枯燥无比，令读者昏昏欲睡，读不下去。索性化繁就简，将太平天国暴风疾雨般的兴衰实相用轻松欢快的语言去讲述出来，让这段太平天国的狂飙往事成为我们口中的故事，让这段故事成为我们心中的历史，再让这段历史照进我们生活的现实。

这就是写作本书的初心。不忘初心，方得始终！

本书不止回答上述诸多问题。更重要的是，我们将一起思考洪秀全、杨秀清、萧朝贵及冯云山等首义诸王的人设是如何建立起来的，又是如何崩塌的？在整个太平天国运动中，他们的心路历程到底是怎样的？他们的梦想、希望和荣光是如何迸发的，又是如何幻灭的？他们经历了哪些挣扎和曲折？他们对国家和民族的前途又有怎样的考量？他们对自己的前途和命运又有什么样的安排？这些问题，我试图在本书中做出自己的解答。

太平天国运动已经过去150多年了。其间，华夏大地和炎黄子孙经历了太多的苦难和曲折，也创造了诸多的辉煌和荣耀；英雄和小丑，君子和小人，各色人等，纷纷粉墨登场，东西南北中，生旦净末丑，是谁谁知道。

时间是最无情的东西。随着时间的消逝，一切都成为往事，往事变成历史，历史又成了故事，故事能够化解心事。然而，历史人物的心事，又最难揣摩、分析。因此，我只能借助往事，试图去还原那段历史，让历史来讲述曾经的故事。

在此，特别感谢本书的责任编辑赵茜老师。在编辑出版的过程中，赵老师付出了最大程度的心血和智慧，其细致和认真、其智慧和担当，都让人印象深刻和赞叹不已。同时，还要感谢我的爱人杨娜和我的儿子宋亦杨，在本书写作的过程中，他们给予了我最大程度的关心、支持和鼓励。

是为序。

宋平明

2023年3月于北京

# 目录

第十七章 结局

# 第一章 鸦片

龙凤大花钱（面）

龙凤大花钱（背）

## 清朝还算不错的开局

在中国古代历史所有朝代中，我们应该对清朝最为熟悉。一方面，是因为这个朝代在历史的时间轴上距离我们最近，遗留下的各种资料和信息比较多；另一方面，因为各种清宫剧的狂轰滥炸，无论是正剧还是戏说剧，都在上演皇帝、皇后、皇太后、格格，甚至太监的戏码，使我们对清朝的人物和历史有更为全面、立体、多元的认识。

一般来说，清朝给人们带来的印象不佳，这大概是因为，在晚清时期，清朝接二连三地签订不平等条约。大家觉得清王朝没有照看好中华大地，又是割地，又是赔款，不断丧权辱国。所以，很多人觉得清朝对不起我们所有人，清朝的皇帝们欠我们现代所有人一个道歉。似乎，近代以来中国所蒙受的耻辱都是清朝带来的。

但是，如果我们把眼光放长远一点，把评价和认识清朝的时间轴从晚清往前挪一百年，就会发现一个和我们平时印象不太一样的大清帝国。从中国传统史学的观点来看，纵观有清一代，与中国历史上其他朝代比起来，无论是文治还是武功，清王朝应该是做得还不错的朝代，至少清朝前期应该是这样的。

为什么这么说？

从武功方面来看，我们目前拥有的辽阔疆土还是应该感谢康熙、雍正和乾隆这三位清朝皇帝。康雍乾时期，大清帝国开疆拓土，四处征战和平叛，给后世子孙打下了一片大大的疆土。康熙帝平三藩，收台湾，驱除沙俄入侵，打败准噶尔部，统一了大片疆土。1691年，康熙将大漠以北的喀尔喀蒙古并入版图，外蒙古正式并入清朝版图；1720年，康熙解除准噶尔部对西藏的占领并由此在军事上控制了西藏。雍正时期，清朝继续加大对准噶尔部的攻打。乾隆年间，大概在1750年代后期，清军最终击败了准噶尔和维吾尔部落。算上在东北龙兴之地发迹时所统治的东北以及蒙古地区，清朝已经成为一个疆土辽阔的大帝国。它的疆土北到外兴安岭，西到帕米尔和后藏的阿里地区，东到库页岛，南到南海，疆域达到极盛。历经100多年，康雍乾祖孙三代一心一意开疆拓土，兢兢业业卫护江山，到了嘉庆时，大清的疆土总计达1316万平方公里，达到了有清一代的最高峰。

然而，到了晚清时期，大清的皇帝们一个比一个弱，全无康雍乾三代皇帝的勇武之气。从道光皇帝开始，之后的咸丰皇帝、同治皇帝、光绪皇帝以及末代宣统皇帝——溥仪，一个个手无缚鸡之力，根本无法，也无力守护他们的列祖列宗留下的大好河山，一而再、再而三地丧失国土。更让人担忧的是，从同治皇帝开始，清朝的皇帝们连孩子都生不出来了，庞大帝国后继无人，偌大的帝国尽显颓废之态。从鸦片战争开始，大清帝国面对外敌入侵几乎从未胜利过，签订了无数的不平等条约，割让了一片又一片领土，开放了一个又一个通商口岸，赔偿了数以亿计的白银，出卖了一份又一份国家权益和民族利益。

即便如此，清朝还是给近代中国留下了将近1000万平方公里的疆土。更重要的是，1911年，辛亥革命爆发之后，革命党人和清王朝兵戎相见，中国有再次陷入兵荒马乱的可能。然而，经过多方斡旋谈判，清朝皇帝逊位，以一种近乎和平的方式结束了大清帝国的统治，这值得后世之人给予善意的理解和温情的敬意。要知道，在中国历史上，几乎所有的朝代更替几乎都伴随着残酷的战争，伴随着数以百万甚至千万人生命的丧失。但是，从清朝到中华民国，从封建帝制到资产阶级民主制度，这种千年一遇的制度性变革竟然是以近乎和平的方式实现的，这在中国历史上实属罕见，从而避免了中华大地再遭生灵涂炭。

从文治方面来看，清初，康雍乾三代共130余年，国泰民安，经济发展，政治稳定，轻徭薄赋，是中国历史上唯一没有全国性徭役制度的时代，是中国历史上收税收得最少的时代，也是中国历史上人口发展最快的时代。在文化上，虽然雍正和乾隆不断搞文字狱，毁掉了不少书籍，然而，在地球另一端的美国还没出现的时候，乾隆已经开始编修《四库全书》了。《四库全书》在编修过程中，虽然几经删减，还是有79309卷之多。

因此，无论是文治还是武功，清朝原本做得还是不错的，至少开局开得不错。

**正所谓：**

**康乾盛世美名在，文治武功天下扬。**

**浩浩荡荡三百载，和平落幕末世皇。**

## 所谓盛世

清朝开局开得不错，但是后来为什么落后了呢？又是从什么时期开始落后的呢？

清朝的落后，其实从乾隆时期就开始了。

大清，这么庞大的一个帝国，历经康雍乾三代130多年盛世，国泰民安，国库充盈，海内升平，再加上各个藩属国（比如朝鲜、越南）定期前来朝贡，这足以让当时的统治者觉得自己是天底下最伟大的统治者，自己统治的国家是最伟大的国家，不禁骄傲自满，傲视群雄。

所以，大清的统治者，尤其是乾隆皇帝，觉得自己文治武功天下第一，前无古人，后无来者，充满了各种自信和骄傲。在他们看来，其他国家在任何方面都无法和大清帝国相提并论。

骄傲使人落后，这一点用在大清身上再合适不过。

骄傲自满的清朝统治者没有意识到，早在大清立国之时，世界就已经发生了翻天覆地的变化。

我们大概对比一下，就知道当时的清朝和西方的差距了。

1644年，清军入关；1640年，英国资产阶级革命开始。

1689年，中俄签订《尼布楚条约》；1688年，英国发生“光荣革命”。

1762年，清政府设伊犁将军；1765年，英国织工哈格里夫斯发明“珍妮纺纱机”，揭开了工业革命的序幕。

1771年，土尔扈特部回归祖国；1773年，北美发生“波士顿倾茶事件”。

1776年，乾隆巡视山东，销毁“违禁”书籍；1776年，北美大陆会议发表《独立宣言》，美国独立。

1785年，乾隆举行千叟宴，宴请亲王以下60岁以上3000人；1785年，瓦特改良蒸汽发动机。

1789年，乾隆封阮惠为安南（今越南）国王；1789年，法国人民攻占巴士底狱；1789年，华盛顿当选为美国第一任民选总统。

1796年，乾隆传位于皇太子永琰，成为太上皇；1794年，法国热月政变，法国资产阶级革命结束。

可以发现，乾隆年间，从欧洲到美洲，整个世界都在发生翻天覆地的变化。世界变化太快，但清朝的皇帝们及满朝臣工，甚至普通百姓都沉迷于天朝上国的迷梦而不自知。

傲慢可以毁掉一个人，也可以毁掉一个国家。

因此，晚清时期，我们的悲剧在于，世界已经发生革命性变化，但是我们却浑然不知。

清朝和世界的差距是农业文明和工业文明之间的差距，是两个维度世界的差距。后来，当英吉利、法兰西这些近代化强国向清朝发动维度打击时，偌大的清朝几无还手之力，疲于应付，接连战败。

就像一个水果熟透了慢慢就会烂掉一样，一个制度、一个体制运行了一百多年，如果没有任何革新或是变革，就会慢慢变得腐朽不堪，甚至烂掉。大清的官员们变得越来越贪腐，大清的军队变得越来越无能，大清的老百姓生活过得越来越困苦。

对于这一点，大清的皇帝和官员们不想知道，不愿知道，也没有渠道知道。

所以，到了乾隆后期，大清帝国表面上看似繁花似锦，实际上却是危机重重，外强中干。

正如历史学者张宏杰所言，“乾隆盛世是一个饥饿的盛世、恐怖的盛世、僵化的盛世”，“乾隆时代的中国人是‘做稳了的奴隶’，只许有胃肠，不许有头脑”。乾隆施行的文字狱等一系列文化专制政策，最大可能地限制了这个国家的创新精神和创新能力，统治者的守旧和保守已经让大清帝国丧失了吸收和包容世界最新发展的任何可能。

没有办法和机会更新换代，大清国就只能这么一点点烂下去，直到危机四伏，国运衰竭。

世界上最可怕的事情就是身处危机而不自知。一个人如此，一个机构如此，一个国家亦是如此。

其实，如果没有外敌入侵，清朝也许会慢慢地自我发展，最后溃烂得实在不行了，来一次轰轰烈烈的农民起义，一举推翻清朝，建立新的朝代。

这种改朝换代的老套故事，在中国延续了几千年，也在中国大地上上演了无数遍。

但是，英国人打断了大清的既定发展路线。

随着工业革命的发展和推进，英国生产的东西越来越多，但是英国本土市场狭小，内需有限，很多货物卖不出去。因此，他们特别希望将工业化大规模生产出来的优质工业品，包括各种纺织品、玻璃器具、各种西洋乐器、钟表等，通过正常市场渠道销售到中国。英国人曾经设想，哪怕每一个中国人都买一尺英国产的布匹，英国人就能发大财。据说，马克思也曾经认为，假如每一个中国人都开始穿袜子，英国的纺织工业就能赚翻天了。

可惜的是，英国人认为特别好的东西，中国人说，我们不需要，你们带回去吧。英国人一直纳闷，自己高雅又有品质的工业品为何在中国就是卖不出去呢？况且，整个大清，当时只有广州一地可以公开进行国际贸易，市场规模太小了，加上各级官员的刻意刁难，英国人感觉和中国人做生意太难了。

为了能够和中国建立正常的贸易关系并进一步建立正常的外交关系，英国于1792年派马嘎尔尼率领庞大的英国使团到北京去面见乾隆帝，希望通过这种方式来改善双方现有的贸易关系和外交关系。为了凸显对乾隆帝的尊重和敬意，英国使团也没有空着手来，马嘎尔尼带来了昂贵的礼品，包括很多当时英国工业化生产出来的最先进的东西，礼品价值达一万五千英镑。为了引起清政府的关注，英国人在礼单中还专门提及了榴弹炮、迫击炮，以及手提武器如卡宾枪、步枪、连发手枪。他们想当然地认为，这些东西应该会引起清朝军官们的兴趣。但是，让英国人大失所望的是，清朝的大臣绝大多数都是文人出身，他们对这些武器丝毫不感兴趣。

英国人认为他们带来的是礼品，而大清认为他们带来的是贡品。如果认为马嘎尔尼带来的是礼品，则表明双方之间的关系是平等的；如果认为是贡品则表明大清帝国高于英吉利。这种认识上的反差反映了中英双方对双方关系截然不同的认知。

大清和英国对双方关系的不同认知必然会导致激烈的观念冲突和现实矛盾，马嘎尔尼的大清之行必然布满荆棘和坎坷。

当时，海陆交通都不太方便。英国使团于1792年乘船出发，直到1793年8月才到北京，然后又辗转到热河（今河北承德）承德避暑山庄去面见乾隆。

乾隆听说英国派人来见他，相关大臣还奏报说这些英吉利人漂洋过海是专门给他祝寿而来的，显得非常高兴。乾隆还听说这帮英国人带来了不少“贡品”，可能还有自己非常喜欢的自鸣钟这样的小玩意儿。因此，乾隆对这次英吉利派使团来华充满了期待，或者说对英国人带来的“贡品”充满了期待。

见一见很容易，关键是如何见，见面的仪式和礼仪很重要。

清朝方面希望马嘎尔尼觐见乾隆皇帝时能够行跪拜之礼，但是英

马嘎尔尼使团随团画家笔下的清朝官员

国方面表示只能行单膝跪地的英国礼仪。这让乾隆很不爽，而且他发现这帮英国人带来的“贡品”里面也没有什么值得可看的好玩意儿，至于那些当时最先进的枪炮，乾隆也没有表现出太大的兴趣。因此，简单会面和交谈之后，乾隆就打发使团回去了。使团回到北京后，军机大臣和珅将乾隆帝的敕谕和回赠礼品交给马嘎尔尼，让他们哪儿来回哪儿去。至于签订条约以便加强贸易和平等往来这种事，乾隆想都不用想就直接给拒绝了。乾隆认为，英吉利一个外番小国还想和天朝上国平等交往，这种想法简直太疯狂，实在不可理喻。因此，乾隆在敕谕中说：“天朝物产丰盈，无所不有，原不借外夷货物以通有无。特因天朝所产茶叶、瓷器、丝斤为西洋各国必需之物，是以加恩体恤……”[①]也就是说，我们这里啥都有，不需要你们的东西，没必要互通有无，我们的茶叶、瓷器、丝绸是你们的奢侈品和生活必需品，那就多给你们弄点，带回去给你们的国王，也算大清对你们英吉利的恩赐。所以，除了带回一些中国的奢侈品和土特产，马嘎尔尼这次算是白来了。

马嘎尔尼这次的外交失败，表面上看是因为礼仪之争，其实是因为大清朝的自大心态作祟，英国乃弹丸小国，还想和我天朝上国平等交往，开什么玩笑？

但是，英国人并没有死心，觉得还可以再尝试一次。

1816年，嘉庆帝已经当了21年的皇帝了，英国人又派阿美士德率领庞大的使团并携带极其贵重的礼物来大清朝，试图完成当年马嘎尔尼没有完成的外交使命。

…………………………

① 《清高宗实录》卷1435，第15页。

本来，嘉庆帝对英国人来看他这件事也不反对，命工部尚书苏楞额负责安排相关觐见事宜。但是，眼看一切都要安排妥当了，双方又围绕着一个老掉牙的问题——英国人觐见时的礼仪，开始争论起来。苏楞额一方坚持英国人必须行三跪九叩的大礼，英国人觉得这是不可能的，最多单膝跪地行单腿屈膝之礼。几经沟通，英国人就是不同意清朝这边的规定。英国人一定很纳闷：为啥非得三跪九叩，咱们好好做生意，大家都有钱赚，不好吗？大清这边也纳闷：不就是三跪九叩吗，我们都跪了这么多年了，你们就跪一回，咋还不愿意呢？你们只要一跪下来，后面的生意都好说啊！但是经历过资产阶级光荣革命的英国人就是死脑筋，坚信人人生而平等，宁愿谈判破裂也绝不肯下跪。

当嘉庆帝听说英国使臣不愿意给自己三跪九叩之后，非常生气。下旨："该贡使等即日遣回，该国王表文亦不必呈览，其贡物俱著发还。"英国人哪儿来还得回哪儿去，国书也不用看了，带来的礼品你们自己拿回去吧。而且还说，"嗣后毋庸遣使远来"①，也就是说，以后也别来烦我，不想见你们。

是的，英国人以后再也没有带着礼品来大清了，而是带着鸦片和大炮来了。

英国人回去后思量再三，既然大清国不需要我们的工业产品，那就从别处倒腾点土特产给你们吧，做海外代购挣点钱不容易啊。这次，英国人倒腾的不是一般的土特产，而是吸食之后令人飘飘然，欲罢不能，却又伤害身体、价格昂贵的精神麻醉品——鸦片。

为了挣钱，英国人还真是什么事都能干得出来！

① 《军机处上谕档》，嘉庆二十一年七月初七日，第3条。

正所谓：

物产丰富是天朝，蕞尔小国礼难到。

文人墨客谁愿醒？井底之蛙蔑天道。

## “上帝”坐着炮船进入大清

英国人偷偷走私鸦片卖到大清，开始了罪恶的鸦片贸易。大清子民，从上到下似乎也非常欢迎这种能让人飘飘欲仙的“高科技农产品”。整个大清朝，上到达官贵人，下至贩夫走卒，都可能是瘾君子，吸食鸦片的人据说达到7%左右。

正是因为有这么多瘾君子，鸦片在大清的销量越来越大。1821—1828年，每年销售9000余箱；1828—1835年，每年销售18000余箱；1835—1838年，每年销售35000余箱，每箱鸦片价值400两白银。[①]

长期吸食鸦片对人体非常有害，各级官员和士兵大量吸食，军队的战斗力也大大减弱。不仅如此，社会各层大量吸食鸦片，使白银大量外流，导致清政府财政困难，难以为继。

① 张海鹏主编，姜涛、卞修跃著：《中国近代通史》（第二卷），江苏人民出版社2007年版，第57—58页。

因此，嘉庆帝驾崩之后，新登基的道光帝所面临的最大社会危机就是鸦片泛滥和白银外流。道光元年（1821年），道光帝发布一系列谕令严禁鸦片，采取源流并治的方针。首先，任何到达广州的货船，必须向政府保证没有运输鸦片，否则一旦发现，罪加一等，这是所谓治源；第二，为了遏制鸦片在国内的流通，道光帝下旨："鸦片烟流毒，传染日深，实堪痛恨，屡经降旨，饬令中外严拿惩办。……嗣后文武官员军民人等，倘仍不知悔改，一经查拿，定行严办，决不宽贷。"①按说道光帝禁烟的决心和力度还是有的，但是奇怪的是，鸦片却屡禁不止，甚至越来越严重。

究其原因，其实有二。其一，从内因来看，鸦片贸易利润巨大，清政府越是严禁，官员们谋取的私利就会越大。特别是广东的海关官员们，他们可以允许鸦片走私在自己的眼皮子底下发生，然后公然索贿。马克思对这事有着很深刻的描述："中国人的道义抵制的直接后果就是，帝国当局、海关人员和所有的官吏都被英国人弄得道德堕落。侵蚀到天朝官僚体系之心脏、摧毁了宗法制度之堡垒的腐败作风，就是同鸦片烟箱一起从停泊在黄埔的英国趸船上被偷偷带进了这个帝国。"②清政府的各级官员能从鸦片走私生意中获利不少，因此一再包庇和纵容鸦片商人。在这种情况下，道光帝远在京城，无论他的规定有多严厉，实际上起不到什么太大作用。其二，从外因来看，道光十四年（1834年），英国废除了东印度公司对华贸易的垄断权，因此，英国的私人企业纷纷参与对华贸易，他们通过走私向中国大量

① 《官民人等倘再吸烟定行严办事上谕》，见《鸦片战争档案史料》第一册，第422页。

② 《马克思恩格斯选集》（第二卷），人民出版社1995年版，第717页。

贩卖鸦片，导致进入中国的鸦片越来越多。有两个简单例子也可以说明道光帝的禁烟不会起到太大作用：一是，道光帝的母亲，也就是皇太后本人也是鸦片吸食者，因此，在严禁鸦片的同时，道光帝通过特殊渠道保证太后的鸦片供应；二是，两广总督邓廷桢的儿子也是一个大鸦片商人。所以，在这种情况下，道光帝的禁烟措施不会太有成效也是可以理解的。

到了1838年，输入清朝的鸦片数量激增，造成清朝白银大量外流，银圆枯竭，国内物价上涨，工商业停滞，国穷民困。林则徐给道光帝上书："迨鸦片流毒于天下，则为害甚巨，法当从严。若犹泄泄视之，是使数十年后，中原几无可以御敌之兵，且无可以充饷之银。兴思及此，能无股栗？"[①]道光帝本来就是一个小气吝啬、性格软弱的人，被林则徐这么一吓唬，再不禁烟，我大清就没有能够打仗的兵丁了，也没有可以花的银子了，太可怕了。所以，道光帝决定彻底禁烟，封林则徐为钦差大臣，到广州禁烟。

1839年3月，林则徐到达广州，一方面和两广总督邓廷桢、广东水师提督关天培两人通力合作，积极整顿海防，防御外敌入侵，一方面勒令英商交出鸦片。通过各种霹雳手段，英商最后屈服，交出了20283箱鸦片，价值800多万两白银。当时林则徐答应说，每一箱鸦片，政府给予五斤茶叶补偿。但是，吝啬的道光帝连这点茶叶钱也不想出，最后逼得林则徐不得不上奏说："所需茶叶十余万斤，应由臣等捐办，不敢开销。"林则徐的意思就是不会占用皇帝从海关揩油

① 《湖广总督林则徐奏为钱票无甚关碍宜重禁吃烟以杜弊源片》，见《鸦片战争档案史料》第一册，第361页。

得来的收益，道光帝这才放了心，马上批复：照所议办理！也就是说，林则徐用五斤茶叶换取一箱鸦片，总共用去了十万余斤的茶叶，都是林则徐自己想办法从各种渠道弄过来的。

1839年6月3日开始，林则徐将这些用茶叶换来的两万多箱鸦片销毁，史称“虎门销烟”。具体的方法和过程，请参见中学历史课本虎门销烟片段，这里不做详述。

道光帝一看，林爱卿可以啊，困扰寡人多年的鸦片贸易，林爱卿这么轻易就搞定了。

但是，道光帝想不到的是，英国商人遭受这么大的损失，英国政府是不会置之不理的。1839年10月1日，英国政府召开内阁会议，认为英国的商务受阻及大英子民生命受到威胁，以微弱多数通过决议，派遣一支远征军到中国去，给中国人一些颜色瞧瞧。

1840年6月，英国军舰16艘，武装轮船4艘，运输船28艘，海陆军共计4000余人，到达广东海面。按道理来讲，当时清朝军队有80万之众，若是这些清军还是刚刚入关时的八旗军队，英国这几千人的军队基本上是来送命的。但是，大清朝已经开国一百多年了，此时的八旗兵已经不是刚入关时的八旗兵了。他们纪律松懈，疏于训练，人浮于事，所谓的操练也不过是一起做做清朝八旗兵第七套广播体操罢了，仅具有表演价值，真要上战场打仗，基本等于白白送命。

鸦片战争的具体过程就不描述了，想一想也能知道战争的结局。

令道光帝惊讶的是，在接到一个又一个的胜利和大捷的消息之后（清朝的官员们善于把前线的一次又一次的失败描绘成一次又一次的伟大胜利），突然发现大清朝要失败了。

失败了，那就得签订停战的协定和条约。

经过多轮谈判，1842年8月29日，清政府代表耆英、伊里布登上英舰“汗华丽 ”号，与英国全权代表璞鼎查正式签订《江宁条约》，也就是我们后来所知道的《南京条约》，规定五口通商（广州、厦门、福州、宁波、上海），割让香港岛给英国，赔偿2100万银圆以及片面协定关税等。1843年10月8日，耆英与璞鼎查又在虎门签订中英《虎门条约》，作为《南京条约》重要补充，规定了片面最惠国待遇，外国军舰常驻中国港口，允许英国人在通商口岸租赁土地建房居住，等等。

鸦片战争结束之后，美国（这应该是美国第一次和中国官方正式打交道）、法国及其他西方国家，纷纷效尤，逼迫清政府与之签订中美《望厦条约》、中法《黄埔条约》等，向清政府勒索一定的特殊权益，主导近代中外关系基本走向与格局的不平等条约体系初步形成。此后，甚至一些名不见经传的弹丸小国，如比利时、瑞典、挪威，这些在地图上都不怎么找得到的小国家也敢威胁大清，逼迫大清签订各式各样的不平等条约。

这些条约里的很多内容，我们在中学课本里应该都是作为必考的知识点牢记于心的。但是，在这些条约里，有一个非常重要的条款产生的影响将要干掉几千万中国人的性命，那就是：外国人可以在通商口岸自由传教了。①

中美《望厦条约》第十七款规定，合众国民在五港口贸易，或久

① 需要特别指出的是，这里并不是指西方传教士以及外国人自由传教会干掉几千万人的性命，而是指外国人自由传教影响到了洪秀全，洪秀全根据自己对相关教义的片面理解，创建了“拜上帝会”，而洪秀全借“拜上帝会”起义，横扫大半个中国，双方交战，导致生灵涂炭，白骨千里。

居、或暂住，均准其租赁民房，或租地自行建楼，并设立医院、礼拜堂及殡葬之处。中法《黄埔条约》第二十二款规定，法国人可在五口建造礼拜堂。

有人会说，这是中美和中法之间签订的条约，应该没有英国什么事吧？

我们太单纯了。

鬼点子多的英国人早就给大清埋好了雷。在中英《南京条约》里有一个“片面最惠国待遇”的条款，大概意思就是将来大清给予别的国家的好处，英国人也会自动拥有。

因此，不仅美国人和法国人可以在通商口岸传教，英国人援引“片面最惠国待遇”同样可以在通商口岸传教。

对于能够在中国合法传教这个事，外国人简直是高兴坏了，因为他们认为“上帝与这般人民打交道，路总算打开了”①。在他们看来，上帝终于可以将恩泽和福音铺洒到中华大地上了。

借着坚船利炮，西方传教士出场了。

**正所谓：**

**蚁穴溃堤势难挡，华夏儿女尽忧伤。**

**若问世间何所惧？风雨飘摇山河殇。**

① 张力、刘鉴唐：《中国教案史》，四川省社会科学院出版社1987年版，第277页。

# 第二章 异梦

太平天国万代江山特大钱（面）

太平天国万代江山特大钱（背）

## 牧师史蒂文斯

早在鸦片战争之前，一些西方传教士就在中国个别地方开始小规模传教了，鸦片战争之后签订的条约只是将这些传教活动合法化和规模化了而已。

埃德温·史蒂文斯是个美国人，在耶鲁学院（Yale College）读书时，正赶上席卷新英格兰的第二次“宗教大觉醒”的大潮。后来，他进入纽黑文神学院（New Haven Theological Seminary）学习，之后被授为牧师。1832年，他来到中国广州担任“美国海员之友会”（American Seaman's Friend Society）的专职牧师。

史蒂文斯是个尽职的牧师，严格地坚守自己作为传教士的职责。每个礼拜六，他都坐上那些愿意载他一程的洋船或是雇用当地的华人船只，顺着珠江而下，到广州的黄埔一带传教布道，同时散发教会印制的各种传单和手册。礼拜一他会返回驻地。

这趟路程也不算远，大概是十二英里长，也就是二十公里的样子。但是这条水路却很凶险，因为他们这些洋人碰上海盗的可能性非常大，极有可能被洗劫一空甚至葬身水底。

史蒂文斯也经常说服船长让他在甲板上给船员们布道。但是这些水手们明显对喝酒和漂亮的女人更感兴趣，很少有人对史蒂文斯的说教有什么认真的反应。史蒂文斯曾在日记中写道："今天在'光荣'号上布道，来听的人约有百八十个，宣讲内容是'蠢人嘲笑罪过'。我有相当的挥洒空间，听众听得入神；但是我看不到他们有丝毫认罪或悔过的迹象。"[①]很明显，这些水手在酒足饭饱、花天酒地之后并不打算悔过。在他们看来，为什么要对这种快乐的事悔过呢？

史蒂文斯的传教事业好像并没有什么大发展。但是，史蒂文斯并不这么认为，他觉得这是上帝对他的考验，而且不管听众信与不信，反正他已经通过各种方式表达出了主的话语和福音，这就够了。

然而，传教工作总得继续发展啊，也许得换个新的更有效的传教方式了。

于是，史蒂文斯认识了另外一个人。

这个人就是梁阿发，一个华人，一个虔诚的基督徒。

1789年，梁阿发出生在广州，家里很穷，只读了四年书就不得不外出谋生，后来在广州附近以刻字版为生，主要是为苏格兰新教传教士米怜（William Milne）刻制关于《圣经》的一些小册子。梁阿发原本信佛，但是他的老板（米怜）要求给他干活的人无论是否信教都得参加每天的宗教仪式。因此，耳濡目染的阿发在经过内心的挣扎之后，将自己信仰的对象从如来佛祖改成了上帝。

1816年11月的一个礼拜天，阿发受洗做了基督徒。

做了基督徒之后，阿发不仅刻印一些基督教书籍，也开始尝试写一些关于基督教的小册子，并于1827年被任命为传教士，为"伦敦传

① [美]史景迁著，朱庆葆等译：《太平天国》，广西师范大学出版社2011年版，第29页。

道会”工作。经过多年努力，阿发在1832年终于写成了一本名为《劝世良言》的小册子。这本小册子包含九篇内容，阿发将他跟随洋人这些年所学习到的基督教知识都写了进去。在这本小册子中，阿发将《圣经》里那些难懂的话语转化成普通中国人能看懂的文字，并加入了自己的理解和感悟，通俗易懂，方便阅读。在《劝世良言》这本小册子中，阿发摘录了《圣经》里的大段章节，宣称上帝耶和华是第一真神，号召人们信仰上帝而不要信仰别的邪神偶像，否则就要下地狱，而信仰上帝的人则可以上天堂。

写完这本《劝世良言》之后，阿发觉得自己有义务让更多的人了解并接受自己的这本神学专著，于是他便雇用最好的刻工将自己的专著印出来，然后在广州的近郊发放给那些处于迷茫中的大清子民。一次传教就可以散发七千册。而且，阿发还想到了一个更好的办法，那就是在科举考试时，到贡院门口将自己的神学专著散发给那些童生、秀才们。在阿发看来，这些童生和秀才有文化、有知识，理解能力较强，也许能够更懂得《劝世良言》的意义和价值。

后来，史蒂文斯和阿发谈话时，阿发将自己先进的传教经验毫无保留地教给了史蒂文斯。史蒂文斯觉得这真是个好办法。在史蒂文斯看来，“留下《圣经》和书籍，让一两千万人接而触之，说不定没有讲道也能宣教……也许它们（这些书籍）正在把来自天国的真正曙光照进失落在异教黑暗中的某些心灵”[①]。

怀抱希望，史蒂文斯带着很多有关基督教的书籍，其中当然包括

①［美］史景迁著，朱庆葆等译：《太平天国》，广西师范大学出版社2011年版，第32页。

阿发的《劝世良言》，偷偷跑到上海、山东等地传教。大清水师对史蒂文斯这些西方传教士的传教活动是非常紧张的，盯得很紧，经常严阵以待，甚至派出兵船或是炮船跟着史蒂文斯他们，有时候实在看不惯了就给史蒂文斯来一炮，或是将他们的书籍烧掉。但是，在史蒂文斯他们看来，这些都不是事，只不过是上帝对他们的考验，他们所能够做的就是坚持下去。

大清子民对于这种免费发书的事当然是欢迎的。免费的事情谁会去反对呢？不管读不读这些书，将这些书放在村头的厕所里总是能发挥一定的用处。

于是，所到之处，史蒂文斯他们带的书很快都被争抢一空。大多数老百姓拿走这些书并不是为了信教，而是觉得反正是免费，不要白不要，拿了书去卖废纸也能换个馒头吃，何乐而不为呢？其实，这种事，外国的传教士已经坚持了很多年，即使是现在，他们还对给人免费发书这种事乐此不疲。当年，我在美利坚留学的时候，就经常会收到他们送给我的各种书籍，有各种版本的，还有各种语言的，当然也有中文版的。我也曾经批判性地翻看过一些，不过，实在是看不懂，就束之高阁，不再问津了。

到1836年，像史蒂文斯这样的西方传教士，发现在广州等地传教的机会越来越多，他们甚至可以偷偷地跑到广州城里去散发书籍了。

在广州，史蒂文斯将在贡院门口遇到一个人，并且会把梁阿发的《劝世良言》送给这个人。

但是，史蒂文斯和梁阿发绝对没有想到的是，这本小册子竟然会深深地影响到这个人，而这个人将从这个小册子里汲取片言只语，创办“拜上帝会”，进而汇集起千军万马，扫荡大半个中国，撼动大清帝国的统治根基，令几千万生灵魂飞魄散。

这个人，就是上帝的中国儿子——洪秀全。

**正所谓：**

**不远万里传福音，碌碌无为半世迷。**

**翩翩一刻偶插柳，星星之火入心机。**

## 洪秀全是“高考”落榜生

洪秀全在想推翻清朝皇帝之前，原来的人生理想是做一个清朝的好官，希望有朝一日可以为民做主，可以治国安邦，可以为君分忧。

毕竟在封建帝制时代，造反可是一个高危职业。在中国历史上，农民造反成功的例子实在是太少了（好像只有刘邦和朱元璋成功了，其他的比如陈胜、吴广，黄巢以及李自成等人，最后都失败了，很多人还死得挺惨）。所以，对于大多数农民子弟来说，好好读书才是自己的初心和梦想。所有读书人都有一个梦：朝为田舍郎，暮登天子堂。没有人天生就想造皇帝老儿的反，就连孙悟空，刚开始不是也想当一个天庭的官吗？所以，对于洪秀全来说，人生最初的梦想还是要读书。毕竟，书中自有颜如玉，书中自有黄金屋，而造反这条路，基本上就是找死。

所以，洪秀全他爹原本也不是上帝，就是广东花县农村一名老实巴交的农民。洪秀全本人原本也是中国千千万万的儒生之一，以金榜题名作为自己的人生目标，信奉的是儒家经典，拜的是孔老夫子。

甚至，洪秀全原本都不叫洪秀全，他原来叫洪火秀（估计洪秀全命中缺水也缺火，他爹才给起了这么一个名字）。洪火秀这个名字，怎么看都没有洪秀全高大上，没有洪秀全这个名字霸气。按照太平天国官方的说法，洪火秀之所以改名为洪秀全，是因为“火秀”这个名字犯了上帝的名讳（当时上帝“耶和华”翻译成“耶火华”），上帝托梦说他可以叫洪全，也可叫洪秀全，就是不能叫洪火秀，这个名字太萌太傻，也犯了上帝的忌讳。另外，也有人分析，洪火秀之所以改

洪秀全像

名洪秀全是因为这位洪先生胸怀大志有帝王之命，“秀全”二字拆开即是“禾乃人王”，粤语里“禾”和“我”相近，也就是洪秀全自命为“人王”，所以才改的名字。

不管这位洪先生到底因为什么而改名，以后还是叫他洪秀全吧，这样更熟悉些，叫起来也方便。

1814年1月1日，洪秀全出生于广东花县一个小村庄的客家农民家庭里。他刚出生不久，洪家就举家迁往花县县城西南的官禄㘵村。当时的官禄㘵村极其穷困，到底有多穷呢？有民谣为证：

官禄㘵，官禄㘵，
食粥送薯芋，
乌蝇担粒米，
追到新街渡。

意思就是说，苍蝇在官禄㘵的人家里叼走一粒米饭，即使飞到十多里之外的新街渡这个地方，人们也要追上去，从苍蝇嘴里把那一粒米追回来。

这个地方太穷了！

穷苦人家的孩子改变命运的机会太少了，要么好好读书，考取功名，要么去做个山贼，劫富济贫，倒也有个好生活，至少吃得饱。

但是，做山贼毕竟有丢命的危险，读书则没有这种风险。因此，洪秀全决定选择第一个改变命运的方式——好好读书。

传说他天资聪颖且勤奋好学，很快就能熟读四书五经，很是让他的父亲老洪先生高兴，也让他的老师们感到高兴，都觉得洪秀全将来一定能考取功名，光宗耀祖。面对父辈和老师的殷切期望，洪秀全肯定也是倍加努力，希望将来考个功名，让父亲过上好日子，将来有机会做一个大清的好官，为道光帝分忧解难，甚至成为一代名臣也不是没可能。

清朝科举考试分为秀才、举人和进士三个级别。而秀才要分两次考试，第一次是县考，合格了再到府里参加院考，中了才能叫作秀才。1827年（道光七年），洪秀全要去参加科举考试了。洪秀全顺利通过了县试，然后兴高采烈地怀揣着金榜题名的梦想赶往广州参加府试。结果，洪秀全是兴高采烈而去，垂头丧气而归。洪秀全第一次府试名落孙山。

洪秀全决定不抛弃、不放弃，做一个自强的小宝宝，要加油，回去好好复习，来年再战。

洪秀全回家了，开始复习，这一复习就是七八年。

其间，他还被本村私塾聘为塾师，靠教授儒家经典来维持生计。

1836年，洪秀全22岁。这一年，他第二次赴广州参加府试。

不幸的是，他又落榜了。在走出贡院考场的时候，垂头丧气的洪秀全碰到了正在传教的史蒂文斯。史蒂文斯看到这个可怜的年轻人，觉得自己有义务去感化他，于是便塞给洪秀全一套9本的《劝世良言》。在洪秀全看来，考完试还有人送书，真是不错，先拿回家再说，能看就看，不能看的话，回头卖给村头收废纸的老王。

就这样，洪秀全把这套书拿回了家。但是，洪秀全并没有仔细读完这套书，只是随手翻看了一下，这书上写的都是什么玩意儿啊？什么耶火华，什么上帝，什么地狱，什么天堂……但是，洪秀全看到了几个非常关键的字。第一个是“洪”，因为这本书里说洪水摧毁了这世间的一切生灵，并且这场大洪水是奉了“耶火华”的旨意，第二个字就是“耶火华”里的“火”字。洪秀全心想，我太牛了，我的名字（洪火秀）里竟然有“洪”又有“火”，这也许就是天意吧。但是，必须承认的是，此时洪秀全的梦想还是要考取大清朝的功名，还要做一个大清朝的好官，不太相信这些看起来乱七八糟的东西。于是，洪秀全就把这套书顺手放在了书柜里，又去好好地复习那些儒家经典了，准备下一次的考试。

又复习了一年，到了1837年，新年一过，洪秀全又去花县参加县试，非常顺利通过了县试，再一次得到了去广州参加府试的机会。

第三次参加府试，洪秀全觉得自己完全没问题了。毕竟，他这么努力，没有理由考不过啊！在洪秀全看来，这次一定要考过，一定要为父母争口气，金榜题名，衣锦还乡。

希望越大，失望越大。

这次考试，洪秀全又失利了。

洪秀全怎么就考不上秀才呢？

有人认为这一定是因为清朝的科举制度已经烂掉了，选拔不出像洪秀全这么优秀的人才；或是因为那些考官收了有钱人的礼，像洪秀全这种寒门子弟根本没有机会。

但是，事实可能根本不是你想的那样！

清朝的科举制度肯定有自己的问题。但是，不得不说的是，与其他朝代相比，清朝的科举管理和运行更加严格和公正，清朝历代皇帝对于科考舞弊都是零容忍，一旦发现，抄家灭族，绝不姑息。所以，纵观清朝将近三百年，总共才发生三起科场舞弊案，清朝的科举还是相对风清气正的。

所以，我们得换一个角度思考一下：也许是因为洪秀全的文采或是其他什么确实不行呢?

洪秀全的文采我们暂且不讨论，以后我们有的是机会欣赏他的“文学才华”。现在，我们只要对比一下洪秀全和曾国藩这两个死对头的书法（见下图），你就明白洪秀全为啥考不上了。

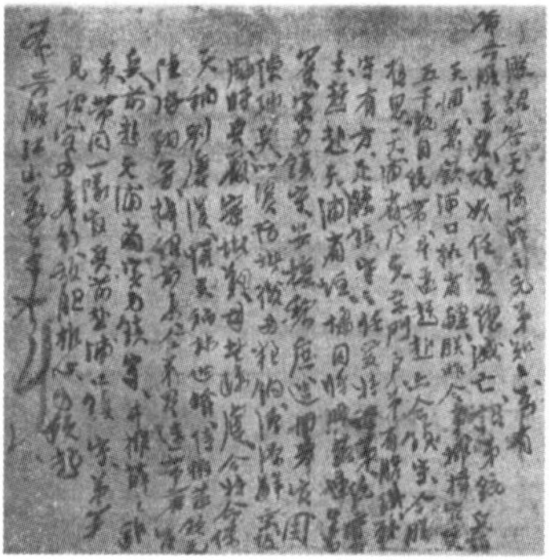

洪秀全手迹

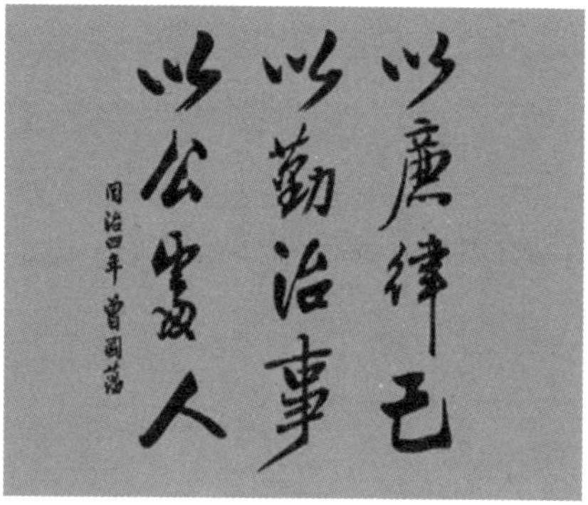


曾国藩手迹

**正所谓：**

**为君分忧是本心，奈何科举频落第。**

**待到劝世良言日，终与上帝成一体。**

## 洪秀全做了一个异梦

第三次“高考”失败之后，洪秀全生了一场大病，连自己走路回家都已经十分困难了，因此，不得不请两名精壮的轿夫将其抬回老家。

回到花县老家之后，洪秀全就病倒在床了。

在病榻上，洪秀全先是梦见有一大群人，叫他一起去见阎罗王。洪秀全醒来后，觉得这不是什么好兆头，自己可能活不长了。于是，洪秀全把家人都叫到跟前，他的两个哥哥洪仁发、洪仁达扶他坐了起来。洪秀全对家人说：“我恐怕活不长了，快走了，父母双亲，我无法报答您二老的大恩大德，不能一举成名、光宗耀祖了。”洪秀全又对自己的媳妇说：“媳妇啊，你既然是我的妻子，在我死后就不要再嫁人了，你已经怀了我的孩子，一定要生下来，一定啊。”然后，洪秀全大口大口地喘气，无法言语。洪秀全的家人也认为洪秀全可能活不长了，早知今日何必当初呢？如果再让我们选一次，我们一定让你好好当一个农民，考什么科举，中什么功名啊？科举制度真是害死人啊！真该早点双减！

洪秀全静静地躺在床上，双目紧闭，身体一动不动，但是并没有断气，于是洪秀全的家人便把洪秀全留在床上，好生伺候着。

躺在床上的洪秀全可没闲着，他做梦了，做了一个异梦。

鼓乐齐鸣，华旗招展，一群黄衣童子抬着一顶华丽大轿，向洪秀全徐徐走来。

随即，洪秀全登上轿舆，乘风东去。

很快，轿舆停在一个高大壮丽的大门前，一群男女顶着万道霞光向他迎来。

这些人身穿龙袍，头顶乌纱，将洪秀全的肚子剖开，却并不折磨和伤害他，而是将他腹中的污浊之物取出，然后缝上伤口。奇怪的是，伤口立刻痊愈，而且没有什么疼痛。

然后，这群人将一幅经卷展现在洪秀全面前，字字珠玑，清晰了然。洪秀全认真读完之后，全部铭记在心。

随后，一个妇人向洪秀全打招呼说："儿啊，你来了！我的儿啊，你在人间身染污浊之物，待为娘给你弄干净了，然后带你去见你的父亲。"

洪秀全在天上的妈妈带着他去见天上的爸爸。

洪秀全看见了自己在天上的爸爸，只见他身材魁梧、胡须浓密而金黄，身穿乌龙袍，头戴高沿帽盔，坐在宝座上，双手按在膝盖上，巍然不动。

天上的爸爸说："儿啊，你来了！爹给你说呀，凡间的人都失去了本心。他们哪一个不是朕所生所养？哪一个不是吃朕的食物？哪一个不是穿朕的衣服？哪一个不是享朕的福气？但是这帮凡人却用我赐给他们的东西来孝敬妖魔，就好像妖魔生了他们养了他们一样。他们不知道正是这些妖魔要害死这些凡人。可怜这帮凡人却啥也不知道，朕很生气，也很怜悯这些凡人。"

洪秀全被这位爸爸的话感动了，说：“我要立即让世人识破魔道，让他知道您的好！”

天上的爸爸说：“不不不！太难了！你来看看妖魔害人的手段。”于是便施展法力向洪秀全展示世间妖魔残害世人的惨象。

洪秀全看了后很生气，问道：“爸爸，他们如此兴风作浪，残害世人，您为何不诛灭他们？”

天上的爸爸说：“这些妖魔不仅充塞凡间，而且还冲到了天上的三十三层界内。”

洪秀全问：“爸爸，你既然这么厉害，神通广大，分分钟灭了他们，为何还容忍他们闯进来？”（洪秀全这个问题问得特别好！）

天上的爸爸说：“暂先让他们折腾一阵子，以后有机会分分钟收拾他们，他们休得逃跑！”（世界上的大师神灵估计都是这种说辞！）

洪秀全说：“若是让妖魔继续作孽，那些可怜的凡人只能继续受苦了。”

天上的爸爸说：“如果你容不下这些妖魔，你可以起而行事。”（这个可能是洪秀全最期望的，这为他将来的起事找了一个好的由头，这是上帝让我起义的哦，我也不想啊！）

洪秀全说：“爸爸，让我去和他们战斗吧！爸爸，打吧！”（眼中流露出坚定的眼神，闪闪放光。）

天上的爸爸给了洪秀全两件宝贝，一枚金印和一柄名为“云中雪”的宝剑。于是洪秀全，挥舞着宝剑，冲向了人世间的妖魔。古有花木兰替父出征，大清有洪火秀替上帝爸爸出战。

洪秀全下到凡间来，和妖魔的大Boss——地狱之王打得是难解难分。洪秀全挥舞着宝剑，洪秀全在天上的哥哥（耶稣）手持金印，金印不断发出火光，令地狱之王头晕眼花，落荒而逃。

洪秀全大胜而归，重上天庭，然后一群天女围过来，喂他吃黄色的果子，恢复了体力后，洪秀全和耶稣哥哥又投入了战斗。

最后，洪秀全抓住了地狱之王。但是，让人想不到的是，洪秀全在天上的爸爸说："儿啊，你放了这个妖魔吧，让他回到人间去吧，否则会玷污天界，但是地狱之王在人间的小鬼们，你却可以见一个杀一个，见一双杀一对。"洪秀全虽然不理解上帝爸爸的意图，但还是放了地狱之王。

洪秀全打了好久的仗，好辛苦，于是便和天上的妻子"第一月宫"住在天堂的东边。天上的妻子对他很好，天庭里也天天锦衣玉食，令洪秀全乐不思蜀，都不想回到人间了。

天上的爸爸让洪秀全再多读一些经卷，然后告诉洪秀全说："我的儿啊，你必须回到人间，人间的妖魔势力强大，凡人仍旧放荡不敬上帝神灵，人间需要你，你要去点化那些凡人。"于是上帝给洪秀全授予了正式头衔——天王大道君王全，并让洪火秀改名叫洪秀全，因为洪火秀犯了上帝的名号。

于是，洪秀全辞别天上的爸爸（上帝）、妈妈（上帝也有媳妇？）、哥哥（耶稣）、嫂子（耶稣有媳妇吗？），以及自己在天上的妻子，就回到了人间。

这一切，都是洪秀全在昏睡过程中的梦境，后来记载在太平天国的官方文书里，极大地增加了洪秀全君权神授的正当性和神秘性。

也许，现实中的洪秀全是这样的——

他半睡半醒，精神恍惚，时而沉睡，有时候从床上一跃而起，满屋子乱窜，高呼斩妖除魔，有时候则昏睡在床上，筋疲力尽。也有时，他自称皇帝，并写出自己的新头衔“天王大道君王全”贴在自家的门上。还有时他公开辱骂自己的父亲，说自己不是他亲生的，他的父亲是上帝，而且还背出他为自己和地狱之王大战而写的诗：

手握乾坤杀伐权，斩邪留正解民悬。

眼通西北江山外，声震东南日月边。[①]

就这样，洪秀全时而惊醒，时而昏睡，时而清醒，时而糊涂，搞得家里鸡犬不宁，洪秀全的父亲老洪老泪纵横，不知道该怎么办！

洪秀全这种发神经的状态持续了将近四十天。后来，有人分析认为，洪秀全是因为科举不中，心中太过悲凉、失望、忧郁、羞耻、愤怒，加上怨恨等强烈的情感刺激，产生了幻觉，加上以前粗略浏览过的《劝世良言》中谈到的上帝、天堂、地狱、妖魔等概念，洪秀全在梦幻中将这些东西都联系在了一起，便做出了这种奇怪的梦。

但是，不管是异梦还是精神失常什么的，洪秀全梦醒之后，竟然彻底忘掉了自己多次科举不中的耻辱，并认为自己从上帝那里获得了对人世间“凡人”的统治权，这为他以后创办拜上帝会并起事反对清王朝来说极为有利。

除此之外，其他方面也发生了很大变化，比如品行变得谨慎、行为愈发和蔼坦诚，连身体也增高增大了，步履威严端庄。怎么做了一

① [美]史景迁著，朱庆葆等译：《太平天国》，广西师范大学出版社2011年版，第70页。

个异梦，洪秀全就会发生这些奇怪的变化呢？其实，这大概是洪秀全定都南京后，在太平天国的官方文书里对自己的吹嘘，不足为信。但是，我们必须认识到，洪火秀不再是洪火秀，改名叫洪秀全了，找到了人生的自信，找到了新的人生方向。

1843年（道光二十三年），洪秀全又一次也是最后一次到广州参加府试，再次名落孙山。从1827年开始，一直到1843年，历经十七个寒暑更替，洪秀全考了四次，每次都无功而返，最后仍是一名白衣童生，连个秀才都考不上。于是，洪秀全暗暗发誓：算了吧，大清的科举不考也罢，将来我要自己开科取士，让天下士子都为我所用。梦想总是要有的，万一实现了呢？

其实，在科举制度开始之日起，就有太多的人和洪秀全一样，考了多次而不中，但是大多数人都不会走上造反这条路。比如，洪秀全的同龄人、将来的对手曾国藩，就不会这样。曾国藩的父亲连续十六次院试都名落孙山，曾国藩本人则连续考了七次才中的秀才，之后，又连续参加了三次会试才成为举人。所以，要说耐心和韧性，曾国藩远强于洪秀全，这也是后来曾国藩统帅的湘军能够荡平太平天国的一个重要原因。

**正所谓：**

**梦中喜见上帝身，宝座龙袍金甲神。**

**地狱恶斗成大业，替父统治世间人。**

# 第三章 斩妖

太平天国圣宝特大钱（面）

太平天国圣宝特大钱（背）

## 洪秀全丢了私塾的饭碗

理想很丰满，现实很骨感。

洪秀全虽有胸怀天下的宏大理想，但是目前还是要维持生计，老婆孩子总得靠自己养活吧，光靠做梦肯定是不行的。因此，洪秀全又拿起了教鞭，重新开始了在私塾的教书生涯，毕竟靠着孔夫子教给的本事还是可以混一口饭吃的。

洪秀全有个表兄叫李敬芳，也在自己的村里开私塾。

1843年5月，李敬芳到洪秀全的私塾来交流先进的办学经验，偶然发现了洪秀全几年前从史蒂文斯牧师那里领取的那套《劝世良言》。他随手翻了翻，觉得挺有意思，想借回家好好读一读。回家之后，李敬芳细细读了一遍，觉得这套书真是奇书。所以，在还书的时候，他就告诉洪秀全，《劝世良言》真是一套好书，可以让你有不一样的感觉，“内容奇极，大异于寻常中国经书”[①]。洪秀全心想：这套书真有这么好吗？我以前只是放在书架上当摆设，既然这么好，那我也认真地读一读吧！

因此，洪秀全开始细细研读这套《劝世良言》。

① 崔之清、胡臣友：《洪秀全评传》，南京大学出版社1994年版，第33页。

洪秀全被书中的内容深深吸引了，因为书中的叙述和他在六年前的异梦中见到的一模一样。他认为，在那场异梦中，他乘轿前往的有着万道霞光的地方就是所谓的天堂，而赐给他宝剑，并让他斩妖除魔的那个人就是上帝——天父，拿着金印帮他降妖除魔的那个人就是自己在天上的哥哥——救世主耶稣，所有的兄弟姐妹就是凡间的普罗大众，至于洪秀全他自己，则当然是上帝的第二个儿子，耶稣的亲弟弟了。

于是，此后，上帝在大清有了一个儿子，算是领养的吧。其实，如果上帝在天上有知，也不用太惊讶，之后他在大清还会有更多的儿子，甚至还会有一个女儿！

此时，洪秀全醍醐灌顶，觉得自己找到了上天堂的正路和得永生的希望，有了这套书还读什么四书五经，还考什么科举，信上帝就可以上天堂了，何必再寻他途？

更关键的是，《劝世良言》中明确地指出："你们这些读书应试的读书人，虔诚地崇奉文昌和魁星，以为可以得到保佑，可是你们中有些人考了多次，为何仍是落第呢？"这一句话太扎心了，彻底触动了洪秀全的内心。毕竟他就是那个考了多次仍旧落第的人，多年的耻辱和失落终于可以找到源头了，原来自己信仰的文曲星等神仙都是妖魔，只有上帝才是唯一真神，才能保佑自己解决一切困难和问题。太平天国建立之后，洪秀全公开宣称："我曾在上帝之前亲自接受其命令，天命归予。"洪秀全找到了信主的真正动力，那就是：我是上帝钦点来拯救万民的，不信啊，有我的梦作证，天命所归。

随后，洪秀全和李敬芳仔细研究了《劝世良言》中所提到的"洗礼"，决定两人私下互相施洗：互相以水洒在头上，同时念诵自己发明的祷语——洗除罪恶，去旧从新，向上帝保证不再拜祭其他神灵，不行恶事，恪守天条。

不过，洪秀全和李敬芳互相洗礼之后，总是觉得这种施洗不太正规，没有官方认证，心里一直念叨着将来有机会让正规的外国牧师给自己施洗，现在暂先凑合着私下洗礼了事。

随后，洪秀全和李敬芳找到附近集市上的铁匠，让其给他们每人定制一把“斩妖剑”，诗曰：

手提三尺定山河，四海民家共饮和。
擒尽妖魔归地网，收残奸宄落天罗。
东南西北敦皇极，日月星辰奏凯歌。
虎啸龙吟光世界，太平一统乐如何！①

这就是洪秀全信仰上帝的开始，一个屡次科举不中的人，看了一本名为《劝世良言》的小册子，发高烧做了一个邪乎的异梦，从此开启了长达十四年波澜壮阔的太平天国运动，占据了大清朝半壁江山，几乎要了大清的命。

自行“洗礼”之后，洪秀全觉得自己已经“洗除罪恶，去旧从新”，高兴至极，写了一首忏悔诗表达与过去的自己决裂的心情：

吾侪罪恶是滔天，幸赖耶稣代保全；

① [美]史景迁著，朱庆葆等译：《太平天国》，广西师范大学出版社2011年版，第96页。

克胜邪魔遵圣诫，钦崇上帝正心田。
天堂荣显人宜慕，地狱幽沉朕亦怜。
及早回头归正果，敢将方寸俗情牵。[1]

洪秀全铁了心要跟过去的自己一刀两断，彻底信仰上帝，早登天堂。

在洪秀全看来，信仰上帝能够早登天堂这等好事一定要先让家人享受，决不能先便宜了外人（笔者认为当时更真实的情况应该是只有家人和亲戚能够理解他，不把他当作神经病，或是即使认为他是神经病，也不会把他怎么样）。因此，洪秀全最先发展了自己的堂弟洪仁玕（后来成为太平天国的名人）和继母的亲戚冯云山（这位是太平天国的重要人物，从某种意义上来说，可能比洪秀全还要重要），这两个人先后接受了洗礼。

洪仁玕和冯云山这两个人与洪秀全的经历差不多，也是多次参加科举考试，怎么考都考不过，一听说自己的亲戚洪秀全有办法轻轻松松上天堂，也就跟着信了。看来需要向广大基层小知识分子（特别是落后地区的知识分子）大力普及科学常识以及唯物论和辩证法（只可惜，马克思的《资本论》1867年才开始出版，洪秀全都死了好几年了）。

很快，洪仁玕和冯云山成了洪秀全的铁杆粉丝，洪秀全还给他们二人进行了两次洗礼。第一次洗礼是在冯云山的私塾中偷偷进行的，

① 太平天国历史博物馆编：《太平天国印书》（上），江苏人民出版社1962年版，第43页。

后来觉得这样偷偷摸摸不太好，于是又带着二人来到自家附近的一条小溪，让他们跳进去，全身湿透，算是施洗成功。此后，李敬芳拿着自己的那把斩妖剑渐渐淡出了人们的视线，不再参与洪秀全的“拜上帝”大业。冯云山则一直跟随在洪秀全身边，帮他著书立说，四处传教，成为洪秀全的左膀右臂。冯云山的作用至关重要，甚至可以这么认为，如果没有冯云山，也许根本就不会有拜上帝会，也就不会有后面的太平天国。

洪秀全和冯云山、洪仁玕一起再次研读这套《劝世良言》，洪秀全越发对自己是上帝的中国儿子的这件事深信不疑，而且使得其他二人对此事也深信不疑。随后，他们开始发展各自的家人信仰上帝，渐渐地信徒越来越多。

信了上帝，就不能拜祭其他的神灵，这当然也包括孔老夫子。于是，这三位拜上帝会的中国合伙人理直气壮地将自己的工作单位——私塾的孔子牌位给砸烂了。学生觉得自己的老师犯了神经、着了魔。在学生看来，不拜孔子的老师一定不是好老师，跟着这样的老师是没有前途的，因此，纷纷转到了别的私塾。

洪秀全不仅砸烂了孔子的牌位，在自己的梦中还导演了一场关公战秦琼式的好戏：上帝大战孔夫子。洪秀全告诉冯云山和洪仁玕说，他梦见上帝痛打了孔丘，上帝批评孔丘不曾清楚地宣扬真理，孔丘低头无语表示认罪。不仅上帝骂了孔子，而且耶稣也批评了孔丘。耶稣说：你编造出这样的书教人，我的胞弟（洪秀全）读了你的书都被教坏了。然后，上帝让洪秀全和各种小天使（不知道这种天使是带翅膀的那种还是不带翅膀的）到处追打捉拿孔丘，然后将孔丘押解给上帝发落。

看来科举失利这件事对洪秀全影响太大，晚上做梦都没有放过孔子。

既然他们这么痛恨孔子，那么私塾塾师这种工作对他们来说应该不能再干下去了。

很快，洪秀全和冯云山就失业了，丢了教书的饭碗。

**正所谓：**

**科举之耻深入髓，孔丘梦中来认罪。**

**呼朋唤友成信徒，一家共饮圣杯水。**

## 云游传教和著书立说

丢了塾师的工作，洪秀全、冯云山和洪仁玕在花县的日子就不太好混了，没有饭吃了。

然而，在洪秀全看来，此处不留爷，自有留爷处。况且《圣经》中也说过“从未有先知受人尊敬于本乡及家中的”这种话，洪秀全在自己家乡待不下去，那就四处云游吧！

因此，1844年春天，洪秀全约了冯云山、洪仁玕以及另外两个人准备一起去“遨游天下，宣传真道”。但是，洪仁玕这年才二十岁，原本洪仁玕的父亲对自己儿子把私塾里的孔子牌位砸烂这件事就很生气，现在看到他又要出去瞎晃悠，简直就是不务正业，因此，就把洪仁玕痛打了一顿，不准他和洪秀全这个坏哥哥一起出去，怕被带坏了。最终，只有冯云山以及另外两个人和洪秀全一道外出云游传教了。

说是去云游，听起来浪漫无比，实际上他们这一路走来，过得十分凄惨。云游传教，洪秀全一行人最大的困难就是没有钱（这种困难我们大家都有）。因此，他们不得不靠着沿途贩卖笔墨纸砚来赚点旅途费。他们几乎把广东转了个遍，广州周边的顺德、南海、番禺、增城、从化、清远、英德、函江、阳山、连山等地也都去了，但是，并没有感化太多人，广东这边几乎没人相信洪秀全的那套说辞。其实原因很简单，广东地区，特别是广州周边，经济发达，人们见多识广，也见过一些真正的西方传教士。因此，这些见过世面的广东人对洪秀全自称是上帝的中国儿子的荒谬言论，大多不相信。而且，广东本地也有很多西方传教士，即使要信，也是信这帮西方传教士。毕竟，这跟学外语一个道理，发音纯正的外教更受人欢迎。于是，洪秀全他们一商量，那咱们去广西吧，那里的人比较穷，没见过世面，应该比较好忽悠一些。

随后，洪秀全和冯云山来到了广西贵县赐谷村。在这里，洪秀全有个表兄叫黄盛均，他们二人就住在了黄家，一住就是好几个月。

在赐谷村，这里的人都和洪秀全、冯云山一样说客家话，其间广东花县家乡的洪仁球、洪仁征等人也来到了这里（从名字看，这二人应该是洪秀全的堂兄弟），人多力量大，洪秀全和冯云山二人充分利用了语言优势和亲属优势，向这里的民众宣扬拜上帝教，“教人真心拜上帝有福享，迷信鬼神落地狱”。再加上，这里的客家人也很少受到孔子儒学礼仪的影响，相对比较容易接受洪秀全的说辞。几个月间，竟有一百多人接受了洗礼，成为洪秀全的信徒。

洪秀全也不清楚洗礼的具体操作仪式，他只是在梁阿发写的《劝世良言》里看到过这两个字而已。他觉得既然“洗礼”有个“洗”字，那肯定是要有“水”了，再加上一定的仪式感就行了。

之前，洪秀全和李敬芳互相施洗，现在，洪秀全将施洗仪式进一步正规化和标准化，自创了一套仪式，大致分为三步：

第一步，受洗之人必先忏愧，写一份忏愧状，高声诵读，如果不会写字就口头忏愧，随后将忏愧状以火焚化，以便让上帝知道自己忏悔了（这一步怎么看都像老百姓在给神仙烧香磕头时的仪式，看来洪秀全虽然自称要和中国传统决裂，但是似乎还是没有摆脱传统文化的影响）；

第二步，半夜时分，在门外木桌上放置一盆清水，清晨时刻，受洗之人对天俯伏跪拜，然后洪秀全舀起一碗清水从受洗之人头顶浇下，同时念诵“洗除罪恶，去旧从新”的祷语；

第三步，新受洗的人需要到河中沐浴，随后将神坛上的清茶饮下，再用盆中的清水洗净心胸，表明外体和内心都得到了净化。

洪秀全在赐谷村发展了一百多人，这是拜上帝会最早的一批信徒，算是太平天国的创业元老，大都拥有“原始股份”，是“老股东”。后来，他们之中的很多人都跟着洪秀全从金田一路杀到南京，兑现了“股票”，封王封爵，吃香喝辣，位极人臣，享尽人世富贵。

尽管发展了一百多名信徒，但洪秀全还是觉得传教效果不够好，人还是有点少，于是决定干一件大事，搞一个大新闻，来树立上帝的威信。

这件所谓的大事，就是捣毁了当地的一座庙。

这座庙名为六洞庙（也叫六窠庙），供奉的是一对情深意切的青年男女。传说，很久以前这一对男女在此山“和歌”（广西壮族人民爱对山歌，比如后来的刘三姐），后来苟合而死，为了纪念这两位为爱情而死的年轻人，当地人特立像祭祀。

洪秀全听说有这么一座庙之后，诘问当地的老百姓：这分明是一对通奸的狗男女，哪有什么狗屁爱情，上天会惩罚他们而不是让他们成仙，你们供奉祭祀的不过是一对妖魔罢了。为了表达自己的激愤，洪秀全还亲自赶往六洞庙，并作诗一首（洪秀全养成了动不动就作诗的习惯，不过他的诗大都是大白话，非常容易理解）：

举笔题诗斥六窠，该诛该灭两妖魔！
满山人类归禽类，到处男歌和女歌。
坏道竟然传得道，龟婆无怪作家婆，
一朝霹雳遭雷打，天不容时可若何！①

在庙墙题诗之后，洪秀全随即用笔杆向泥塑一戳，大喊一声“斩妖”，早被白蚁蛀空的泥塑应声倒下（泥像究竟是被白蚁蛀空的还是洪秀全事先做过手脚，只有天知道了），摔了个稀巴烂。很快，洪秀全斩妖除魔的消息迅速传遍了赐谷村，那些信教的人自然更加尊崇洪

① 太平天国历史博物馆编：《太平天国印书》（上），江苏人民出版社1962年版，第44页。

秀全斩妖除魔的神力，那些不信教的人开始觉得洪秀全十分威武，纷纷要求信教。

但是，洪秀全忘记了一个事情，这个六洞庙是当地土著人信奉的神灵，而他自己是一个客家人。一个客家人捣毁了当地土著人的庙宇，这让当地土著人情何以堪。洪秀全捣毁庙宇的后果很严重。很快，当地土著人开始排斥洪秀全，强烈反对洪秀全他们继续留在赐谷村。而且，由于黄家太穷了，洪秀全住了这么久也不好意思了，就让冯云山先回广东，而他自己又住了三个月才返回广东花县。

洪秀全和冯云山这对好朋友这次出游总共用了七八个月的时间。

洪秀全逐渐认识到一个问题：如果想要让更多的人信仰拜上帝会，自己必须进行理论创作，写出一些能够口耳相传、易于传播的作品来，我洪秀全不就是读了梁阿发写的书才信教的吗？

洪秀全认为走这条路，他一定可以成功！

因此，洪秀全白天为了生计继续在私塾里教书，为学生讲解四书五经，一到晚上，便仔细研读《劝世良言》，并不断加以发挥和变化。洪秀全认为，中国原本就是信奉上帝，只是因为后来妖魔太多，整个国家走上了歪路，现在必须扫邪扶正，所以要从中国古代经典中挖掘和寻找那些属于中国上帝的东西，印证东方上帝就是西方上帝，他们原本出自一源。我们仔细分析洪秀全的想法和认识就可以发现，洪秀全其实是对现实极度不满（多次科举不中，不去找自身的问题和缺点，反而把所有的问题归于现实），因此，借用古代中国传统文化来批判当下中国的文化传统。

基于这种认识，1845年，洪秀全相继完成了《原道救世歌》和《原道醒世训》。这两本小册子是洪秀全自己的“劝世良言”，这将是指导太平天国革命运动的主要理论著作。

《原道救世歌》总共208句，后面附上《百正歌》，其中心思想就是宣扬只拜天父上帝。但是，必须指出的是，洪秀全提到的“上帝”，严格意义上应该不是《圣经》里的上帝。因为，《圣经》里的上帝是无形的，只有一个儿子耶稣，而洪秀全创造的“上帝”是有形的，有骨有肉，还有家庭，有配偶，有很多孩子，耶稣是大儿子，洪秀全是二儿子。后面洪秀全还要再给上帝找几个在中国失散多年的其他儿子。其实，洪秀全创造的上帝有点像道教里的玉皇大帝。

《原道醒世训》共1000字，主要介绍了洪秀全自己的理想世界，也就是上古的大同世界。我们需要明白的是，洪秀全所描绘的大同世界，其实就是孔子所推崇的大同世界。在洪秀全看来，天下多男人，尽是兄弟之辈，天下多女人，尽是姐妹之群，何得存此疆彼界之私，何可起尔吞我并之念。孔子在《礼记》中提出：“大道之行也，天下为公，选贤与能，讲信修睦。故人不独亲其亲，不独子其子，使老有所终，壮有所用，幼有所长，矜、寡、孤、独、废疾者皆有所养，男有分，女有归。货恶其弃于地也，不必藏于己；力恶其不出于身也，不必为己。是故谋闭而不兴，盗窃乱贼而不作，故外户而不闭，是谓大同。” 因此，洪秀全是以孔子的大同世界为蓝本，描绘了自己向往的理想世界和人间天国。

值得一提的是，在这两本小册子里，洪秀全只是表达了对当时现实的不满，劝人从善，走正道，不走歪路和邪路。这两本小册子还只是传道的理论书籍，还不能说是号召民众起来推翻清王朝的革命纲领。真正号召民众起来造大清朝反的是他在一年之后写出来的。

滑稽的是，洪秀全虽然创造了拜上帝会，而且自己深信不疑，但平日里他主要还是靠教书为生，教的还是儒家经典。信了上帝却靠孔子为生，这说明洪秀全内心深处是个实用主义者，拜上帝是工作，做老师是生活，工作和生活分得很开。

**正所谓：**

**云游四海把教传，八桂大地起波澜。**

**中西结合续家谱，周而复始归燕来。**

## 美国牧师罗孝全

洪秀全将《劝世良言》读了很多遍，越来越觉得这本小册子无法满足他对上帝和基督教的求知欲，也无法解答自己心中的疑问。毕竟，《劝世良言》这本小册子是一个叫梁阿发的中国人写的，那么洋人究竟是怎么认识和理解上帝的呢？真正的基督教文化到底是什么呢？要想了解这些知识和解决这些问题，就必须找到一个真正的牧师当老师，系统地学习一下《圣经》。

1846年底，洪秀全从一个自广州回到老家的老乡那里知道有一个叫罗孝全的洋人，在广州开设教会，并广收教众，很有影响力。因此，洪秀全很想去他那里学习深造。恰巧，1847年春天，洪秀全突然收到一封来自广州的信，是罗孝全的中国助手朱道兴写来的。信中说："听说贵兄十年前曾得到一本书，这本书的内容和我们教会所宣传的是一致的，贵兄若能来到我们这里协助工作，牧师和众兄弟将无比欢迎。"这封信，相当于罗孝全给洪秀全发了一个到广州的教会学习深造的录取通知书，而且还是全奖。

收到"录取通知书"，洪秀全兴奋无比，觉得自己机会来了，终于可以学习正宗的基督教知识了，而且还有可能让洋牧师给自己正式施洗，从而获得官方认证，取得正式的传教资格，简直是天赐良机。

洪秀全和洪仁玕商量之后，两人立即起身赶往广州。

洪秀全要见到的罗孝全是个什么样的人呢?

罗孝全是个美国人，1802年出生于美丽的田纳西州，1821年加入浸礼会，1833年正式成为牧师，1837年被派往澳门开始在中国传教。罗孝全到达澳门后，认真学习中文，开始用中文传教。鸦片战争结束后，罗孝全于1844年来到广州，平时穿着中式衣服，说中国话，并于1846年在广州南关东石角建了一座小教堂。另外，罗孝全也是德意志传教士郭士立培训中国传教士和教徒的"汉会"成员，这家"汉会"在当时的华南地区已经有了很多会员。其实，在中国近代史上，像罗孝全这样的传教士还有很多。另外一个著名的传教士是司徒雷登。司徒雷登的父母也是美国在华传教士，司徒雷登本人出生在杭州，后来在美国长大，随后又返回中国传教，然后致力于中国的教会大学建设，于1919年任燕京大学校长，后来还做过美国驻华大使。

1847年3月，洪秀全到达广州罗孝全处。

罗孝全对于洪秀全的到来非常高兴，他热情地接待了洪秀全，给洪秀全安排了内容丰富的教义培训课程，让他参加圣经班学习，要求他背诵圣经，每天听课两小时。在这里，洪秀全第一次读到了德国人郭士立翻译的《圣经》新旧约全本。

罗孝全和洪秀全进行了一次长谈。

洪秀全给罗孝全讲述了自己从《劝世良言》了解到的东西，还详细地介绍了自己做的那个异梦，并坦诚地告诉罗孝全，他就是上帝在中国的儿子，他是上帝的第二个儿子，耶稣是第一个。

罗孝全说："不，你不是。"

洪秀全说："是，我是。"

罗孝全说："Unbelievable and incredible（难以置信和不可思议）!"

听到罗孝全说英文，洪秀全肯定一头雾水，不知道是夸自己还是骂自己。

在罗孝全看来，洪秀全一定是疯了。

但是两人并没有为此而争吵，罗孝全觉得，洪秀全在这里待一段时间，学习真正的《圣经》后应该就不会有那种奇怪的想法了。

洪秀全希望自己有机会能够得到罗孝全的正式施洗，获得正式的教会认证，获得正式传教的资格。

罗孝全表示可以考虑考虑，但是要先考察一段时间，要做一些家庭背景调查。随后，罗孝全派了两名"汉会"成员到洪秀全老家花县官禄㘵村去做调查，想深入了解一下洪秀全在老家的名声（看看人家的资格审查工作做得多仔细）。

调查的结果是洪秀全在老家的名声还不错，这让罗孝全对洪秀全很是信任。与此同时，洪秀全在广州非常认真地学习《圣经》，参加各种宗教培训，还学习到了西方的一些历史、地理以及科技文化知识，开阔了视野。

如果一切顺利，洪秀全可能就要正式受洗，成为一名合格的牧师，也就有资格正式传教了。

但是，可能由于罗孝全对洪秀全过于重视，导致罗孝全身边其他一些中国人产生了嫉妒心理。一个乞丐绝不痛恨百万富翁，但是他一定会痛恨乞讨比他多的其他乞丐。正所谓，同行是冤家。因此，一些人担心罗孝全雇用洪秀全会使他们当中的某些人丢了工作，于是便给洪秀全设下一个套让他钻。这些人知道，罗孝全最讨厌那些嘴上说要受洗其实另有所图的中国人（比如在教会找份差事或是从传教士那里搞一些外快）。因此，他们偷偷挑唆洪秀全在罗孝全给他正式施洗之前一定要寻求金钱上的保证。洪秀全可能是比较天真和单纯，想想也有道理，受洗之后自己就是上帝的人了，一切都要靠教会，教会应该给他提供生活上的保障。所以，洪秀全就傻傻地向罗孝全提出了这样的要求。罗孝全是个火暴脾气，对洗礼极为看重，最讨厌别人把金钱当作入教的目的。因此，罗孝全大发雷霆，对洪秀全失去了信任和信心，让其离开广州回老家去了。

罗孝全后来也提到过此事，说在洪秀全“未得吾人满意于其合格之先”[①]，就决定离开了。

总之，不管罗孝全和洪秀全之间发生了什么不愉快的事，洪秀全终究是没有正式受洗，他到死都是一名非正式的、没有经过认证的传教士。但是，这并不耽误他继续信仰自己的“上帝”和继续发展自己

①　[美]史景迁著，朱庆葆等译，《太平天国》，广西师范大学出版社2011年版，第126页。

的传教事业。毕竟，他是上帝的中国儿子。这一点，像罗孝全这样的外国人永远不会懂，也不可能会懂。

和罗孝全不欢而散之后，洪秀全踏上了归途，离开广州回到了官禄㘵村。其实洪秀全回村也有家人挂念他的缘故。另外，到此时，洪秀全只有一个女儿，还没有儿子，在他看来，“不孝是违背神天上帝的六大罪恶之一”，而且儒家也讲究孝道，“不孝有三，无后为大”，他得抓紧回家生个儿子。

洪秀全不是一个聪明的人，但一定是一个勤奋的人。

回到官禄㘵村后，洪秀全静下心来，认真思考自己在广州学习到的知识，结合自己的认识和理解，揣摩钻研，笔耕不辍，在1847年底隆重向世人推出了自己的第三本著作——《原道觉世训》。

《原道觉世训》才是洪秀全真正的代表作，全篇3244字，将以往的著作理念进行了升华，同时增添了一些新的内容。

其一，给上帝设置了一个对手——“阎罗妖”。“阎罗妖”乃老蛇妖鬼，鬼怪多变，迷惑人间凡人灵魂，最为可恶，必须诛灭之，必须打倒“阎罗妖”。

其二，论证上帝是主宰世界、天堂和凡间的唯一真神，上帝就是“皇上帝”，因此世间古今中外之主，都不得称皇称帝，否则就是“阎罗妖”。

至此，洪秀全已经完成了自己的理论创作三部曲——《原道救世歌》《原道醒世训》《原道觉世训》，可以说从理论上阐释了基本教义，也在理论上构建了一个自己理想的太平世界，实现的方法就是要斩尽天下“阎罗妖”。

知易行难，理论创建工作基本完毕，但是皈依洪秀全版本的“上帝”的人还是太少，洪秀全和冯云山还需继续努力。

如果说洪秀全是个理论家的话，那么冯云山就是一个实干家。

很快，冯云山在紫荆山区把拜上帝会发扬光大，使其成为一支真正有力量的队伍，洪秀全等人也因此才有机会举起反清的大旗，在南京建立人间天国。

从某种程度上说，没有冯云山，就没有太平天国。

**正所谓：**

**躬行勤学需求教，觉世热血训原道。**

**红花还需绿叶配，长风破浪斩阎妖。**

# 第四章

# 下凡

太平天国一统万年特大钱（面）

太平天国一统万年特大钱（背）

## 冯云山在紫荆山

洪秀全和冯云山自1844年在广西赐谷村就分开了。

洪秀全以为冯云山回老家了。所以，洪秀全一到家就问："冯云山在哪里？"家里人一头雾水："我们以为他和你在一起啊！"

此时，洪秀全才知道冯云山一直没有回来。那么冯云山到底在哪里？

冯云山在紫荆山。

冯云山和洪秀全分开后，一路向西，继续传教，风餐露宿，甚为艰苦。

他先是到达桂平县。在这里，他孑然一身，举目无亲，幸亏他会说客家话，和当地人张永秀一起住在一个与世隔绝的名为古林社的小村子里，村里都是张姓客家人，张家在此地略有薄产。

古林社村就位于紫荆山东入口处。

冯云山在这里不能白吃白喝，需要自己动手，才能丰衣足食。刚开始，他能做的工作其实很有限，无非就是出卖自己的一身力气，给人打打短工而已。冯云山也确实能吃苦，无论是捡牛粪，还是收割水稻、打谷子，什么活都会干，也都愿意干。

在打工的过程中，他时刻不忘传教。他用一口流利的广东客家话，耐心地给当地客家人宣讲他从洪秀全那里学到的救世赎罪的道理，而且将洪秀全做的异梦发挥到极致，说洪秀全上天见过独一真神天父上帝以及他的哥哥耶稣。冯云山讲得天花乱坠，有人物、有情节、有情怀、有使命、有理想，细节逼真，说服力非常强。

很快，一些人被冯云山的说辞所感染，决心信教。冯云山就用他从洪秀全那里学到的洗礼仪式为他们施洗。信教的人越来越多，不久就形成了一个稳定的宗教小团体，冯云山将之命名为“拜上帝会”。

请大家记住这个名字——拜上帝会，这是后来太平天国建立的基础和源头。

有一次，冯云山去当地监生曾槐英家里收割水稻。干完活之后，冯云山浑身臭汗，一阵风吹来，凉爽至极，随口吟诵道：“南风之熏兮，可以解吾民之愠兮；南风之时兮，可以阜吾民之财兮。”曾槐英正在窗前竹榻乘凉，听到冯云山这种打短工的粗人竟然能够吟诵出此等古风雅韵，颇为诧异，便问道：“你读过书吧？为何到这里做雇工？”冯云山答道：“我曾读过书，在吾乡做塾师，只是久仰紫荆山水秀山灵，想来欣赏一番，亲身感受，但人地生疏，不做雇工，便无缘前来。”

随后，二人便深入交谈了一番，可谓是相见恨晚。曾槐英觉得冯云山是个人才，是人才就不该浪费，因此就和冯云山约定请他来年出任曾家的家庭塾师。

1846年，冯云山住到了曾家。

有一次，紫荆山区鹏隘山（也叫平在山）大冲村的曾玉珍到古林社村办事，和曾槐英闲聊，说想聘请一位塾师为家里子弟教学。曾槐英便将冯云山推荐给他，曾玉珍大喜，遂邀请冯云山进入紫荆山，在自家做起家庭塾师。

冯云山正式进入紫荆山区，这是拜上帝会发展过程中的关键一步。

为什么这么说呢？因为，在这里传教效果非常好，拜上帝会信徒呈几何倍数剧增。紫荆山区离官府很远，远离儒家思想影响的区域，聚居了很多贫苦的客家人。他们社会地位低下，干什么活的都有，比如木匠、铁匠、磨坊工人、算命先生、小商贩、樵夫、烧炭工人、挑夫等。这些贫苦的客家人，经常受到当地人的欺凌以及土匪强盗的抢劫和欺压（这些流窜在广西山区的盗匪原本大都是广东沿海一带的海盗，鸦片战争后，他们被英国人的炮船打得无处可逃，只能从广东逃到广西，占山为王，他们中的很多人是天地会成员），因此他们不得不自己武装起来进行反抗，平时干活都带着刀枪剑戟，一旦有事，吆喝一声，瞬间就能聚集起几百名扛着锄头或是手持长矛的人，随时进入战斗状态。

冯云山到来之后，向这些饱经苦难的客家人宣扬万能的天父上帝，给他们宣扬洪秀全天下大同的救世之道，主张人人平等，男人都是兄弟，女人都是姐妹，号召大家加入拜上帝会，拜了上帝，人人有衣穿，人人有钱花，无灾无难。备受欺凌的客家人觉得自己真是遇见救星了，他们一方面觉得冯云山讲得非常吸引人，一方面觉得加入拜上帝会就有了组织，有了组织，就有万能的上帝罩着，将来谁还敢欺负他们呢？

越来越多的人加入拜上帝会，越来越多的人拥护冯云山，并且尊称冯云山为冯先生。

冯云山是个老实人，他并不贪功，也不过分宣扬自己。他在传教时不断地告诉大家，他知道的这些都是从一位名叫洪秀全的先生那里学到的，洪秀全先生上天见过上帝，是上帝的第二个儿子，耶稣是洪秀全的哥哥。这些老实淳朴的客家人懂得了一个道理：冯先生了不起，但是冯先生上面还有一个洪先生，更了不起。

冯云山在紫荆山区的传教工作有了大发展，到1847年8月，信徒已发展到两三千人，给即将到来的洪秀全打下了非常好的群众基础和舆论基础。

所有人都在翘首以盼，都想目睹这位见过上帝的“洪先生”的尊容。

洪秀全，上帝的二儿子，请放下你的儒家典籍，该你出场了，大家都在等着你。

远在广东花县老家的洪秀全仿佛听见了冯云山和几千名信徒的呼唤，他静静地放下书本，拿起斩妖剑，告别了父母以及妻子（这一段时间他媳妇赖氏并未怀孕），踏上了奔赴紫荆山的行程。

一路虽然风餐露宿，饱受磨难，但洪秀全坚信，越努力就会越幸运，越努力就会越自由，上帝和天兄会保佑他的伟大事业。

没有什么能够阻挡，洪秀全对自由的向往。抬头看天，低头看路，洪秀全看到了心中那自由的世界，如此的清澈高远。

在路上，他路过一个小庙，诗兴大发，于是题诗一首：

朕在高天做天王，尔等在地为妖怪，
迷惑上帝子女心，腼然敢受人崇拜。
上帝差朕降凡间，妖魔诡计今何在；

朕统天军不容情，尔等妖魔须快走！[①]

洪秀全的诗还是一如既往的那么直白，那么不押韵，那么不像诗。

但是，我们必须注意到一个变化，洪秀全已经开始称呼自己为“朕”了，预知自己将要做“天王”，将会统领万千“天军”，踏平天下妖魔。

也许，正是在此时，洪秀全的心中萌芽暗生：打天下，做天王，斩妖魔，建人间天国。

**正所谓：**

**九曲黄河万里沙，风餐露宿走天涯。**

**人间天国心有灵，子弟万千剑出匣。**

## 捣毁甘王像

冯云山在紫荆山区有一名非常重要的骨干和帮手——卢六。

卢六，高坑冲人，壮族。高坑冲位于紫荆山入口处，乃交通

① 太平天国历史博物馆编：《太平天国印书》（上），江苏人民出版社1962年版，第47页。

要道。

冯云山进出紫荆山，一定经过卢六家，很多烧炭工人进出紫荆山，也必须经过卢六家。卢六家很快成为拜上帝会在紫荆山区的集合点，是拜上帝会的第一个基地。

洪秀全进入紫荆山区，也要经过卢六家。

1847年8月27日，洪秀全来到紫荆山，见到了分别三年的冯云山。

两人一见面，聊了很多。让洪秀全没想到的是，冯云山在紫荆山区把他洪秀全的宗教地位和威信树立得那么高。

为了进一步巩固洪秀全崇高的宗教地位，他们俩开始仔细研读、修订洪秀全在官禄㘵村完成的《原道救世歌》《原道醒世训》《原道觉世训》这三本小册子，同时不断细化洪秀全的异梦，不断神话洪秀全。曾玉珍家也不遗余力地资助他们，将他们修订好的小册子刻印出来，广为扩散，传遍了紫荆山区。

随着加入拜上帝会的人越来越多，洪秀全和冯云山觉得应该统一大家的认识，方便统一行动。但是，洪秀全原先的三本小册子对于那些没读过书的客家人来说有些深奥，读不懂，自然不能遵守，不能遵守，就不能统一行动，不能统一行动，拜上帝会就没有战斗力。

面对这种情况，洪秀全微微一笑，拿出了自己的新作《天条书》。

《天条书》分为两部分。第一部分是对天父上帝做祷告时所用的统一文字范式，包含了悔罪规矩、悔罪奏章、朝晚拜上帝、食饭谢上帝、灾病求上帝、升天祭告上帝等礼拜祷告用语。这些文字范式，人人必须诵读，必须牢记于心，不能读错。

比如《天条书·朝晚拜上帝》：

小子○○○、小女○○○跪在地下，祈祷天父皇上帝恩怜救护，时赐圣神风，化恶心，永不准妖魔迷。时时看顾，永不准妖魔害。托救世主天兄耶稣赎罪功劳，转求天父皇上帝在天圣旨成行，在地如在天焉。俯准所求，心诚所愿。[①]

从此，拜上帝会的各种活动都有了仪式，仪式感增加了使命感，使命感让大家卖命干。

《天条书》的第二部分是“十款天条”，系洪秀全模仿《旧约·出埃及记》第二十章的摩西“十诫”写出来的，具体内容如下：

第一天条崇拜皇上帝；

第二天条不好拜邪神；

第三天条不好妄题皇上帝之名；

第四天条七日礼拜颂赞皇上帝恩德；

第五天条孝顺父母；

第六天条不好杀人害人；

第七天条不好奸邪淫乱；

第八天条不好偷窃抢劫；

第九天条不好讲谎话；

① 太平天国历史博物馆编：《太平天国印书》（上），江苏人民出版社1962年版，第28页。

第十天条不好起贪心。[1]

这十款天条最核心的理念就是要全心全意崇拜皇上帝，不拜邪神，普天之下，只有上帝，这主要体现在前四款天条里。后面六款天条，则是参加拜上帝会的信徒们的生活准则，太平天国起事之后，就成了铁的军事纪律。这十款天条可以简称为拜上帝会的“四大纪律”和“六项注意”。

这部《天条书》是洪秀全和冯云山领导的拜上帝会对信徒进行基本宗教文化教育的普及读本，文字不多，容易理解，容易执行，迅速地将拜上帝会凝聚成一个有战斗力的集体。

洪秀全和冯云山原本住在曾家，后来为了联络方便，于1847年10月搬到了卢六家。同时，为了进一步发展拜上帝会，确立皇上帝的绝对神权，洪秀全、冯云山以及卢六等人决定在当地干一件惊天动地的大事，以彰显拜上帝会的神威，从而争取更多的群众加入。

他们琢磨来琢磨去，最后决定拿离紫荆山较远的象州甘王庙开刀。

甘王是当时在广西很多地区颇具影响力的地方杂神，供奉他的神庙遍及桂平、武宣、永安和象州等州县。甘王的来历比较血腥和邪乎。据说，很久以前（到底是多久，只有鬼知道），在紫荆山西北的象州地界，有一个甘姓之人，非常迷信风水堪舆之术，为祈求家族平安富贵，他请了一名风水先生看自家墓地的风水。风水先生告诉他，

① 太平天国历史博物馆编：《太平天国印书》（上），江苏人民出版社1962年版，第31—32页。

如果想保佑家族兴旺发达，必须先“血葬”。什么叫“血葬”呢？就是杀掉自己的亲人后埋葬。于是，这个姓甘的家伙杀掉了自己的母亲，然后将其葬于此地。弑母已经是禽兽行为，更加禽兽的还在后面。他还强迫自己的姐姐与当地的流氓无赖通奸，而且喜欢听当地男女唱淫荡歌曲。这个人死了之后，可能太过于邪恶，凡是说他坏话的人都无故闹病或是遇见各种灾祸，只有拿猪牛羊等祭品祭拜，才能确保平安无事。渐渐地，这个诛杀生母侮辱姐姐的甘姓禽兽的塑像就遍布各地，成了保佑人们平安的“神仙”，成了所谓的甘王。这有点像黑社会收保护费的意思，老百姓拿祭品祭祀，甘王收到之后，就保人家平安，一旦不满足他，他就给人施加灾祸。

甘王的出身如此血腥和肮脏，竟然还受众人顶礼膜拜，在洪秀全和冯云山看来甘王就是罪大恶极的阎罗妖，必须斩杀，必须压下甘王的嚣张气焰。

洪秀全他们选择象州的甘王庙下手，还有另外一个考量。其实，紫荆山区的雷王庙香火比这个甘王庙还要旺盛，但是兔子还不吃窝边草呢，洪秀全他们为了避免得罪当地人，引发不必要的冲突，就选择了离紫荆山区较远的象州甘王庙下手。

看来洪秀全他们深谙炒作之道，有点类似于现在某些不太有名的人，为了让自己尽快出名，先找一些容易引起争议的名人开骂，炒作自己，自己爆红的同时，又不至于招致太大的麻烦。

1847年10月的某一天，秋高气爽，洪秀全和冯云山一行人情绪高涨，意气风发，向象州甘王庙进发。

从紫荆山到象州大概有一百多里的路程。他们到达象州之后，先找地方休息了一晚上。第二天一早，他们手持竹竿，闯进甘王庙，朝着甘王的泥塑神像就来了一竹竿，一边戳一边骂："朕是真命天子，尔识得朕么？若识得朕，尔今好速速落地狱矣！"

不过，这种自称真命天子的话估计是太平天国定都南京之后，洪秀全为了吹牛、神话自己而夸大出来的。因为，那个时候，拜上帝会的信徒还没有多得让洪秀全下定决心推翻清廷，贸然说这种大逆不道的话，被人告到官府，以谋逆罪论处，基本就没有后面什么事了。所以，他们闯到甘王庙拿竹竿捅一捅泥像这种事应该是真的，但是说了什么话只有他们自己知道。后来记载在《太平天日》的话也是事后他们自己说的，谁知道他们当时到底说了没有呢。

骂了一通之后，洪秀全、冯云山以及卢六等人将泥塑甘王的眼珠挖出，胡须割掉，龙袍撕烂，手脚打断，砸了个稀巴烂。

骂也骂了，神像也打翻了，再踩上几脚，高兴、痛快、解气……

洪秀全高兴之余随手在甘王庙的墙壁上题诗一首：

题诗行檄斥甘妖，该灭该诛罪不饶。
打死母亲干国法，欺瞒上帝犯天条。
迷缠男妇雷当劈，害累世人火定烧。
作速潜藏归地狱，腥身岂得挂龙袍。[①]

冯云山、卢六等在一旁鼓掌叫好："好诗好诗，真乃好诗！"（鬼知道他们说的是不是真心话，反正我觉得这种诗我小学五年级就

① 太平天国历史博物馆编：《太平天国印书》（上），江苏人民出版社1962年版，第49页。

能写了。）

看到倒在地上的“甘王”，再看看墙壁上自己的题的好诗，洪秀全欣慰地笑了笑，说道：“见笑见笑，开心就好，快撤快撤，再不撤就被人逮住了。”

随即，他们一行人撤离甘王庙。

次日，他们又赶回紫荆山高坑冲卢六家。

捣毁甘王庙，令洪秀全名声大振。

但是，名声也分好名声和坏名声。

洪秀全捣毁甘王庙，对于当地人来说，简直就是犯上作乱，引起了极大民愤，当地士绅悬赏捉拿洪秀全等人。

但是，对于桂平县的知县来说，洪秀全又没有拿着刀枪闯到衙门去造反，没有确实的罪名，这也不好抓人。另外，拜上帝会信徒众多，也不好惹，多一事不如少一事，这位知县不想卷入这种民间是非，所以也不尽心办案，按兵不动。

官府不作为，当地的一位士绅觉得自己应该站出来，应该和洪秀全此等妖言惑众的人做斗争，严厉打击这种扰乱象州地区人民正常生活秩序的坏分子。

这个人，就是士绅王作新。

我们应该记住王作新这个名字，他是大清第一个公开和拜上帝会展开斗争的人，也正是因为他和拜上帝会的斗争，使得拜上帝会的组织性和战斗性越来越强，最后走上了反抗清廷的道路，开创了轰轰烈烈地持续了十四年的太平天国运动。

1847年11月，王作新一不做二不休，率领一帮团练，召集地方保正，跑到紫荆山卢六家，抓住了冯云山。

卢六听说冯云山被抓，立即吹响斗争的号角，迅速集结了一帮拜上帝会信徒，在途中将冯云山救走（拜上帝会信徒的战斗力还是很猛的）。

王作新不甘心失败，又于1848年1月，瞅准机会将冯云山和卢六抓获，送交官府治罪。

王作新作为一名士绅，非常清楚若要将冯云山等人置于死地，仅仅说他们捣毁甘王庙是不起什么作用的。因此，王作新一方面指控冯云山和卢六聚众闹事，另一方面把重点放在了聚众谋反的罪名上。他指控冯云山等人“结盟借拜上帝妖书，践踏社稷神明，曾玉珍接妖匪至家教习，业经两载，迷惑乡民，结盟聚合，约有数千余人。要从西番旧遗妖书，不从清朝法律”①。

打蛇打七寸，王作新的指控很到位、很精准，直接指控冯云山等人谋逆造反，直接往死里整。

但是，大家别忘记一件事，冯云山也是读过书的，而且对时局也有比较深入的了解。冯云山知道，鸦片战争结束之后，清政府和洋人签的条约里明确规定信教是合法的。因此，冯云山指出两个事实：第一，拜上帝会仅是一个宗教团体，没有武装，现在不会有，将来也不会有，我们绝不做任何扰乱地方安宁的事情；第二，大清国已经与外国有约，而且两广总督也明文公告，取消各府县对洋人传教的限制，外国传教士可以自由传教，百姓也可自由信教，何罪之有？

冯云山的辩护倒也合情合理，但是他并没有合理地解释他们捣毁

① [美]史景迁著，朱庆葆等译：《太平天国》，广西师范大学出版社2011年版，第138页。

甘王庙这件铁证如山的事实。

其实，想想也是，你信你的教，你管别人信的神仙是什么妖魔鬼怪，你把当地老百姓世代供奉的神仙给捣毁了，只靠几句说辞就想脱罪也不太容易。因此，冯云山和卢六被扣押在官府的大牢里了。

有人要问，冯云山被抓了，洪秀全去哪儿了？

洪秀全跑到赐谷村去了。他先是给官府写了一封情真意切的申冤书，但好像没有什么效果。之后，他又去广州找美国传教士罗孝全帮忙，请罗孝全向当时的两广总督耆英求情，从国际法和国际关系的角度来为冯云山申冤。

洪秀全的这个计划存在不少问题：

第一个问题，罗孝全本来和洪秀全关系就不好，连洗礼都不给洪秀全做，能帮他这个大忙吗？

第二个问题，洪秀全并不认识耆英，即使认识，一个两广总督会有工夫搭理洪秀全这种无名小卒？

第三个问题，洪秀全自诩是上帝的儿子，耶稣是自己的哥哥，有一个国际化的大家庭，但是，这种鬼话你自己说说也就罢了，你还想让两广总督相信这些不着边际的话，可能吗？

但是，洪秀全觉得自己想得很周全，他请罗孝全出面向两广总督耆英求情，一定可以搭救冯云山。

洪秀全星夜启程，赶往广州。等他到达广州之后，一打听才知道，两广总督耆英已经奉旨进京，人不在广州。而且罗孝全表现得也不够热情，根本没有替洪秀全搭救冯云山的意思。

洪秀全在广州待了几个月，毫无进展，有点绝望了，只得返回紫荆山。

不过，此时的冯云山早已出狱脱险，在回官禄㘵村的路上了。

冯云山出狱的方法其实很简单：直接拿钱收买知县。

这种方法简直是粗暴，但是确实有效！

事情很简单，冯云山被抓之后，洪秀全跑去广州找罗孝全帮忙，紫荆山区的拜上帝会信徒觉得没有什么更好的办法，大家决定凑份子给官府送礼，搭救冯云山。信徒人数众多，很容易就凑齐了一笔不小的款子，交给了知县。

知县拿到了钱，一边说“下不为例”的客气话，一边说“我们大清国是讲求法律的国家”，一边就让手下将冯云山放了。但是总得给士绅王作新一个说法吧，于是知县将冯云山判为无业游民，由公差押回广东花县官禄㘵村。

冯云山一路给两位押解他的公差不断灌输“拜上帝”的好处，同时揭露衙门的腐败，两个差役感动得竟然要求冯云山带他们一起上紫荆山，参加拜上帝会。

不幸的是，卢六病死在监狱里了（到底是被狱卒折磨死的还是真的病死的，这一点不确定），后来洪秀全在太平天国快要结束时追封卢六为瑕王（洪秀全也是真有诚意，太平天国快完蛋了才想起这帮最初的创业兄弟）。

在冯云山被抓、洪秀全去广州的这段日子里，拜上帝会可以说是群龙无首，乱作一团，甚至有可能解散。

但是，幸亏有两个人及时补位，他们通过装神弄鬼维持了拜上帝会的团结，甚至促进了拜上帝会的发展。

他们就是代天父下凡的杨秀清和代天兄下凡的萧朝贵。

正所谓：

兄弟合力定天条，星夜兼程斩阎妖。

聚众谋反晴霹雳，群龙无首心飘摇。

## 杨秀清和萧朝贵

杨秀清和萧朝贵听说自己要出场了，两人携手一起站了起来，准备给大家弯腰鞠躬，挥手致意，清清嗓子，大踏步走上历史的舞台。

但是，等一下，二位，在您二位正式出场之前，让我先给大家介绍一下当时流行于广西民间，尤其是客家人当中的“降僮术”。

所谓的降僮术，简单来说就是某个神仙（可以是任何神仙，比如佛祖、观音菩萨、二郎神等，孙悟空也行）突然以附体在僮子（专门的从业者，这是个专业性很强的工作）身上的方式降临人间，假托僮子之口来传达这位神仙想说的话。附体传言之时，僮子演技极佳，声情并茂，如痴如醉，念念有词，附以各种怪异动作（比如满地打滚或是口吐白沫之类的）和怪异的腔调（模仿符合那位神仙妖魔的语气），以至于在场的民众无不动容，并表示一定谨遵法旨教诲，请神仙尽快收了神通，速回天庭。这就是“降僮术”。

好了，杨秀清先生和萧朝贵先生，您二位可以上场了。

萧朝贵咽了一口吐沫，大家好，我是天兄萧朝贵，我的弟弟是洪秀全，we are family，是相亲相爱的一家人。

杨秀清掸了掸身上的炭灰（他是一个烧炭工），大家好，我是天父杨秀清，我的儿子是洪秀全，我们也是“伐木累”（family），真的是相亲相爱的一家人。

萧朝贵暗暗地骂了一句，杨秀清你小子占我便宜，够狠。

杨秀清生于1823年，比洪秀全小九岁，穷苦出身，父亲杨亚齐在他五岁时去世，母亲古氏在他九岁时去世，后由其伯父杨庆善抚养成人。长大以后，杨秀清在紫荆山以种山烧炭为生，过着饥寒交迫的生活，“心忧炭贱愿天寒”。

万恶的旧社会是个大学校，把精明能干的杨秀清培养成了一名深谙世故、善于揣摩人心的人，在紫荆山区颇有人缘。

1846年，经卢六介绍，杨秀清认识了冯云山，在冯云山的影响下他加入了拜上帝会，成为一名普通的拜上帝会成员。

在冯云山被捕入狱、洪秀全外出求援之时，紫荆山区的拜上帝会危机重重。外有王作新等当地士绅利用团练打压和迫害，内有领导人物缺失而导致的人心动摇，拜上帝会濒临解散。

原本是一名普通的拜上帝会成员的杨秀清觉得自己的机会来了。

一是拯救拜上帝会的机会，一是自己在拜上帝会内部地位上升的机会。

杨秀清暗暗对自己说：洪秀全，你靠说梦话树立在拜上帝会的威信，我要靠说鬼话成为拜上帝会的新兴力量。

要让哪个神佛附身呢？

杨秀清立刻想到了拜上帝会的最大神灵和至上权威——皇上帝。

随即，在一次拜上帝会信徒的聚会中，杨秀清突然倒地不起，口吐白沫，不省人事，过了一会儿，他在昏迷的状态下站了起来，颇为严肃，对众人说道：

“众小子听着！我乃天父是也！今日下凡，假托杨秀清，来传圣旨。”

天父通过杨秀清的嘴告诉大家要尊崇天父，因为天父无所不在，无所不能，要求大家齐心协力，共同杀妖。

杨秀清代天父传言，宣布洪秀全为“万国真主”，是一个能够和大清皇帝真正对立的“皇帝”。

杨秀清很聪明，他趁着洪秀全和冯云山不在紫荆山区，将他从洪、冯二人那里学到的“基督降世替人赎罪，代世人受苦难”的教义做了进一步发挥，发明了“赎病法”。杨秀清装作口歪眼斜，口哑耳聋，不吃不睡，然后向众人宣称这是由他自己替众人受苦，以求众人健康。

这是什么精神？

一个中国人，假扮上帝不远万里从天堂驾临广西，毫不利己，专门利人，治病救人，惩恶扬善，这说明了什么？这说明杨秀清是一个高尚的人，是一个无私的人，是一个纯洁的人，是一个脱离了低级趣味的人，有着全心全意为拜上帝会信徒服务的精神。

这种精神还真的挺起作用。

杨秀清的毫不利己专门利人的、无私的、伟大的拜上帝会精神深深地感动了紫荆山区那些缺乏文化知识的劳苦大众。随后，杨秀清在拜上帝会中的威信日渐高涨，逐渐稳定了信徒们的情绪，使得拜上帝会变得更加团结和稳固。

但是，对于这些事，洪秀全应该是不太开心的。因为，等洪秀全回到紫荆山区，发现自己多了一个“爹”。

洪秀全应该知道杨秀清在装神弄鬼，但是杨秀清代天父下凡不但稳定和巩固了拜上帝会，而且也强化了他洪秀全的领袖作用。所以，权衡再三，洪秀全没有、也不敢戳穿杨秀清的把戏，只好承认了杨秀清代天父传言的合法性。

如果说洪秀全以前只是想做一名合格的传教士的话，那么也许到了此时此刻，洪秀全才开始真正、彻底有了反叛之心，有了推翻清廷建立太平盛世的愿望。冯云山帮助洪秀全奠定了最初的群众基础和组织基础，而杨秀清则成为推动洪秀全走上反叛之路的那个关键推手。

但是，不得不承认的是，自从杨秀清代天父下凡之后，拜上帝会就出现了两个领袖，一个是拜上帝会的精神领袖，但是似乎没有什么实权的洪秀全，另外一个是宗教地位高于洪秀全，而且也更具领导能力的杨秀清。在创业阶段，两个领袖还能互相体谅、互相帮扶，但也为将来太平天国的内讧和兄弟相杀埋下了祸根。正所谓，共患难易，同富贵难啊。

杨秀清代天父下凡，这在拜上帝会内部是非常重大的事件。后来，洪秀全为了纪念此事，将杨秀清第一次代天父传言的日子定为“爷降节”，视为太平天国六大纪念日之一。这一天是阴历的三月初三（笔者注：本书中用汉字数字表达的月份、日期均为阴历），阳历的1848年4月6日。天国的子民都应该记住这个伟大日子，正所谓，“三月初三爷降节，天国代代莫相忘”。

萧朝贵轻咳一声说：该我了吧，让我讲两句吧。

萧朝贵，生于1822年，比杨秀清大一岁，其父蒋万兴，其母盘氏，后过继给萧玉胜为子（大家记住这一点，萧玉胜不是萧朝贵亲爹），所以改姓萧。萧朝贵自幼随养父长大，家境贫苦（又是一个苦孩子），靠在紫荆山种菜、耕山、烧炭艰难度日，和杨秀清干的是一样的工作。1846年，经卢六介绍，萧朝贵认识了冯云山，随后也加入了拜上帝会（大概和杨秀清是一起加入组织的），也是拜上帝会的普通一员。

虽然萧朝贵是拜上帝会的普通一员，但是萧朝贵的老婆杨宣娇却不简单。

杨宣娇原名黄宣娇，过继给杨家后，改名杨宣娇，后来嫁给萧朝贵为妻。洪秀全与萧朝贵刚认识的时候，常去萧家串门，没事给他讲讲自己做梦见上帝的事情。杨宣娇在旁边听得多了，便顺着洪秀全的口气说她在十年前有一次生了大病，灵魂升天，遇到一位老人，那位老人对她说："十年后的今天，有一个人从东方而来，教你们拜上帝，你们要真心听从。"听杨宣娇这么一说，洪秀全觉得她的话能够印证自己的异梦，更能增加自己的合法性，马上说："对对对，那个老人就是上帝，原来你也见到了，我们真是一家人啊，幸会幸会。"

落后的山村，什么样的消息都能传得飞快。杨宣娇灵魂上天见到上帝的事，在拜上帝会中越来越流行，也抬高了杨宣娇的身份。后来，洪秀全说："既然咱俩都见过上帝，便都是上帝的子女，我们应该于凡间结为兄妹，耶稣是天兄，那你就是天妹，我的好妹妹。"

就这么三言两语，萧朝贵的妻子杨宣娇成了洪秀全的"天妹"。成为天妹的杨宣娇的地位越来越高，因此，萧朝贵在家里的日子也越来越不好过。

后来，萧朝贵看到和自己同时进入拜上帝会的杨秀清，靠着代天父传言迅速成为一言九鼎的人物，觉得自己也可以试一试。但是，杨秀清已经代天父传言了，他萧朝贵就无法再假扮天父了。好在拜上帝会的神仙谱系里还有天兄耶稣，是拜上帝会宗教体系里的二号人物，地位也挺高。这么一想，萧朝贵就决定代天兄传言了。

就在洪秀全回到紫荆山没几天，即1848年10月5日（阴历九月初九）这一天，萧朝贵也突然倒地不起，不省人事，口吐白沫，不一会儿端坐在地，一张口就是“我是天兄耶稣，来和众位说话”，令人肃然起敬。

洪秀全一看，我这是又多了一个哥哥啊。没有办法，洪秀全也只好承认了萧朝贵代天兄传言的合法性。

关于这一点，有研究认为这是洪秀全和萧朝贵合谋为了重新平衡杨秀清代天父传言带来的权力失衡；也有研究认为这是杨秀清和萧朝贵合谋为了从洪秀全手里分走更多的权力。但是，萧朝贵代天兄传言发生在杨秀清代天父传言大概半年之后，如果两人合谋，为什么相隔如此之久？这有点不太合理，解释不通。因此，萧朝贵代天兄传言既不能看作是和杨秀清合谋，也不宜认为是和洪秀全合谋，更多的可能是萧朝贵觊觎权力而自行谋划的行动。

在代天兄传言时，萧朝贵牢记两个事情：第一是稳固和拥护洪秀全的领袖地位，第二是突出自己的地位。萧朝贵代天兄传言的次数非常多，动不动就天兄驾临人间，传达圣旨。后来，太平天国史官专门编制了《天兄诏旨》，里面记录了萧朝贵在九月份代天兄传言的内容：

> 冯云山、杨秀清、萧朝贵俱是军师也。洪秀全胞弟，日头是尔，月亮是尔妻子。冯云山有三个星出身，杨秀清亦有三个星，萧朝贵有二个星。

在这次代天兄传言中，萧朝贵表示了对洪秀全的服从，同时也封自己为二星军师，而冯云山和杨秀清为三星军师，有点类似于三星上将之类的职位。

不久，萧朝贵又代天兄传言说："洪秀全胞弟，凡天兵天将砍妖魔头，亦要奉天父上主皇上帝命，奉救世主基督命，奉天王大道君王全命。但尔称王，不得称帝，天父才是帝也。"[①] 萧朝贵这句话特别要命，因为它剥夺了洪秀全将来称帝的权利，他只能称天王，帝是天父才有的称号。

有时候，洪秀全家里屁大一点事，天兄也要下凡，借萧朝贵之口开导洪秀全。比如告诫洪秀全回家不要打老婆，要和老婆讲道理："洪秀全胞弟，尔回去家中，时或尔妻有些不晓得，尔慢慢教导，不好打生打死也。" 虽然洪秀全心里明明知道这是萧朝贵在装神弄鬼，但是为了把整个拜上帝会的神话继续下去，也没有办法，只能言听计从，自然不敢反抗或是有所不敬。

萧朝贵代天兄传言之后，其在拜上帝会内部的地位迅速上升，成为拜上帝会的核心人物之一。洪秀全也逐渐意识到杨秀清和萧朝贵的

① 罗尔纲、王庆成主编：《太平天国》（二），广西师范大学出版社2004年版，第250页。

重要性，甚至认为此二人的重要性高于冯云山。因此，在拜上帝会内部逐渐形成了洪秀全、杨秀清、萧朝贵、冯云山这样的权力排序。早期为拜上帝会的发展做出卓越贡献的冯云山，渐渐让位于杨秀清和萧朝贵二人了。

**正所谓：**

**天父天兄降人间，上穷碧落下黄泉。**

**你方唱罢我登场，断却天王称帝念。**

# 第五章

# 团聚

牲天豫右肆提司木印

# 《太平天日》确立洪秀全地位

洪秀全在紫荆山待到1849年2月，冯云山此时还在官禄㘵村，不在紫荆山。

没有冯云山的紫荆山，让洪秀全觉得好孤单。

也是，身边有一个经常代天父下凡的杨秀清和一个经常代天兄下凡的萧朝贵，他们老爱在洪秀全身边指手画脚、说东道西，这让洪秀全感到很不爽。所以，没有老乡冯云山在身边，洪秀全觉得有点势单力薄。

所以，回到官禄㘵村，说服冯云山重返紫荆山，对于洪秀全来说应该是最好的选择了。

1849年3月，洪秀全从广西紫荆山回到广东花县官禄㘵村。

一见到冯云山，洪秀全就和他讨论起来杨秀清代天父传言和萧朝贵代天兄传言的事情。两人商量来商量去，觉得既然木已成舟，不得不承认他们的合法性。如果否认他们二人的合法性，那么他洪秀全怎么证明自己做的异梦是真的？那么整个拜上帝会的合法性不就遭到质疑了吗？但是，杨萧二人代天父天兄传言，直接导致洪秀全的地位受到挑战。为了维护自己在拜上帝会中至尊无上的地位，洪秀全和冯云山必须采取一些有效的行动了。

冯云山告诉洪秀全，说他正在写一本叫《太平天日》的书，该书主要讲述洪秀全于1837年做的那个异梦，并详细记录了他与洪秀全一起去广西传教的光辉事迹。为了加强洪秀全在拜上帝会中的地位，洪秀全和冯云山两人又对《天平天日》做了进一步的修改和补充，书中强化了洪秀全受命于天的宗教地位，是“上帝次子”，毫无疑问应该是凡间万国之真主，上帝派他下凡来到人间坐镇“小天堂”。而且，此书只写到1847年，并未提到杨秀清和萧朝贵，这是洪秀全和冯云山用另外一种形式告诉拜上帝会的信徒，杨秀清和萧朝贵并非早期信徒和资深信徒，因此，他们二人的地位和洪秀全的地位是不可同日而语的。

洪秀全回到家乡之时，其父刚刚去世不久。随后，洪秀全遵照父亲的遗嘱以拜上帝会的仪式料理了父亲的丧事。

按照儒家传统，父母去世之后，子女须守丧三年，不能剪发，同时不得与配偶同房。这是因为父母有养育之恩，要用悲伤和禁欲来表示对死者的尊重和孝道。

但是，此时的洪秀全已经不可能完全遵守儒家的传统了，他已经是上帝的次子，拜上帝会的精神领袖，是万国真主。因此，洪秀全在料理完父亲的丧事之后，很快便和妻子同房。

到了初夏，其妻赖氏的肚子已经明显鼓了起来。

按道理，老婆怀孕了，洪秀全应该留在家里好生照料，准备伺候月子。但是，拜上帝会的事业怎么办？思前想后，洪秀全觉得自己不应该再在老家待下去了，应该和冯云山一起回到信徒众多的广西紫荆山，那里才是他们发展事业的地方。

因此，披着长长的头发，斜挎着斩妖除魔的宝剑，告别怀有身孕的妻子，洪秀全和冯云山又踏上了征程。

这一去，便是永别，洪秀全再也没有回过生他养他的官禄㘵村。

1849年7月，洪秀全和冯云山带着《太平天日》回到了紫荆山，将其迅速刻印和散发，必须让广大信徒明白一个事情：洪秀全才是拜上帝会的领袖，是太阳，是天父次子，是天父派他来到人间领导大家斩妖除魔，带领大家开创人间小天堂的。

如果说以前的拜上帝会还只是一个宗教组织，对世俗政权没有什么奢望，那么此时的拜上帝会即将成为一个有战斗力的军事组织，很快就会率领千军万马，横扫大半个中国，令清朝官员闻风丧胆，敲响清王朝灭亡的第一声丧钟。

拜上帝会新的一页即将翻开。

中国历史新的一页即将翻开，这新的一页到处是刀光剑影，到处是血肉横飞。

**正所谓：**

**祸起萧墙誓阻挡，折返故乡急会商。**

**太平天日降世间，天王重登小天堂。**

## 首富韦昌辉

随着拜上帝会的信徒越来越多，其活动范围也越来越大。到1849年夏末，经过洪秀全、冯云山、杨秀清、萧朝贵等人的努力，拜上帝会在广西已经有四个中心，大概在桂平县城西、北两个方向，呈半弧形分布，包括桂平、贵县、平南、博白、武宣以及象州等地。

紫荆山区已经是山雨欲来风满楼，势力越来越大的拜上帝会和当地的团练之间的摩擦和纠纷愈演愈烈。

其实，紫荆山区除了有拜上帝会和地方团练这两种势力之外，还有第三种势力——天地会。当时，对于清政府来说，天地会才是他们首先要弹压的对象，而不是表面上劝人向善其实杀伤力更猛的拜上帝会。这时候的拜上帝会在清政府的眼里大概还是一个有点不太老实的宗教组织，还不至于到出兵镇压的地步。

天地会在全国都很猖狂，在广西尤为严重。因为，英国人以香港为基地，派出舰队将南中国海的海盗们一一摧毁，残余的海盗逆流而上，从广东地区流窜到广西，与鸦片战争时期按照同样路线逃到广西的海盗们接上了头。这些海盗变成山匪，强迫当地农民加入天地会，否则就抄家灭门。天地会抢劫富贾巨商，甚至攻击清政府的衙门，让广西当地的清政府颇为头疼。

拜上帝会和天地会之间偶尔也会有摩擦。有一次，洪秀全从拜上帝会的一个中心赶往另外一个中心，违反了相关安全保卫程序，在自己的随身警卫还未到齐之时就擅自出发了，结果被“山匪”（天地会）劫了。

幸亏洪秀全跑得快，没有受到什么伤害。萧朝贵知道这件事后，决定要严厉批评洪秀全，于是立刻天兄附身，责问洪秀全：“缘何不遵命，胆敢破坏规矩。”如果是萧朝贵这么说洪秀全，洪秀全估计会很生气。但是，萧朝贵是代天兄传言，是代天兄责问他，洪秀全立即认错，发誓下不为例，一定保护好自己的安全，争取为人民群众多服务几年。

拜上帝会的四位领导人，尤其是洪秀全，不得不在拜上帝会的各个中心来回走动。他们这么做，一方面是给各个中心答疑解惑，回答一些人提出的关于拜上帝会的教义问题，还要调解拜上帝会各个派别之间的关系，另外一个更重要的原因是四处筹钱，动员大家捐款。

拜上帝会越来越大，信徒越来越多，家大业大，干什么都要钱，吃喝要钱，印刷《太平天日》等宣传手册要钱，帮助贫困的信徒也需要钱，购买或是打造武器也需要钱，一旦有信徒被官府抓走就更需要钱来四处打点（当年冯云山就是拜上帝会的信徒凑钱众筹救出来的）。

拜上帝会太需要钱了。

之前加入拜上帝会的大都是穷人，比如杨秀清、萧朝贵都是烧炭工人，自己吃饭都够呛，再拿钱出来，简直就是雪上加霜。

拜上帝会急需富人的加入。这个时候，金田村的韦昌辉不慌不忙地站了起来，掸了掸身上的貂皮大衣，微笑地对众人说道：“各位兄弟姐妹，钱不是问题，问题是你们没钱，而我有钱，我就是传说中的富人，我随便松松手，就是几个小目标。”

拜上帝会的信徒们高声齐喊：“欢迎韦大官人加入，we are family。”

其实，韦昌辉虽然有点钱，但是可能并非巨富大户。

韦昌辉他爹韦元玠是金田村的一个小地主，每年能收两百担租子，确实不是什么太有钱的大地主。而且，民国时期，有专家在江口墟三界庙内发现了一块“重修三界庙碑”，上面写着“韦元玠捐银四文”。那个时期的地主士绅对捐钱修庙这种事都很热心，韦元玠竟然只捐了那么一点银子，确实证明家里可能真的不是那么有钱。

韦昌辉原本是一个正经读书人，经常“出入衙门，包揽词讼”，是当地的律政先锋。他每天想的就是多接几单诉状，多挣点钱，孝敬父母，做一个大清的好子民，没想过要造大清的反。

但是，树欲静而风不止。

韦家多少年没有出过一名秀才了，因此，韦元玠为了光宗耀祖，在1849年花钱给韦昌辉捐了一个监生的功名。

没多久，就是韦元玠81岁大寿，韦昌辉为了显摆，让人弄了一块“成均进士”的牌匾挂了起来。所谓成均进士，就是监生的美称，听起来好听一些。

要注意的是，是韦元玠花钱给韦昌辉捐了这个监生的功名，并不是韦元玠给自己捐的，也就是说韦昌辉在他父亲过寿时挂出这个牌匾是不合礼制的。

如果没人质问，自己挂起来开心也无所谓。偏偏邻村有个秀才蓝如鉴（也有研究说是当地与韦家有仇的地主谢开发），当地土著人，看韦家不顺眼，就悄悄地将韦家“成均进士”牌匾中的“成均”用刀剜掉，然后跑到县衙里状告韦家违反制度，私自悬挂“进士”匾额。监生和进士差很多个级别呢，这相当于花钱买了个专科文凭，却被别人篡改成了博士文凭，还被告到了公安局。韦家确实有点冤枉，但是强龙压不过地头蛇，最后被罚纹银300两。罚钱不说，韦家的人受尽白眼和耻笑，韦家的妇女出去打水，都要被嘲笑为“进士夫人”。

经济和名声均受损的韦家人心里自然不舒服，委屈得不得了。

韦家的委屈很快众人皆知，正愁没钱的拜上帝会的领导们觉得应该趁机拉拢韦家。随后，萧朝贵和冯云山先后到韦家送温暖，说了一些“我们都是一家人，应该心连心”之类肉麻的贴心话，并且表示“我们组织很强大，有事您说话”。这让韦家人倍感亲切，希望有一天借助拜上帝会的力量为自己报仇雪恨。随即，韦昌辉趁势加入拜上帝会。

韦昌辉的加入，让拜上帝会的实力大增。

1849年8月，洪秀全住进韦昌辉的家，正式将韦家作为动员起兵的基地。

随后不久，萧朝贵代天兄传言，宣布韦昌辉为上帝在中国的另外一个儿子，是耶稣和洪秀全的亲弟弟。

**正所谓：**

**穷苦百姓是一家，奈何处处需钱花。**

**天降富贵韦昌辉，上帝家族又一家。**

## 大清“复仇者联盟”

拜上帝会的另一个金主爸爸是石达开。

石达开，生于1831年，广西贵县龙山那帮村人，客家人。

据传，石达开天赋异禀，十岁就开始独立生活，十二岁就爱读《孙子兵法》，颇有谋略，而且喜欢结交江湖侠士，仗义疏财，号称“小宋公明”，经常帮人调解关系，素有“石相公”之名。

清朝的官方记载中说石达开家是个大财主，捐了10万两银子加入拜上帝会。这个应该有点夸张。后来发现的一块名为“鼎建渡船碑记”的石碑，是贵县鼎建渡口建成之后为了纪念修建渡口和购买渡船的捐款者而建的，上面有石达开的名字，捐款1000文钱。1000文，确实不是个大数目，大概佐证了石达开可能和韦昌辉一样，家境殷实，丰衣足食，但绝不是大财主。

因为石达开在当地颇有侠士之名，洪秀全和冯云山曾在1848年专门拜访过他，效仿刘备三顾茅庐，热情地邀请石达开出山。洪秀全为了钱专访石达开应该是确有其事，清朝谢炳的《金陵癸甲纪事略》中云：“天贼（洪秀全）等欲为乱，苦无资，闻翼贼（石达开）富，与南贼（冯云山）密访之。”

1848年，石达开加入拜上帝会，是年十七岁，比洪秀全整整小了十七岁，他们二人成了忘年之交。

很快石达开也成了上帝在中国的儿子。

至此，上帝在中国已经有了五个儿子，一个女儿和一个女婿，分别是次子洪秀全、三子冯云山、四子杨秀清、五女洪宣娇、六子韦昌辉、七子石达开，以及女婿萧朝贵。另外，杨秀清有时候是天父上帝，萧朝贵有时候是天兄耶稣。

拜上帝会还有一个重要人物秦日纲。

秦日纲原名秦日昌，生于1821年，长年在贵县龙山银矿当矿工，为人诚实忠厚，行侠仗义，在矿工中威望颇高。1847年，秦日昌加入拜上帝会，很快成为骨干。但是，秦日昌的名字中有一个“昌”字，为了避讳韦昌辉而改名为“秦日纲”。

秦日纲之下是胡以晃，名列拜上帝会第八位。

胡以晃原本是清朝的武秀才，家里比较有钱，比石达开和韦昌辉家里要富裕得多，是真正的大财主，在拜上帝会众多头领中是当之无愧的首富。

胡以晃本来是要做清朝的武官的。1849年，他参加了当年的武举考试。胡以晃的武艺确实不错，骑射、步射的成绩也很好，只要考试顺利，铁定成为武举人，将来也许成为一代名将，甚至成为平定太平天国的大清名将，也不是没有可能。

但是历史就是这么爱捉弄人！胡以晃没有成为他应该成为的人。

为什么？

胡以晃可能是前面成绩太好了，兴奋得不得了，以至于在考试拉硬弓之时，用力过猛，将弓拉断，自己的胳膊也受了伤。

在这种情况下，胡以晃落榜了。

落榜之后，胡以晃躲进深山里生闷气。一次，胡以晃（客家人）骑马经过佛子口，他的仇家卓某（土著人）要他下马，胡不肯，被卓家人打下马来，关进牛棚，还被剃了一个阴阳头，惨遭一顿毒打。

胡以晃被救出抬回家之后，苦闷不堪，心里很是恼恨。

正在此时，洪秀全来访（洪秀全真的很会找时机，他靠雪中送炭、送温暖来拉拢人心，真是百试不爽）。

洪秀全是真心也好假意也罢，胡以晃认为靠着拜上帝会应该不会吃亏，至少不会再被当地土著人欺负。因此，胡以晃毅然决定加入拜上帝会，并有机会参与密谋“起义”等最高机密。为了支持拜上帝会的事业，胡以晃变卖家产，所得之钱全部交给拜上帝会。也许是胡以晃太过于热情，或是拜上帝会此时还没有完全准备好起义，萧朝贵等人告诉胡以晃一定要低调，要保密，要量力而行，以免提前暴露计划，招来清军镇压。

在这里，我们要稍微谈一谈当时在广西非常尖锐的“土客矛盾”，这也是拜上帝会迅速发展的一个重要推动因素。

所谓的客家人，是指西晋末年永嘉之乱后开始南迁的汉族人。后来，随着历史的发展和变迁，客家人有过多次的大规模迁徙。到了清朝中期，全国人口日渐增多，广东地区人均耕地日趋减少，不少广东人就移民到了广西。这些人到了广西，就要和当地的“土著人”争抢土地、山林、水以及其他资源。这就造成了严重的“土客矛盾”。

客家人和土著人解决矛盾的方式简单粗暴，他们直接拿起锄头和刀枪，干死对方拉倒，双方动辄成百上千甚至上万人一起械斗，双方伤亡都十分惨重。

但是，一旦发生“土客矛盾”，官府一般都向着土著人，搞得客家人往往申冤无门，只好借助其他力量。拜上帝会就是这种能帮着客家人平事的第三方力量。因此，随着广西“土客矛盾”的深化，越来越多的客家人为了生存，选择加入拜上帝会。

不过奇怪的是，胡以晃和秦日纲地位如此重要，竟然没有被列入上帝的儿子序列。原因也许很简单：第一，他俩年龄都比杨秀清大，如果也成了上帝的儿子，不好排名，排在杨的前面肯定不合适；第二，他俩的作用虽然重要，但是没有起到最核心的作用。因此，秦日纲和胡以晃在拜上帝会中分别排名第七、第八，没有入围上帝在中国的儿子序列。

上帝在中国的儿子越来越多了，萧朝贵深感自己“帝婿”的地位不保，必须想办法稳固自己的地位，最好的办法就是不断代天兄耶稣传言，借天兄之口来稳固自己的地位。

天兄如期下凡，云（其实是萧朝贵自己说的）：“秀全，朕天父、天兄若不是差秀清、朝贵二人下来扶尔，尔难亦！”[①]

萧朝贵借天兄之口，提醒洪秀全，若没有他和杨秀清的帮助，拜上帝会的事业肯定一事无成，所以，他和杨秀清在拜上帝会中的地位应该是第二或第三，除了杨秀清和洪秀全，不允许别人超过他的位置。

既然天兄下凡做了这样的安排，洪秀全也不敢不赞同。至此，拜上帝会的核心领导集团的排序基本形成，依次为：洪秀全、杨秀清、萧朝贵、冯云山、洪宣娇、石达开、秦日纲、胡以晃。

从此，冯云山的地位正式排在了杨秀清和萧朝贵二人之后，洪秀

①　盛巽昌：《实说太平天国》，上海书店出版社2017年版，第68页。

全以后也不需要借助做梦来见天父天兄了，杨秀清和萧朝贵可以随时代天父天兄传言给他。冯云山也不必再费力宣传天父上帝和天兄耶稣，全由杨、萧二人替代了。

此八人组成大清“复仇者联盟”，将带领万千天国将士，横扫大清，创建“人间天堂”。

**正所谓：**

**瞅准时机拢人心，时时壮大上帝会。**

**天兄降世排座次，神仙家族终聚齐。**

# 第六章 起义

天兵圣牌

## 天地会和拜上帝会

1850年的广西金田，就像一个火药桶，一触即发。此时的拜上帝会处于飞速发展时期。

1850年2月，洪秀全等一干拜上帝会的高层已经开始谋划更有战斗力的军事编制；4月，洪秀全已经穿上黄龙袍，刚开始只是在家里穿，后来在公共场合也放开了胆子穿；7月末，天兄下凡，传谕洪秀全要为天国而战……

但是，在当时的清政府看来，打出“反清复明”“替天行道”旗号的天地会才是大清的主要威胁，拜上帝会暂时还没有进入他们的警戒视线。毕竟，天地会是真真切切地提出了“反清”的口号，而此时的拜上帝会还很乖，秉承闷声发大财的理念，万事不出头，也没有公开自己对世俗政权的企图，只是热心传教罢了。毕竟，经过鸦片战争，大清成了一个信仰自由的国度，信教又不违反大清的任何法律，清政府一时也懒得搭理拜上帝会。

与拜上帝会暂时的隐忍和低调不同的是，那些遍及广西的天地会，头扎红巾，舞刀弄枪，忽而聚集攻击县城，忽而消散遁入山林，来无影去无踪，令广西各层官员颇为头疼。

不仅广西地方官员头疼，大清的朝廷中枢也甚为忧虑。因此，清廷先后派出多名大员赴广西协同广西提督向荣一起主持剿灭广西天地会。

为了镇压天地会，咸丰皇帝甚至起用了被发配到新疆伊犁的林则徐，下旨令其赴广西剿灭天地会，可惜我们的民族英雄林则徐在途中病逝，否则其一旦抵达广西，若成功围剿天地会，继而就会镇压拜上帝会，那么民族英雄林则徐的历史评价也许就会另有说法了，也许就成了“镇压太平天国运动的刽子手”（这个名号后来被曾国藩接住了，林则徐应该很庆幸，要不然，以后在历史书上还真不好写他的事）。

当时的广西提督向荣颇有才干，可谓是晚清名将。

向荣原本是一名普通的绿营兵，曾追随陕甘总督杨遇春镇压河南滑县天理教李文成起义以及新疆张格尔叛乱，作战勇敢，勇于争先，战功卓著，受到上峰赏识，不断擢升，从一名普通士兵成为威震一方的从一品大员。1847年（道光二十七年），任四川提督（从一品）。1850年（道光三十年），湖南新宁县爆发李元发起义，向荣调任华南提督，大败起义军于金峰岭，生擒李元发。很快，又调任固原提督，向荣在赴任的路上，接咸丰旨意，奔广西平叛。

1850年11月，向荣抵达广西柳州，任广西提督（类似于大清国广西军区司令兼政委的职位）。此时，广西天地会以及其他各类反清武装遍及全省8个府，其时广西全省总共11个府，一时间，烽烟四起，向荣不知从何下手。

但是，不得不说，向荣作为从底层绿营兵丁升上来的封疆大吏，在平叛这件事上具有丰富的经验。而且，向荣在晚清行伍之中，也算是一员名将，身先士卒，有头脑，有办法，有计划，有行动，有结果，凡事皆亲力亲为，效果显著。

很快，广西的天地会叛乱得到了有效控制。

但是，向荣和刚到的钦差大臣李星沅（之前的钦差大臣是林则徐，死在了平叛的路上）很快发现了广西境内的另外一股更可怕的力量——拜上帝会。

进入1850年之后，势力日渐强大的拜上帝会下定决心要跟清政府对着干，要造清朝的反了。

洪秀全等领导核心之所以有了举兵起事的念头，一方面是自身势力不断强大的结果，另一方面是清政府从外界不断施压的结果。

拜上帝会在发展的过程中，不断有信徒被当地团练逮捕送往官府，而洪秀全他们就得不断地凑钱去打通官府的上上下下，将这些被捕的信徒救出监狱。有时官府的那帮人为了保住头顶的乌纱帽，不肯轻易释放这些已经有了谋逆嫌疑的拜上帝会信徒。况且，拜上帝会本身也不富裕，虽然石达开、韦昌辉、胡以晃等有钱人加入之后，稍微缓解了经济困难的局面，但家大业大的拜上帝会需要花钱的地方太多了，清政府的贪官污吏们的胃口又太大，一时也无法满足。所以，营救计划也经常徒劳无功，一来二去，洪秀全他们渐渐对这种和平地与清政府打交道的方式失去了兴趣，萌生了武力造反的念头。

另外，由于拜上帝会的势力越来越强大，他们和当地团练之间的摩擦也越来越多，双方刀兵相见的机会越来越频繁。因此，为了增强战斗力，就必须将拜上帝会的信徒们军事化，这样才可能在和团练的武装摩擦中取得胜利。

双方摩擦不断，终于擦出了火花。而星星之火一旦点燃，必成燎原之势。

在洪秀全看来，那些统治中华大地的满人以及帮助满人统治中国的各级汉人官僚都是应该消灭的妖魔，洪秀全本人，就是天父天兄命其下凡来斩妖除魔的天王，必须斩尽天下妖魔，开创人间天国，让万千子民共享天国之乐。

因此，1850年，洪秀全写了一首七言律诗，云：

近世烟氛大不同，知天有意启英雄。
神州被陷从难陷，上帝当崇毕竟崇。
明主敲诗曾咏菊，汉皇置酒尚歌风。
古来事业由人做，黑雾收残一鉴中。①

在此诗中，洪秀全以诗明志，以汉朝开国皇帝刘邦和明朝开国皇帝朱元璋自诩，表明了自己愿以刘邦和朱元璋为榜样，揭竿而起，推翻暴政，救万民于水火，开创新王朝，建立一番大事业。

我们知道，刘邦和朱元璋是中国历史上为数不多的农民起义成功者，其他的农民起义要么成为改朝换代的工具，要么很快被统治者镇压下去，并没有机会登上至尊之位。也许洪秀全认为自己有天父和天兄保佑，还有那么多的兄弟姐妹辅佐和支持，一定可以像刘邦、朱元璋一样，问鼎中原，斩尽清妖。

梦想总是要有的，万一实现了呢！

① [美]史景迁著，朱庆葆等译：《太平天国》，广西师范大学出版社2011年版，第157页。

**正所谓：**

**江头风波暴政残，汉祖明帝意难全。**

**问鼎华夏斩清妖，救民水火复中原！**

## 号令团营

1850年1月，洪秀全收到了来自广东老家官禄坾村的消息，自己凡间的妻子赖氏于1849年11月23日顺利生产一子，母子平安。

此前，洪秀全已有两个女儿，这是他的第一个儿子，洪秀全为其取名天贵，意思是“天之贵子”。尚在襁褓之中的洪天贵对父亲做的事情一无所知，作为一个孩子他没有选择父母的权利，他的命运将与洪秀全的事业紧密相连。太平天国强盛之时，他是“太子”，是“幼主”，锦衣玉食温柔乡，太平天国被清军剿灭之时，凌迟酷刑刀刀疼。作为天生的天国法定继承人，他也许会后悔成为洪秀全的孩子，但也许会为父亲做的事情感到自豪。

洪秀全觉得有必要将自己的家眷以及亲属全部接到金田来，主要是因为自己和兄弟们快要起事了，自己的家属如果得不到拜上帝会的保护会非常危险。事实也是如此，由于洪秀全创建拜上帝会的缘故，自己的亲属经常被当地团练和官府为难。

洪秀全声称已经接到天父谕示，上帝将“遣大灾降世，凡信仰坚定者将得救，其不信者将有瘟疫。过了八个月之后，有田不能耕，有屋没人住。因此之故，当召汝之家人和亲戚至此”①。

鉴于此，1850年6月份，洪秀全派出三名亲信——秦日纲、陈承瑢和黄七妹，携带他的亲笔信赶赴广东花县，接自己的家人来广西金田。

洪秀全的家人看到信后，立即收拾行李，变卖家产，准备投奔洪秀全。他们中的大多数人再也没有回来过。有一些人不愿走，但是想到自己姓洪或姓赖（洪秀全妻子姓赖），将来被官府抓住也绝无活路，不如跟着走，也许能过上好日子。

就这样，一行人踏上漫漫旅程，风餐露宿，终于在7月下旬抵达广西。

7月28日下午，洪秀全在桂平附近的一个小村庄见到了自己的家人，包括妻子赖氏、两个女儿，还有儿子洪天贵。同行的还有洪秀全的继母（洪秀全的父亲刚刚过世不久）、哥哥洪仁达夫妇一家以及妻子赖氏家里的叔父。另外，洪秀全的大哥洪仁发以及其他的堂兄弟姐妹还在来广西的路上。

至此，洪秀全在凡间的家庭成员基本上在金田团聚了。

杨秀清代天父传言已经一年多了，奇怪的是，在1850年5月，他却染上重病，口哑耳聋，耳眼流脓，苦不堪言。

……………………………

① 中国史学会主编：《太平天国》（六），上海人民出版社1957年版，第867页。

至于为什么得此病，后来太平天国的文献解释如下：其一，杨秀清因为救赎了太多信徒的灾病而染病（据说杨秀清能将疾病吸入自己体内而替对方消解病痛）；其二，天父检验众信徒是否真心信教。更为真实的原因应该是，杨秀清累坏了。不得不说，杨秀清具有极强的组织能力和领导能力，远在洪秀全之上。因此，拜上帝会起事之前，万事纷杂，杨秀清又事必躬亲，加上天气炎热，内火上升，累病了，这很正常。（也有一说是杨秀清为了暂避锋芒，故而装病。与此同时，洪秀全和冯云山隐匿在山人村胡以晃处，外面只留下萧朝贵和韦昌辉打理相关事务。因此，杨秀清生病之时是萧朝贵最为风光的时期。故而，史学界有学人将这一时期称为“萧朝贵时代”。）

杨秀清的病直到当年9月份才好。

更令人惊奇的是，1850年的春天和夏天，代天兄传言的萧朝贵也病了，浑身溃烂，很少在公众面前出现。萧朝贵生病的原因其实和杨秀清差不多，也是累病的。萧朝贵在拜上帝会的起事过程中也发挥着极其重要的作用，东奔西走，团结信徒，可能用力过猛，导致身体吃不消了。唉，领导们太不爱惜自己的身体了！

萧朝贵沉默了几个月，在身体好了一些之后就又可以代天兄传言了。洪秀全的家人来到广西之后，萧朝贵借天兄之口告诉洪仁达要好好听洪秀全的话，将来可以同享富贵；告诉洪秀全的继母李氏要好好教导儿媳子女，将来住大房子；还告诉洪秀全十二岁的大女儿要听大人的话，好好长大；还特别叮嘱洪秀全的妻子赖氏要听丈夫的话，也要听父母的话，好好教育后代，将来做个优秀的万国太平天王之妻。看来，天兄还真是神通广大、精力无限，洪秀全的家事也事事关心，不断给出教导和指令。

韦昌辉的家已然成了一个兵工厂，日夜叮叮咣咣地打造兵器。为了不让周围的邻居起疑，韦昌辉特意养了很多鹅，这些鹅日夜叫个不停，掩盖打造兵器时发出的噪声。打造出来的兵器，装到袋子里，沉到村子里的池塘，等将来起兵之时再捞出来分给众人。

随着形势的发展，洪秀全等人认为，是时候起兵了。

1850年8月29日—9月1日，洪秀全、杨秀清、萧朝贵、冯云山、韦昌辉、胡以晃等人召开了反清事业的高层会议，会议决定立即号召全体拜上帝会信徒马上变卖家产田地，“带着你的牛羊还有你的妹妹”来金田；会议还决定，杨秀清因身体原因无法工作，交由萧朝贵和韦昌辉负责具体事务，洪秀全和冯云山暂先躲在胡以晃家中为大家出谋划策。

随后，洪秀全向各地拜上帝会信徒发出“团营”的命令，命令大家火速汇聚到金田村，舍弃家业，携家带口前来金田“团营”。

所谓团营，团是动词，表示聚集、团聚的意思，营是名词，营伍的意思，就是要求大家集聚起来组成军队，准备和清军拉开架势大干一场。

团营的好处有很多：团营后，吃饭不要钱，穿衣不要钱，可以共享天福，颐养天年。

从某种程度上来说，团营有点像后来的人民公社的组织形式，所有的人组成一个小单位，东西南北中各色人等，为了一个共同的目标一起努力奋斗，由集体为大家提供吃喝拉撒等全套服务。

团营的最大特色就是男女分开团营，取消家庭，严禁卿卿我我，不许在无谓的事情上浪费体力，以保证整个队伍保持最大的战斗力。

命令一下，各地信徒纷纷毁家舍业，背井离乡，扶老携幼，能带走的就带走，带不走的就烧掉，响应组织的召唤，奔向金田村，参加团营，加入轰轰烈烈的“天国”事业当中去。

韦昌辉家本来就是金田村的，他们家族最先完成团营。他们从池塘中捞出兵器，分给众人，武装保卫金田村。

随后是杨秀清、萧朝贵领导的紫荆山区的烧炭工人，有3000多人，这是将来东王的直属部队。

石达开率领贵县客家一干人等，大概有4000多人，也来了。

秦日纲工作的贵县龙山矿工也有1000多人，也带来了。

一些备受当地土著欺负的客家人，成群结队，带着自制的武器和全部的家当也来了。

这些从四面八方奔赴金田的信徒中，有不少人后来成为战场上的猛将和枭雄，比如林凤祥。

林凤祥是个猛将，他最擅长的就是以少胜多。

1850年9月，拜上帝会信徒李德胜有一头牛寄放在林凤祥家里，附近有个地主因为勒索李德胜未遂，就带了两个帮手去林凤祥家里把牛牵走了。不过，林凤祥一个人就把这头牛给抢了回来（一对三）。第二天，那个地主带了四十多人去林家抢牛，林凤祥带了四个人，拿着短刀就把这帮人赶跑了（一比十）。第三天，地主又带了200多人前来抢牛（这个地主真是执拗，为了区区一头牛还真是锲而不舍），林凤祥带了五十多人就把这二百多人赶跑了。所以，林凤祥在拜上帝会内向来因以少胜多著称，以至于太平天国定都南京后，他率领一万多太平军北伐，一直从南京打到北京附近，尽管功败垂成，但真的可以称为一员猛将。

据统计，到1850年11月，从各地来金田团营的人共有两万之多。

但必须搞清楚的是，这两万人并不都是战斗力量，相当一部分是家属，老的老小的小，真正的作战部队大概只有几千人。

也有没赶上团营的，比如广东信宜地区的凌十八部，因清军害怕凌十八率部和金田的拜上帝会会合，拼力堵截，使得凌十八部未能及时赶到金田团营，只得留在信宜本地与清军周旋，经过长期斗争，于1852年7月被广东清军击溃。

还有洪秀全的堂弟洪仁玕，在接到团营的命令之后，也率领族人和亲戚朋友组成五十多人的队伍赶赴广西。但是，等他们到达广西之时，洪秀全已经率领部队拔营而去，洪仁玕只得逃往香港，靠在教会帮忙和学习为生，静待时机。

当然，率领队伍来到金田村团营的也并非都是拜上帝会的信徒，也有一些力量比较强大的盗匪、流民或天地会成员。他们听到金田村吃饭不花钱的消息后，也想来凑凑热闹，比如曾经做过海盗的“大头羊”张钊统领的一批人。这些人到达金田村之后，发现事实与他们想的不一样。第一，金田村的人越来越多，吃饭越来越紧张，已经到了无米下锅的地步了；第二，拜上帝会的组织性、纪律性较强，而这些盗匪流民平时吃拿卡要、欺男霸女，自由散漫惯了，受不了这种拘束。因此，他们一看在金田村连饭都吃不饱，还不让出去抢，日子没法过，就打了退堂鼓，带着队伍离开了金田村，有些人还投奔到了清军那里，为清廷效力，帮助清军攻击拜上帝会。

正所谓：

宗族亲友涉远山，万千子弟聚金田。

天父天兄虽有恙，无损圣主威名显。

## 金田起兵

聚集在金田村的拜上帝会信徒越来越多，他们要吃、要喝、要睡觉，还要没事打打闹闹（虽然都是拜上帝会信徒，但是来自不同地区，难免之间磕磕碰碰）。

因此，加强对几万拜上帝会信徒的管理工作提上了议事日程。

好在冯云山早有准备。

冯云山很早就设计出了一套区分不同部队的号旗系统，各个地区的成员，通过在不同颜色的旗帜上书写各自的地名来区分。在军帅黄旗之下，分出前、后、左、右、中等五军，每军2500人，由军长、副军长统领。每个军下辖5名先锋长，每名先锋长统领5名百长，每名百长统领100名军士，这100名军士又分为四个营，每个营25人。此时，全军将士大概12500人。之后，随着队伍的不断壮大，前、后、左、右、中五个军长改为军帅，在军帅之下设师帅、旅帅、卒长、两司马、伍长，实行五五编制，也就是伍长管四名战士，两司马管五个伍长及其手下（每个两司马都有一面两尺半高的方形号旗），一个卒长管理四个两司马及其手下，共104人，也有自己的号旗，依次类推，一个军帅管五个师帅及其手下，共13155人。每支部队还用不同颜色的三角旗来相互区分，三角旗上会标明自己所在的营地。最低级的伍长配有徽章，上面标明自己所属的两司马和卒。另外，每个伍长下属的四名军士，也要佩戴徽章，标明自己所属的伍和两司马以及自己的身份编码，每名军士都有自己的昵称：冲锋、破敌、制胜、奏捷。夜间作战时，以鼓锣为号，用不同的鼓锣组合来区分各支部队。

拜上帝会信徒本来就受《天条书》的严格约束，在团营之后，这些宗教信条又变成了军事纪律，各级军士和将领必须严格遵守，否则就要被杀头、打屁股或是点天灯（把人用布条缠住，浇上油，然后倒挂起来，用火点燃，太平天国从头到尾一直酷爱这种惨绝人寰的杀人行为艺术）。

可见，拜上帝会的战斗部队组织严密，令行禁止，作战能力比腐朽的八旗子弟和绿营部队要强很多。

正是因为每支部队无论大小都有自己的旗帜，以至于在后来的战场上，清军看到太平军漫山遍野的旗帜就傻眼了，一时不知道对方究竟有多少人马，导致军心涣散，溃不成军。

为了区别拜上帝会和清军，洪秀全专门设计了鲜明的标志：拜上帝会信徒蓄发不结辫，头扎红巾或是黄巾，普通士兵不允许戴帽子，只有高级别的将领才可以戴与自己身份相称的帽子。

为了加强管理和便于统一行动，拜上帝会实行“圣库”制度。所有参加团营的信徒，要将自己的钱财、牲口、粮食全部上缴，拜上帝会统一建立“圣库”，人人按需平均分配，官兵吃饭同桌，睡觉同房。这种制度很受那些天天饿着肚子的贫苦农民的赞成和拥护。

拜上帝会中的有钱人纷纷变卖自己的田产和房产，将自家银钱全部贡献给“圣库”，比如韦昌辉、石达开以及胡以晃等人。他们开了个好头之后，后面那些贫苦农民就更加愿意将自己的一切都奉献给拜上帝会了。

在太平天国初期，“圣库”制度得到了很好的实行，官兵确实平等，大体上能够过上比较平均的生活，这种群体的奉献精神也确实起到了鼓舞人心的作用。另外，信徒们把所有的财产都交给了“圣库”，房子也被烧掉了，他们真的是一无所有，除了服从指挥，义无反顾地投身于太平天国的事业之外，并没有别的出路，这从根本上保证了信徒们能够全心全意为太平天国的事业而奋斗。

金田起义诸王雕像

前文说过，1850年，广西天地会闹得最凶，清政府疲于应付，顾头不顾尾。

这种形势对已经形成气候的拜上帝会来说非常合适。洪秀全他们必须马上起兵，否则等到清政府收拾完天地会就会全力对付他们了，将来能不能起兵就不好说了。

人生看淡，说干就干。

社会我洪哥，人狠话不多。

其实，从洪秀全发布金田团营的命令开始，拜上帝会就已经开始起兵了。

因为那些团营的队伍在奔赴金田的路途中和清军已经发生了大大小小规模的接触，我们熟悉的金田起义已然在进行中了。

现在，需要等候一个高潮。

洪秀全，大家都在等一个高潮，你快点吧。

洪秀全说，再等会儿，让子弹再飞一会儿。

在高潮来临之前，拜上帝会和清军之间的猫鼠游戏的前戏还在酝酿，直至双方第一次真正战斗接触，拉开了拜上帝会和清军之间长达14年的战争序幕。

这场战斗，发生在1850年12月份，太平天国史书称之为“迎主之战”。

这场战斗发生得很奇妙，原本和拜上帝会没有关系，是清军正常例行围剿天地会的战斗。

清军接到线报，说天地会在花洲山人村附近行动，这个山人村就是洪秀全和冯云山的藏匿之地。清政府派李殿元部堵在了山人村的出口，但没有逮到天地会的人，却恰巧碰上了住在胡以晃家的洪秀全他们，便将他们堵在了里面。胡以晃率领拜上帝会信徒往外冲，试图将洪秀全等人送到金田村。但是，李殿元实在是太能打了，并在得到了平南知县倪涛和秦川司巡检（大概相当于当今的派出所所长）张镛的乡兵增援之后，采用步步为营的“坐困法”将山人村死死围住。胡以晃多次冲击都无法突围，只好派人到金田村向萧朝贵、韦昌辉等人求援。

此时，杨秀清已经基本痊愈，立即派出熟悉花洲地形的蒙得恩率领500余人赶往救援。蒙得恩迅疾领兵出征，兵分三路抄袭清军后路，大败李殿元。李殿元和倪涛逃走，洪秀全得救。这就是太平天国官方史书上的“迎主之战”，这个“主”自然是洪秀全，因为当时他自称真主，也自称真王，也叫太平王。蒙得恩因为救主有功，深得洪秀全赏识，金田起义和永安建制之后，担任天王御林侍卫，后来又成为天王的大内总管，是天王最信任的人。

看来，要想得到领导的信任和重视，要么是救过领导的命，要么是和领导一起经历过大的苦难，形成兄弟般的友谊。

大清派出所所长张镛同志非常倒霉，战斗失败之后，坐着轿子往外逃，被拜上帝会 的人拦住盘问：“轿中何人？”

轿夫故作镇定地答道：“快让开，老爷要过去。”

拜上帝会的人一听，断定其中必是清廷官员，拿起长矛表演了一个大刺活人，往轿心一捅，戳中了张镛所长，随后将其拽出轿子，押回受审。

其实，也没啥可审的，张镛所长带着蓝顶官帽穿着官衣，肯定就是清妖了。随即，被砍下头颅，以祭上帝。

张镛所长是第一个为大清殉国的小官，官阶只有九品，根本不入流。张镛官阶确实很低，但是，死了一个朝廷命官，清廷不会就此善罢甘休。

至此，拜上帝会和清军正规部队的武装斗争正式打响。

在清廷看来，绝不能眼睁睁看着拜上帝会坐大，威胁到清廷统治，必须立即镇压下去。

1850年12月25日，恰逢圣诞节，清军给拜上帝会准备了丰厚的“节日礼物”。

咸丰从贵州调来广西镇远镇总兵周凤岐来镇压拜上帝会。周凤岐派出得力干将清江协副将伊克坦布率兵一千，兵分三路，杀气腾腾地开赴金田。

伊克坦布率领的这支部队，配备有先进的火器——鸟枪和抬枪，火力非常猛（对于只有冷兵器的拜上帝会来说的确如此）。

洪秀全和杨秀清他们听说清军来了一千人，只是微微一笑，充满了胜利的自信。

为什么？

因为拜上帝会人多啊。

洪秀全、杨秀清他们兵分四路，三路正面伏击，一路负责截后，设下埋伏，严阵以待。

1851年1月1日，新年的钟声刚刚敲响，伊克坦布率一千清军，信心满满地扛着刀枪杀往金田村。这支贵州绿营是咸丰引以为傲的精锐部队，故而伊克坦布颇为骄傲。在伊克坦布看来，对付拜上帝会这些不入流的小反贼易如反掌。因此，他命人事先准备了200多担绳索，准备在战斗胜利之后用这些绳索捆拿俘获的拜上帝会信徒。

但是事情的发展轨迹和他预先设想的不太一样。

他们刚刚走到离金田村不远的鸡母潭村，突然传来了震耳欲聋的喊杀声，洪秀全和冯云山分别率领预先埋伏在此的队伍兵分三路冲向了清军，伊克坦布被打了个措手不及。伊克坦布明白自己中了埋伏，立刻命令后撤，清军急忙前队变后队，后队变前队，想快速撤出阵地。但是，他们的想法太天真了。此时，杨秀清率领一队人马断了清军的后路。随后，又有数股赶来团营的拜上帝会信徒和饥民也加入了战斗。在这场战斗中，拜上帝会总共出动了大约一万人，和清军人数比例是十比一。

伊克坦布眼看招架不住，匆匆策马逃窜，在经过蔡村江桥的时候，不料慌乱中人仰马翻，坠入河中，被追上来的拜上帝会信徒砍死后取走首级。

此一战，拜上帝会歼灭清军300余名，俘虏清军无数，伊克坦布准备用来锁拿拜上帝会信徒的绳索反被用来捆拿俘获的清军。洪秀全等人采取的战术也非常经典，三路正面出击，一路截后。之后的太平军经常使用这种战术来伏击清军，屡试不爽。

经此一战，拜上帝会正式成为清廷的心腹之患，清廷终于知道谁才是它真正要对付的敌人了。

拜上帝会的信徒们也从这两场战役中学习到了如何打仗和作战，渐渐完成了从教民到战士的转变。

在拜上帝会的领导层看来，清军似乎不堪一击，至少广西的清军不是他们的对手。

洪秀全看着形势差不多了，该是高潮的时候了。

洪秀全：“兄弟姐妹们，我们要迎接更大的战斗了，你们准备好了吗？”

拜上帝会的信徒们用坚毅的目光看着他们的精神偶像，高声齐喊：“我们准备好了。”

洪秀全：“我的生日快到了，准备祝我生日快乐吧，这一天我要宣布一个大事情。”

**正所谓：**

**杀气腾腾奔金田，壮士长河心俨然。**

**天意富贵谁人知，誓杀胡虏莫等闲。**

# 第七章 突围

天王玉玺

## 太平天国正式建立

洪秀全的生日是1月11日。

十天前他刚率领拜上帝会的弟兄们打了一场胜仗，借着这个巨大的胜利，在自己生日这一天正式登极称天王那是再合适不过了。

1851年1月9日，杨秀清向拜上帝会众信徒发布一道命令，宣布两天之后，也就是洪秀全生日当天，要向大家宣布一个慎重而巨大的决定，宣称真主降凡救世信徒，号召大家准备生日礼物，恭候真主降临。

1月11日，洪秀全38岁了。

洪秀全站在金田村韦氏宗祠门前的广场，接受拜上帝会信徒们的祝贺。在一片欢呼声中，洪秀全身着黄袍，头扎黄巾，秀发垂肩，健步登上金田村北面犀牛岭下古营盘新修的土坛之上，高声宣布："兄弟们，姐妹们，现在我宣布，太平天国正式成立啦！"

洪秀全自称"太平真主"，太平天国的军队是"天军""天兵"。

"太平天国"这种称呼是基督教和中国文化杂交的产物。

"天国"无疑是《圣经》里才有的说法，而"太平"二字出自《公羊》三世，即乱世、升平世和太平世，太平世是最高境界，是中国传统文化所尊崇的大同世界。洪秀全将中国文化中的"太平"和基督教《圣经》里的"天国"合二为一，要在中华大地上建立人间天国，让万民安享太平盛世。

太平天国在一片呐喊声和欢呼声中成立了，随后洪秀全率领天国将士朝拜天父天兄，共同发誓：

大旗弯弯，跳过火山；
忠义之人，富贵荣华；
奸心之人，丧在其间。[①]

由于加入拜上帝会的人员越来越多，特别是一些天地会的弟兄加入之后，和原有的信徒们之间冲突越来越频繁，主要还是天地会的弟兄们平时过于自由散漫，受不了严格的纪律约束。因此，为了严明军纪，让今后的太平军更有战斗力，就在洪秀全生日这天，他还发布了太平天国的第一份文件——《五大纪律诏》。其内容包括：

一、遵条命（遵守天条和命令）；
二、别男行女行（男女分开）；
三、秋毫莫犯（不拿群众一针一线）；
四、公心和傩（和睦），各遵头目约束；
五、同心合力，不得临阵退缩。[②]

太平天国五大纪律的核心就是所有人员（军事人员和非军事人

① 盛巽昌：《实说太平天国》，上海书店出版社2017年版，第84页。

② [美]史景迁著，朱庆葆等译：《太平天国》，广西师范大学出版社2011年版，第176—177页。

员）要统一听指挥。为了保证太平军的战斗力和高效率，重申了男女分开团营的政策，强调“别男行女行”，取消家庭，男女之间纵然是夫妻、母子也不许擅自见面，非必要不允许私自同房，违令者斩。如若确有需要男女见面，实行一事一议制度，需要事先给领导打报告，领导同意之后方可，并且男女见面时要相距十步之遥，高声说话，必须在限定的时间内结束。

可见，太平军实行了严格的禁欲主义。

这种取消家庭、男女分开的政策，在太平天国的最初一段时间内是有积极意义的，因为参加太平军的人大都是拖家带口，如果不分开管理，必然会削减战斗力，甚至拖累整个太平军。

但是，领导除外。

也就是洪秀全、杨秀清、萧朝贵、冯云山、韦昌辉、石达开等人，这些上帝在人间的儿子们和女婿，可以按照自己需求随时随地满足自己的欲望。

尤其是洪秀全和杨秀清。

洪秀全在准备起义的时候就已经有很多女人了，大概有十四位新娶的妻妾，后来增加到三十六位，等到攻入南京时已经有八十八位王娘了。

杨秀清在金田起义时也有三十六个女人，后来到了南京，有时候看上了洪秀全身边的女人，也要想尽办法搞过来占为己有。

这种只许州官放火不许百姓点灯的事情一定是不合理的。但是，它确实存在！那么，洪秀全如何给普通太平军以及信徒解释自己可拥有这么多女人且可以随时同房的事情呢？洪秀全的解释是，“别生嫉。天父造亚当，使他与夏娃联结，一夫一妻，这原本是然”，但之后上帝和耶稣降临谕示时，“恩准朕多娶妻妾”。有了天父作挡箭牌，洪秀全及首义诸王在找女人这件事上就放开了手脚，毫无约束了。

我相信，那些最初参加团营的单身女子们，一定有不少女孩子坚信如果能够嫁给天王或是其他领袖应该是一件极其荣光的事情。至于后来太平军所到之处随时随地掠夺民女霸为己有，导致很多民女自杀，这就是另外一回事了。因此，至少在金田起义时，这些女人大多应该是自愿的。而且，在中国的老百姓眼里，当官的有很多女人，几千年来都是这个样子，好像也没什么大惊小怪的。况且，洪秀全还是太平天国的“真主”和“天王”，多一些女人伺候，天王可以更有精力处理国家大事，更好地带领众生建设美丽的人间天国。

起初，太平军将士中有些人没打算严格执行男女分开的政策，觉得领导可能是吓唬人呢，有不少违反男女禁令的事发生。此时，太平天国的领袖们急需找到一个典型，杀鸡骇猴。

很快，这个人就碰到了枪口上，他还不是一般人，而是萧朝贵的父亲萧玉胜。

萧玉胜可能认为自己是上帝女婿的爹，也可能觉得刚刚颁布的条令并不会严格执行，也可能真是没忍住，在行军路上，偷偷地溜进女营，找到自己老伴同了房。

被人发现告发至杨秀清处，杨秀清可能不想做一个诛杀萧朝贵父母的恶人，就把皮球踢给了萧朝贵本人，让他自己处理。萧朝贵也许是迫于压力，也许是为了维护太平天国的纪律，也许是萧玉胜平时对萧朝贵不够好（这一点有史料证实说萧玉胜平时对待萧朝贵兄弟不够公平，有偏爱之心，但是这不应该成为其处死萧玉胜的理由），萧朝贵最后亲自下令处死萧玉胜和其续娶之妻魏氏。

其实，前文也说过，萧玉胜不是萧朝贵的亲爹，魏氏对萧朝贵也没有养育之恩，萧朝贵的养母早就病故了。

也许，终究是养父，杀起来没那么心疼罢了。

话分两头，太平军取得的胜利让太平天国神威大震，导致更多的贫民涌入金田村。一时间，一个小小的金田村人满为患，物资匮乏，以洪秀全为核心的太平天国有必要寻找新的地方了。

洪秀全等人相中了距离金田村东面二十里的江口圩。

相对于金田村而言，江口圩富裕多了。它位于大湟江和浔江交汇处，也叫大湟江口，是一个商业集镇，各种商店鳞次栉比，物资充沛，地主和财主从数量到质量都比金田村好很多，可以大大缓解困扰太平天国的粮草等物资问题。不仅如此，浔江两岸有非常活跃的天地会队伍，由罗大纲①领导，移师江口圩对接收罗大纲部有利，也能让那些尚未赶到金田村团营的拜上帝会的信徒们更加方便地找到组织和队伍。

因此，一声令下，在洪秀全率领下，中军主将杨秀清、前军主将萧朝贵、后军主将冯云山、右军主将韦昌辉、左军主将石达开带各队人马，浩浩荡荡杀往江口圩。

① 罗大纲是太平天国早期的一名将领，他原本是资深的天地会首领，早在鸦片战争前夕，就已经是天地会成员了。罗大纲在广州期间，曾与基督教传教士有过往来，据可靠史料考证，他比洪秀全信教还要早一点。鸦片战争之后，罗大纲也进入了广西，在浔江、梧江上聚集起天地会的队伍，领导着两千人的“水寇”，这些人后来成为太平天国的水军底子，曾多次打败曾国藩的精锐水师。但是，罗大纲毕竟不是拜上帝会的人，不是资深拜上帝会成员，是半路从天地会投奔太平天国的，因而虽屡立战功，但是晋升缓慢，投奔太平天国之后，被封为左二军帅，后来攻克广西全州后晋升为一级总制，地位比与他一起冲锋在前线的李开芳、林凤祥地位低很多。1855年8月，在芜湖战役中受伤，医治无效，10月份去世，享年51岁，死后被洪秀全封为“奋王”。

1851年1月中旬，太平军占领江口圩，罗大纲率部2000余人加入太平军。罗大纲本人也成为太平天国非常重要的谋士之一，罗大纲和其率领的2000余名水兵为太平天国前期的发展做出了巨大贡献。

**正所谓：**

**金田聚义天下告，三令五申立律诏。**

**天下谁人敢违抗，神仙家族亦不饶。**

## 清廷有点懵

1850年，道光已经当了三十年皇帝了。十年前的鸦片战争让年迈的道光帝很没面子，堂堂天朝上国，竟然被不知名的英吉利这等蕞尔小国打败，还签订了割地赔款的侮辱性条约，这实在是太丢脸了。

整个王朝，从上到下，除了林则徐和魏源等极少数的人，大家都力图遗忘这一件耻辱的事情。只有遗忘，没有反思，整个大清没有反思自己的失败，一个破落的帝国在暮气沉沉、昏庸不堪的道光帝的带领下又勉强支撑了十年。

大清也许还能再坚持一段时间，但是已经六十九岁的道光帝撑不住了。

咸丰皇帝像

1850年正月十四，道光帝没有赶上自己人生的最后一次元宵节，驾崩了。

道光的第四个儿子爱新觉罗·奕詝继位，年号咸丰。

当上皇帝时，咸丰还不到二十岁。

大清帝国这艘破败的大船终于换了一位年轻的舵手。年轻的咸丰当然想当个好皇帝，但是他接手的大清实在是个扶不起来的烂摊子：民生凋敝，官员昏庸，灾害频仍，民变此起彼伏。

1850年正月十五，刚刚登上大位的咸丰帝批阅的第一道奏章就是来自广西巡抚郑祖琛的奏报——广西民变，湖南“土匪”李元发率领数千天地会成员涌入广西北部，官兵正在全力追剿。

1850年，广西巡抚郑祖琛快七十岁了，主政广西已经四年。这四年期间，他这个广西巡抚当得是真心不容易。鸦片战争发生在广东，却给广西带来了很大的影响，大批匪徒从广东逃到广西，天地会也在广西蓬勃发展，动辄上千人围攻官府。并且广西全省的常备军才有三四万人，主要集中在柳州、桂林等大城市，其他的小县城也就是几百清军驻守，碰到小股匪众尚能镇压，但是广西的天地会动辄成千上万地聚集起事，让年迈的郑祖琛疲于应付。

广西一个省应付不了大规模民变，但是，好在广西巡抚上边还有两广总督管着。因此，郑祖琛只得向两广总督徐广缙求助。两广总督署理广东、广西两省，但是徐广缙与郑祖琛不和，不想管闲事，也懒得蹚广西这摊浑水。徐广缙不仅自己不管，还不让郑祖琛向道光帝上奏。徐广缙给郑祖琛说：“谓水旱，盗贼不当以时入告，上烦圣虑。国家经费有常，不许以毫发细故辄请动用。”①简单来说，就是道光帝操心的事多着呢，别没事总给皇上添麻烦，国家财政也有限，别老用这些屁大的事让国家花钱。道光帝身边的人也深知皇帝的喜好，大学士潘世恩写信给郑祖琛，“再三告诫，切勿以贼多入奏”②。就这样，道光时期，虽然天地会在广西已经闹得轰轰烈烈，郑祖琛也就假装没看见，四处托人活动，看能否调离广西这个倒霉的地方。

由于广西各级官员的放任自流（其实也是真没有条件和力量镇压），加上灾害频仍，广西的天地会规模越来越大，不仅绿营对付不了天地会，就连作战能力高于绿营和八旗的地方团练部队，都被天地会打得不敢出门。形势发展到这种地步，郑祖琛如果再不上报，广西也许就完了，如果广西真完蛋了，自己当不成广西巡抚不说，也许自己身家老小性命堪忧。因此，在咸丰继位之后，郑祖琛立即向他奏报了实情，让皇帝知道广西正在发生什么。

新人新气象，年轻的咸丰帝力图有所作为，振兴大清帝国。因此，咸丰帝下诏求言，让大臣们直抒己见，为国分忧。

① 崔之清主编：《太平天国战争全史》（第一卷），南京大学出版社2002年版，第36页。

② 崔之清主编：《太平天国战争全史》（第一卷），南京大学出版社2002年版，第36页。

太平天国未来的真正对手曾国藩此时在北京担任礼部右侍郎，看到新皇帝新气象，立即给皇帝上了奏折，直抒胸臆，痛斥官场恶习，深得咸丰帝赞赏。曾国藩在奏折中写道：

京官之办事通病有二，曰退缩，曰琐屑。外官之办事通病有二，曰敷衍，曰颟顸。退缩者，同官互推，不肯任怨，动辄请旨，不肯任咎是也。琐屑者，利析锱铢，不顾大体，察及秋毫，不见舆薪是也。敷衍者，装头盖面，但计目前剜肉补疮，不问明日是也。颟顸者，外面完全，而中已溃烂，章奏粉饰，而语无归宿是也。①

曾国藩虽然得到了咸丰赞赏，但也只是不痛不痒地夸奖几句而已，咸丰并没有魄力将之强力推行下去。曾国藩后来实在看不惯，觉得自己应该再敲打敲打皇帝。于是，曾国藩又冒天下之大不韪，上书直言批评咸丰。

这次曾国藩上书的题目叫《敬呈圣德三端预防流弊疏》，直接指出了咸丰的三大缺点：一曰“谨于小而反忽于大”，也就是说咸丰格局小，没有大局观，小事精明，大事糊涂；二曰“徒尚文饰，不求实际”，指出咸丰不能切实落实大臣们有见地的意见和建议；三曰“刚愎自用，出尔反尔，自食其言”，即咸丰动不动就说“朕自持之”，不容大臣们议论，还经常自食其言。

① 曾国藩：《应诏陈言疏》，《曾国藩全集》（修订版）第1册《奏稿》（一），岳麓书社2011年版，第5页。

咸丰读完曾国藩的奏折，差点气死，自己刚登基，竟然有这么多缺点，气得要将曾国藩抓起来问罪。幸亏有其他大臣帮曾国藩说话，曾国藩才逃过一劫。如果这次咸丰真把曾国藩给问罪了，将来太平天国谁来平定，谁来挽救大清江山，还真是不好说了。

其实，广西这边已经狼烟四起了，历史并没有给咸丰从容整饬吏治以振兴大清的机会。如何平定民变才是当务之急。

瘦死的骆驼比马大。根据当时大清的实力，如果上下君臣一心，群策群力，在广西省内平定天地会肯定不是什么难事，然后再集中精力对付拜上帝会，后面也就不会有太平天国横扫大半个中国这样的事了。

但是，当时的大清，咸丰皇帝想要保住自己爱新觉罗家的江山，而各级官员只想保住自己的乌纱帽，没有太多人真心想替皇上分忧解难。

当时的广西提督闵正凤生性懦弱，看到广西全境狼烟四起，不敢出兵，四处送礼打点，试图调离广西。左江镇总兵盛筠兵力有限，无法收拾广西的烂摊子，干脆告病，溜之大吉。因此，巡抚郑祖琛实在没有办法，据实上奏，请求皇上速派能干的钦差大臣来广西主持平叛事宜。

咸丰皇帝本来打算下旨让两广总督徐广缙赴广西切实承担起平定天地会的重任，但是徐广缙这个老狐狸给咸丰皇帝上奏说：“广东韶州、廉州这两个地方的匪徒也很猖獗，广东的清军没有办法长期在广西待着，请皇上派钦差到广西专门剿灭。”他传递给皇帝的意思很明显，广东也很乱，我得将大部队留在广东，广西的事虽然也归我管，但是还是请皇帝另请高明。

“老狐狸，糟老头子坏得很！”咸丰心里暗暗骂道。

骂归骂，广西的问题还得抓紧派人解决。咸丰同穆彰阿、赛尚阿等军机大臣商量来商量去，觉得如果不在广西境内解决天地会，等它将来坐大之后，更难对付，必须派一位精明强干之人赴桂。

大家相中了林则徐。

林则徐，我们都很熟悉，鸦片战争时期领导的禁烟斗争成效显著，确系精明强干之臣。

但是，问题来了，林则徐此时已65岁，并且病了很久。

然而，在咸丰看来，与大清的江山比起来，林则徐的病根本不算什么了。

咸丰下旨起用前云贵总督林则徐为钦差大臣，迅速赶往广西，和郑祖琛、向荣、张必禄一起势必剿灭匪患。

1850年11月1日，林则徐接到圣旨，第二天立刻启程。

此时，远在广西的洪秀全和冯云山已经脱离危险，拜上帝会和清军的第一次战斗已经结束。天地会已经不是广西清军的最大敌人了，拜上帝会才是。

但是，这些变化，远在京城的咸丰皇帝和刚从福州出发的林则徐并不知情。

整个清廷处于云山雾罩之中，还没有分清楚到底谁才是真正的敌人和心腹之患。

林则徐只知道自己要去广西平定天地会，根本想不到事情已经发生了巨大的变化。

时间是最可怕的东西，对每一个人都是公平的。

留给林则徐的时间不多了。

1850年11月22日，林则徐出发不到一个月，因病逝世，死在了赴任广西的路上。

他这一死，是大清的大不幸，因为大清丢失了一次在广西境内平定天地会和拜上帝会的机会；但是，他这一死，对于林则徐自己来说，有可能是一大幸事，因为他至少维持住了自己将来在中国历史教科书中的地位。

远在北京的咸丰收到了林则徐去世的讣告，赐予林则徐谥号“文忠”，随即任命前两江总督李星沅接任钦差大臣，将广西巡抚郑祖琛以及广西提督闵正凤一起革职拿办（咸丰翻脸比翻书还快，可怜的郑祖琛年近七十还要被发配到沙漠里去），命前漕运总督周天爵任广西巡抚，调拨两千湖南兵和三千贵州兵疾驰广西增援。

疾驰增援广西的三千贵州兵由镇远总兵周凤岐指挥。周凤岐很快也尝到了失败的滋味，因为他的副将伊克坦布很快就被太平军砍下了脑袋。

伊克坦布阵亡之后，周凤岐、李星沅等意识到他们面对的敌人不再是以前聚众闹事的天地会了，而是全新的宗教性战斗团体——拜上帝会。李星沅向咸丰上奏称：“聚集在桂平县金田村的贼人们在洪秀全等人的号召下，已经聚集了上万人了，比其他匪徒都要凶猛，我们必须集中优势兵力，迅速一举歼灭之，否则就来不及了。”

大清朝终于有个明白人了，终于意识到太平天国才是真正的威胁。

随后，新任钦差大臣李星沅将自己的行辕设在柳州，以新任广西提督向荣为前敌总指挥，杀气腾腾地向太平天国刚刚占领的江口圩进军，力图一鼓作气，荡平太平军。

清廷和太平天国的第一次大战役即将拉开帷幕。

太平军在江口圩的兵力有万余人，面对咄咄逼人的清军，洪秀全等人认为必须实施有效的防御战略。为了将有限的兵力用在刀刃上，太平军占领江口圩之后，放弃金田，全军集中于江口圩南北，构成一条狭长的弧形防线。

太平军在自己的防区内，控制有利地形和制高点，深挖战壕，高筑堡垒，安设土炮，构成了坚固的防守阵地。同时，在防区内各村庄配备相应兵力作为预备队，随时支援防守阵地。

其实，太平军采取消极防御而不是积极进攻的战略也有很大缺陷。第一，万余人的部队集中于如此狭小阵地，浪费兵力，没有对防御基地做有效的扩展；第二，物资储备不够充足，粮草和火药渐渐开始入不敷出；第三，也是最重要的一点，没有在清军集结前主动出击，错失了消灭敌人有生力量的机会，以至于清军可以从容集结，然后包围江口圩。太平军的这些失误，等于把战场的主动权交给了清军，错失了控制战场的良机。

清军这边，李星沅采用的战略是集中湖北、贵州和云南调过来的援军由陆路主攻，而原本投靠太平军后又叛逃的天地会张钊率领本部在水路牵制策应，采取两面进攻战术，力图一举围而歼之。李星沅在半个月的时间内就完成了兵力集结。但是，李星沅的战略有一个致命的弱点，那就是兵力不足。太平军人数达万人，而清军主力进攻部队只有6000人。一旦战役开始，由于战场多为山地，清军在丛林之中难以大规模清扫，只能分兵穿插，步步推进，那么太平军可以利用制高点和隘口等有利地形节节设防。而且，由于兵力有限，一旦大规模进攻开始，清军后方必然空虚，如果太平军乘虚迂回，清军被歼的风险很大。从士气上来讲，太平军新近取得了两次大胜利，士气正旺，反观清军则不然，李星沅所率各部来自湖北、贵州、云南三地，将不知兵，兵不知将，不能配合默契，此时清军又粮饷不济，导致清兵士气低沉。

太平军是给自己打仗，不给钱也干，清军是给上峰卖命，一旦不给钱，便没人替长官卖命了。

向荣率主力6000余人直扑江口圩，洪秀全亲自率兵迎战。

洪秀全挑出两千精锐，分成九路人马，在石头脚和牛排岭附近竹林设伏，等待向荣的到来。

1851年2月18日，向荣率领清军刚过离石头脚不远的一座独木桥，就和小股太平军遭遇，经过激战，太平军败退。向荣乘势追击，待追至竹林深处之后，只听得锣鼓齐鸣、炮声隆隆，只见得旗帜飘舞，从竹林深处杀出多股太平军。这些太平军短衣襟小打扮，行动十分迅猛，而清军个个甲胄在身，十分沉重。两军短兵相接，轻便灵活的太平军和笨头笨脑的清军，胜负自分。一时间，清军死伤无数。幸亏向荣久经沙场，临阵不慌，急速组织清军撤退，组织强大火力封锁住了太平军的反击线，才避免了更大的伤亡。

此一战，史称牛排岭战役，太平军利用和发展了以前的防御作战经验，在自己熟悉的地盘上，构筑坚固的防御工事，能够将地势、兵力以及火力合理组合运用，粉碎了清军的大规模围剿。向荣这个久经沙场的清军悍将第一次尝到了惨败的滋味。

**正所谓：**

**八桂大地起狼烟，钦差鱼贯奔前线。**

**以多胜少重战略，竹林征战威初显。**

## 突出重围

经过牛排岭一战，太平军声势更威，而清军士气日衰，暴露了清军不堪一击的实力。

按照常规军事常识，太平军取得如此重大胜利，兵力和士气都在清军之上，应该乘胜追击，掌握战场主动权，不给清军喘息和恢复的机会。但是，可能是作战经验不足，或是太平军内部对下一步的发展方向有所犹疑，从2月19日至3月4日，一万多太平军竟然龟缩在江口圩的防御阵地，没有发动任何战事，导致兵力和资源的极大浪费。清军也得以喘息之机，迅速调整围剿战略。

李星沅、向荣经过反思，认为冒险进攻是一个重大失误，因此调整了清军战略，从进攻战略转入围困战略。李星沅指示前线清军：第一绝其抢掠，使彼无粮无火药，势必坐困，可一鼓歼之也。于是，清军将江口圩团团围住，切断太平军可能的粮草供应，导致太平军的防御阵地上渐渐出现了粮荒。

双方都没有进攻的欲望和动力，前线暂时出现了宁静的战局。

江口圩的黎明静悄悄。

可惜，这种宁静没有持续多久，洪秀全他们很快就发现自己粮草不济，太平军将士们开始喝稀饭了。

为了摆脱困境获得补给，3月5日，太平军开始向清军进攻，力图打通交通线。不过，由于清军准备充分，太平军只取得了小规模战斗胜利，并没有实现打通交通线的战略目标。

太平军攻势受阻，清军士气大振，李星沅和向荣调兵遣将，准备全面进攻江口圩。与此同时，太平军的物资愈来愈匮乏，形势逼迫洪秀全等领导人必须迅速做出决策，放弃江口圩，寻找新的出路。

经过慎重考虑，洪秀全等决定在清军发动总攻之前率领太平军突围，突围方向是拜上帝会的老根据地紫荆山区。之所以选择向这个方向突围是因为这里没有清军主力部队驻防，只有一些地方团练，并且太平军在这里的群众基础很好。向紫荆山方向突围，这不是什么深思熟虑的战略决定，而是迫于形势的无奈选择。毕竟，面对清军围困，活下去才是最紧迫的任务，其他的战略目标还没有可能进入洪秀全等人的视线里。

3月10日深夜，太平军安排少数妇女在江口圩沿江的空屋中持续敲鼓，以麻痹清军，整支部队趁着夜色潜往牛排岭，随后西进，经由新圩、金田进入紫荆山，再经武乡向西奔赴武宣。清军沿路追击，一路烧杀抢掠，激起了更大民愤，白白地给太平军做了免费宣传，送了更多兵源。

3月11日，洪秀全、杨秀清等率领太平军来到武宣附近的东乡。

武宣是个县城，此时的武宣知县刘作肃已经成了光杆司令，手下都跑光了，老百姓也跑得差不多了。

听说太平军向自己杀来，武宣知县刘作肃有点绝望了。幸运的是，先进入武宣的不是太平军而是清军。

3月14日，年近八旬的广西巡抚周天爵颤颤巍巍地坐着轿子，在

200名亲兵的护卫下进入武宣县城。周天爵在进入县城时发现城墙上没有清军守卫，他起初以为知县刘作肃在学诸葛亮唱空城计。当他来到县衙，看见刘作肃孤苦伶仃地坐在县衙大堂之上，面前还放了一根绳索，周天爵就问刘作肃："士兵呢？"刘作肃放声痛哭："都跑了，都跑了，就剩我一个人了。"周天爵问："这个绳索是做什么用的？"刘作肃答："城破之时，卑职自行上吊。"

听闻此言，周天爵也觉得当大清的官太难了，和刘作肃一起抱头痛哭，不知所措。就像海底两条被吓坏的鱼，战战兢兢地望着海面上的渔船，不知道什么时候自己就被捕了去。

周天爵和刘作肃是幸运的，因为太平军对武宣县城没有什么兴趣。

刚刚突围的太平军很难说是什么胜利之师或威武之师，更像是惊弓之鸟。他们现在最需要的是及时修整和尽快补给。

因此，太平军挖断紫荆山隘口，试图阻止向荣追来，然后在东乡的东岭、三里圩和莫村等地，再次构筑坚实的防御阵地。

其实，此时，一路追来的清军在实力上要比太平军弱很多，但是缓过来的太平军并没有立即组织进攻，而是又一次选择了防守，这又给清军一次集结力量的机会。

太平军在忙什么呢？

1851年3月23日，据说是基督的诞生日。

洪秀全觉得这一天非常有意义。因此，洪秀全选择在这一天正式称"天王"，封尚在襁褓之中的洪天贵为"幼主"，将1851年的辛亥年改为辛开元年。这一天，后来被称为"登极节"，是太平天国的重大节日之一。洪秀全之所以称天王而不称帝，完全是因为几年前萧朝贵代天兄下凡时说的一番话，前文已叙，此处不再赘述。

因此，洪秀全不愿意，也不敢称帝，只敢称为天王。其实，早在金田起义时，洪秀全就自称天王了，这次只是通过正式的形式给予确认而已，而且是只有少数核心人物参加的秘密仪式，普通的太平军民并不知情。

顺便说一句，“天王”这个称号出自《周礼》。春秋时期，诸侯称王，周天子为天王，天王是最高级别的王，所谓“王系于天，所以大一统也”。洪秀全称“天王”还有一种解释，就是奉天父之名，天父之子降临凡间救万民于水火，“天王”乃天父所封。

东乡称王之后，太平天国规定了中国历史上数量最多的避讳字，不仅洪秀全的名字要避讳，东、南、西、北、翼王等首义诸王的名字也要避讳，上帝和耶稣之名更要避讳。具体来说，整个太平天国内部不允许任何人姓“王”，因为“王”姓犯了洪秀全的“天王”忌讳，也不许普通人用“上”字，因为“上”字犯了“上帝”的忌讳，秦日昌要改名为秦日纲，因为“昌”字犯了“韦昌辉”忌讳。普通人需要避讳的字太多了，而且惩罚极为严厉，如果写错了，轻则打板子，重则点天灯。

**正所谓：**

**战略突围根据地，九死一生难称帝。**

**天国儿女多忌讳，百姓无奈勤躲避。**

## 进军永安

在洪秀全忙着做天王的时候，清方的李星沅、向荣等人则是长舒了一口气，因为李星沅仔细分析了太平军的军事布局之后，立刻断定太平军采取的是守势，且绝不会贸然出兵攻击清军。这就给了清军足够的时间去集结兵力，再采取和江口圩一样的战略——坐困，死死将东乡地区围困起来。

但是，自古以来，同行之间是冤家，李星沅、向荣、周天爵等清朝高官之间也是矛盾重重，互相不服气。

年近八旬的周天爵觉得李星沅是个黄毛小子，怎么能做钦差大臣来管自己呢？向荣觉得自己军事能力不容置疑，李星沅怎么能管自己呢？而李星沅觉得老子是咸丰皇帝钦命的钦差大臣，怎么在广西说话不好使呢？他们互相都偷偷地给咸丰上奏折弹劾对方，打小报告。

俗话说得好，狗咬狗，一嘴毛。

战败的消息听多了，再加上李星沅、周天爵以及向荣这帮汉人官员互相弹劾，动不动就上奏互相责骂和推诿责任，咸丰觉得他们真没用，还是用我们满人或是蒙古王公吧，毕竟都是自家人，更会替朕分忧。况且李星沅他们自己都觉得太平军已经不是他们能搞定的了，联名上奏请皇帝另请高明。

所以，咸丰在接到李星沅等人的联名奏折之后，为了扭转战局，迅速平定太平军，立即任命广州副都统乌兰泰帮办广西军务。随即，乌兰泰率兵一千启程赶往广西，虽然兵不算多，但是乌兰泰带的这些兵配备了百门小型火炮和200支新式步枪，战斗力非凡。

咸丰还不放心，同时密令文华殿大学士赛尚阿为钦差大臣，拥有节制广西全省军政主官之特权，随行要员有蒙古都统巴清德、满洲副都统达洪阿、天津总兵长瑞。这几个人要么是满族，要么是蒙古族，这说明咸丰对李星沅这帮汉人已经不放心了，觉得这帮汉人官员没有为他真心办事。

赛尚阿名义上的工作是赴湖南专门负责防堵太平军事宜，力图将太平军堵在广西境内，实际上是咸丰的钦差大臣。赛尚阿系清廷重臣，蒙古正蓝旗，官声非常好，道光时期已经是军机大臣，道光末年还当上了协办大学士兼步军统领（也就是九门提督，道光将自己的身家性命都交给了赛尚阿了，可见对其信任尤加）。咸丰继位之后，赛尚阿仍旧是咸丰的亲信大臣、文华殿大学士，署理户部。

登基不久的咸丰可能忽略了一个事情：赛尚阿的能力也许仅限于在京城做官而已。赛尚阿官做得好，甚至领着九门提督这样重要的军职，但是他并没有指挥部队进行野战的实践经验。

也就是说，京官做得好，不见得能当好地方官，更不见得能在战场上打得好！

因此，咸丰选派赛尚阿赴湖南专办防堵太平军事宜，那就预示着太平军一定防堵不住，一定会冲出广西。

咸丰管不了这些了，他觉得赛尚阿这样的朝廷重臣一定能尽心办事，替朕分忧，剿灭太平军。

为了给赛尚阿鼓劲和壮胆，临出京时，咸丰授予遏必隆刀[①]，有先斩后奏之特权，相当于授予赛尚阿以尚方宝剑，可见咸丰对赛尚阿之倚重。

咸丰不了解赛尚阿，而赛尚阿却十分了解自己。赛尚阿明白自己的军事能力有限，此去广西，不知是福是祸。

自从接皇上圣旨赴广西平叛，赛尚阿就开始不开心。人一旦不开心，做啥事都磨磨蹭蹭。所以，一路走走停停，从京城到前线，赛尚阿竟然走了两个月。

就在乌兰泰和赛尚阿赶往前线的途中，周天爵认为钦差李星沅军事能力太差，决意独揽军务，亲赴前线坐镇指挥，力图扭转战局。

周天爵很勇敢，也很悲壮。他带领200兵勇奔赴前线，这些兵勇个个贪生怕死，一个个哭得稀里哗啦，不想去前线送死，最后，只有100名亲兵愿意跟着他上前线。

李星沅等也调兵遣将，兵发东乡，同时令东乡周围各州各县迅速调集团练，试图用正规军和团丁将太平军围住，将其歼灭在东乡地区。

周天爵的勇敢和李星沅的部署并没有给清军带来好运。他们高

① 遏必隆刀，康熙初年辅政四大臣之一的遏必隆遗物，刀因人而得名，通长约67厘米，绿鲨鱼皮鞘，鞘外套紫呢套。1747年，第一次金川之战爆发，遏必隆之孙、时任保和殿大学士、吏部尚书等要职的讷亲以经略大臣的身份率兵出征，兵败，乾隆帝怒夺其职，派大学士傅恒取而代之，并赐遏必隆刀。1749年，乾隆帝命傅恒在军前用遏必隆刀将讷亲正法。清廷把它视为可以“代天子便宜行事”，具有“先斩后奏”之特权，此刀颇具有“尚方宝剑”的性质。1851年，太平天国革命爆发，咸丰帝派大学士赛尚阿为钦差大臣率军出征，行前，特赐遏必隆刀，以壮军威。然而遏必隆刀并未给战局带来转机，不久，赛尚阿也因指挥不利被夺职。

估了清军的集结能力和实际战力，也低估了太平军的战斗力和防御能力。

1851年4月3日，周天爵再次亲率东拼西凑的6000兵力分四路出击，结果太平军不仅人多势众，而且还熟悉地形事先设下埋伏，出其不意，将清军打得落花流水。

接连的失败，让清军意志消沉，不敢应战。同时，太平军因为物资有限，也不敢擅自反攻，双方陷入暂时的对峙阶段。

5月3日，乌兰泰带领自己的1000人马赶到了前线。但是，乌兰泰的到来，似乎也没有给清军带来好运。

十天之后，钦差李星沅病死。其实，鬼知道他是怎么死的，作为钦差，打了这么多败仗，即使自己不死，咸丰将来也饶不了他。所以，也有人说李星沅是自杀的，早点死还能落个好名声。

不管怎么死的，李星沅终究是死了。钦差大臣死了，这对于接连失败的清军来说简直就是雪上加霜。一时间，军心动摇，人心惶惶，不可终日。

在太平军看来，李星沅的死简直是天赐良机，他们趁机撤离东乡，进入象州一带。

乌兰泰和向荣率领大军紧跟其后，驻军独鳖岭、大樟一带。

独鳖岭，这名字听起来就让人憋气。

对于太平军来说，象州一带也是他们之前的老根据地，再熟悉不过了。太平军利用熟悉地形的优势，待清军走进山谷之时，突然从上游放水，淹死清军无数。清军顿时阵脚大乱，一千多名士兵被七名太平军挥刀冲杀，竟然溃不成军，四散奔逃，有的掉进山沟摔死，有的掉进河里淹死，乌兰泰也差一点呜呼哀哉，丢了小命。

独鳌岭一战，清军彻底绝望了，被迫转入守势，再也不敢贸然进攻了。太平军因为流动作战，物资匮乏，粮食和弹药都成了问题。与此同时，坏消息传来，赛尚阿率领的大批清军正向广西杀来。洪秀全他们觉得还得继续转移，三十六计走为上计嘛。

随即，太平军趁清军士气低落不敢出战的机会，撤出象州地区，又回到了桂平以及紫荆山一带了。

赛尚阿率领大队清军人马已经到达桂林。他一到桂林，就问新任广西巡抚邹鸣鹤："江忠源到了吗？"邹鸣鹤回答道："尚未到来，可能还要几日，说是要在当地募兵。"

赛尚阿为什么这么关心江忠源？因为早在他离京之时，他就明白光靠腐败落后的正规军是没用的，只能依靠各地的团练。在各地的团练中，江忠源在湖南办团练，效果最佳，名声都传到了北京。赛尚阿在离开北京之时，曾国藩就给赛尚阿推荐了江忠源。

江忠源还没到，这令赛尚阿很失望。但是也不能干等着，赛尚阿命令达洪阿和巴清德率领精锐部队立即支援乌兰泰和向荣，力图一举歼灭太平军。

江忠源比赛尚阿晚了五天到桂林，随即受赛尚阿之命在乌兰泰帐下听令。但是，在乌兰泰看来，江忠源率领的团练就是农民兵，跟自己装备精良的正规军比起来，简直就是乞丐一般，不堪重用。乌兰泰看不上江忠源，但是江忠源将会向世人证明自己的实力。

清朝大军向紫荆山区压来，来势汹汹。

重组之后的清军战斗力果然非凡，尤其是江忠源的湖南农民兵，令太平军难以应付。

在太平军看来，这次的清军和之前的不一样。

士气高昂的清军唱着："我们不一样，每个人都有不同的境遇！"高歌猛进，杀向太平军。

双髻岭一战，太平军溃败，只能撤退。

风门坳一战，太平军再次溃败，韦昌辉的两个弟弟都战死了，也还是无济于事。

太平军退回到了金田村一带，转了一圈又回来了。

洪秀全、杨秀清他们逐渐意识到，他们在这里守得越久，清军集结的就越多，太平军被全歼的可能性就越大。

于是，太平军发挥了自己打得赢就打，打不赢就跑得优良传统，决定立即突围，寻找新出路。

8月16日，洪秀全在金田发布动员令：各军各营宜间匀联络，首尾呼应，努力护持老幼男女病伤，总要个个保齐，同见小天堂威风。

洪秀全正式提出了一个新概念：小天堂。小天堂里吃喝不愁衣食无忧。但是，这个小天堂到底在哪里？也许连洪秀全自己也不知道。

管它小天堂在哪里，先突围出去再说。

敢问路在何方？路在脚下！

太平军要突围。清军意识到太平军要逃走，岂能善罢甘休，尤其是向荣，自己被太平军打得好惨，怎么可能这么轻易地就让他们逃跑。随即，向荣率领一万多人追到了官村，安营扎寨。可能是长途行军，清军弟兄们太累了，个个睡得呼噜震天，却不料太平军连夜偷袭，几百名太平军挥舞大刀，如入无人之地，砍得清军哭爹喊妈。再加上晚上潮湿，清军的火器难以发挥作用。战斗一直持续到天亮，更多的太平军涌来，向荣仓皇逃走，留下大批清军的尸首和辎重。

清军惨败，咸丰大怒，将向荣革职处分，留以后用。革职处分，对于向荣来说，这不是第一次，也不是最后一次。

官村大捷，太平军学会了多支部队灵活协同作战，学会了在运动中歼灭敌人的战略战术，也学会了乘虚奔袭攻坚的战术。太平军在实战中迅速成长起来。

随后，打了大胜仗的太平军分水陆两路，陆路3000人马由萧朝贵带领，向北急行，杀向永安，水路7000人（包括男女老幼）由洪秀全、杨秀清以及冯云山等人率领，向南行军。

**正所谓：**

**王侯百姓针与芒，四方妖兵俱侵攘。**

**战略迂回进与退，立誓奔赴小天堂。**

# 第八章
# 封王

王爷服饰及大纛

## 攻占永安

洪秀全率领的队伍无疑是太平军的主力，企图沿大同江、蒙江向南进至浔江发展，可能的战略方向是广东。

随同洪秀全一同转移的有杨秀清、冯云山等太平军的领导核心机构，还有太平军的各种辎重，以及洪秀全的家室——儿子、女儿及其妻子们。洪秀全在人间的妻子已经有很多了，除了结发妻子赖氏，还有三十多个广西大脚姑娘。那个年代，作为拜上帝会的信徒，她们应该是自愿的，并且以嫁给洪秀全为荣，这和后来洪秀全进入南京之后抢掠南方女子性质是不一样的。

陆路由萧朝贵以及韦昌辉、石达开等率领，沿湄江两岸前行，沿途接收那些之前没有来得及赶往金田团营的拜上帝会信徒。这些新加入的人当中，有一个人将是太平天国后期的军事领袖和护国柱石，他就是李秀成。

李秀成也出身贫穷的农民家庭，从小给别人做帮工，在舅舅的私塾里念过一年书，一边念书，一边打工。这种半工半读的生活，让李秀成养成了外柔内刚的性格，做事韧性极大，极有耐心和毅力，意志极度刚强和坚定，这种性格有助于他将来在太平天国的发展和晋升。

这些拜上帝会信徒加入太平军时需要放火烧掉自己的房屋。目的就是不给自己留后路，义无反顾地跟随太平军。如果有人不愿或是不舍烧掉自己的房屋，那没关系，可以由集体来帮你烧，太平军会安排人放火烧掉你的房屋。后来，太平军为了扩大队伍，稳定军心，经常会采取这种极端的做法，让你铁了心跟着太平军走。

李秀成被曾国藩俘虏之后在《李秀成供词》中写道："西王（指萧朝贵）在我家近村乡居住，传令凡拜过上帝教之人，不必畏逃，全家食饭，何必逃乎！我家寒苦，有食不逃。临行营之前，凡拜过上帝教之人，房屋俱要放火烧之，家寒无食之故，而随他也。"①

从李秀成的这段话大概可以看出他当时参加拜上帝会和太平军的心态和目的，其实就是为了有口饭吃而已。在中国历史上，只要老百姓有口饭吃，谁又会冒着杀头的罪来造反呢？官逼民反，民不得不反。当官的不给老百姓一口饭吃，不给活路，逼到了天天饿肚子的份上，老百姓自然就会起而反之。

萧朝贵率领太平军杀向永安州。

永安州，就是现在的广西蒙山县，地理位置非常重要。从军事的角度来看，只要控制了永安，向北可以威胁省城桂林，南下可以进军浔江，向东可以剑指广东，对将来战局的发展影响极大。

随着太平军的逼近，永安周围的地主觉得永安城要比自家的寨子结实得多，安全得多，因此，这些地主富人纷纷带着家产和粮食逃进永安城。

永安派出平乐协副将阿尔精阿率领4000清军驻守在永安城东南，但是很快被太平军击溃。阿尔精阿率部退回到永安城内，打算据险力

① 盛巽昌：《实说太平天国》，上海书店出版社2017年版，第107页。

守。永安知州吴江一看形势不对，立即派人向乌兰泰告急求救。

永安知州吴江没有等来乌兰泰的救援。

1851年9月24日，罗大纲率领太平军先锋部队到达永安城下。此时，罗大纲率领的太平军只有1000人左右。为了让守城的清军心理防线崩溃，罗大纲让马拉着装有石头的篮子，绕着永安城跑来跑去，造成兵多将广、尘土飞扬的假象。同时，罗大纲让士兵们彻夜燃放烟火爆竹并不断投进永安城内，让守城清军和永安居民彻夜未眠，晕头转向。为了保证攻击效果，罗大纲还率部在永安城东门外的晒布岭上安置了几十门大炮，炮口瞄准永安城。

次日，罗大纲率军猛攻永安城。

首先是炮火轰炸，一阵炮轰之后，太平军蜂拥而上，攻入永安城，知州吴江自杀，副将阿尔精阿阵亡，地方团练头目苏宝德阵亡。这个苏宝德就是后来中法战争中中方名将苏元春①的父亲。当知州吴江和清军正规军躲在城里固守的时候，苏宝德率领自己的团丁在城外拼死抵抗，最后被太平军全歼。

永安是太平军攻占的第一座城市。

攻占永安是一个里程碑。太平军以前只是在山村地区兜兜转转，现在已经可以轻取一座州城了，极大地增强了太平军的自信心。太平军也积累了城池攻坚战的经验，为以后攻取更大的城池提供了可供参

…………………………

①　苏元春（1844—1908），广西永安人，其父苏宝德任永安团练总目，1851年9月25日死于太平军之手；1863年，湖南巡抚骆秉章招兵，苏元春投靠湘军，被任命为百夫长；1864年，苏元春因作战勇敢，被擢升为管带，后继续在江西、广东围剿太平军和天地会，后因战功卓著，于1866年升任参将；1867年，苏元春奉命到贵州镇压苗民起义，因战功相继擢升为副将、总兵；1871年，苏元春获记名提督，并于1878年调到湖南永州驻防。中法战争爆发之后，1884年4月，苏元春奉命率兵开赴广西。

考的经验和教训。

永安知州吴江没有等来乌兰泰的援助。那么，乌兰泰此时在忙什么呢？

前文说过，太平军是兵分两路，一路北进，由萧朝贵等率领，另一路南下，由洪秀全等率领。向荣和乌兰泰等人率领清军主力围追堵截洪秀全率领的太平军主力，一时间没有注意到永安的安全。

南下的洪秀全，因为面临清军主力的围追堵截，一时间也难以继续向南进发。因此，在萧朝贵等人攻下永安之后，洪秀全等人也改变了南下的计划，乘船溯湄江而上，于10月1日到达永安。

洪秀全率领自己的几十位妻子，在太平军将士众星捧月般的欢呼声中，乘坐轿子进入永安。

洪秀全乘坐的轿子很简易，只是一张椅子上搭两根长竹竿，几个人抬着晃晃悠悠，既不挡风，也不遮雨，老百姓也都能看见。当时，洪秀全和他的妻子们以及其他的领导和各自的妻子们都是乘坐的这种轿子。此后，太平天国的领导们对于坐轿子这种交通工具有谜一般的执着，轿子有各种规格，出行有各种礼仪，甚至设置专门的衙门来设计、制作和管理他们的轿子，试图通过轿子的豪华和威严来体现至尊王者的尊贵和地位。对于太平天国的领导人而言，各种规格的轿子也能体现各自不同的政治待遇、政治身份和政治地位。也许，只有坐上轿子，让别人的脚代替自己的脚，让别人的腿代替自己的腿，才真正有人上人的感觉。至于之前所提出的人人平等的原则，在他们坐上轿子之后，双脚离地了，聪明的脑细胞又占领高地了，这些原则可能早就抛到脑后了。

人人生而平等的，但是，事实上可能并非如此。

1837年，洪秀全第一次做异梦，梦见上帝派他下凡斩妖除魔，十四年后，他切切实实打下了一座人间的城池。

**正所谓：**

**官逼民反战永安，兵分两路累经验。**

**王者尊贵身离地，生而平等原是幻。**

## 永安封王

永安陷落，这让咸丰勃然大怒，钦差大臣赛尚阿的好日子快到头了。

咸丰刚刚在北京的群臣中夸奖过赛尚阿，说这位肱骨大臣调度有方、领导有力、治军娴熟、措施果断、战果非凡，平定太平天国，指日可待。

结果，咸丰话音未落，前方就传来了永安陷落的战报。咸丰下旨："逆匪被困（永安），正可聚而歼之，勿令一名兔脱。……若逆首未能擒获，只杀余匪以塞责，朕唯知将赛尚阿重惩不贷。

懔之。”①

皇上生气了，后果相当严重。赛尚阿调度不力，革职留任，交部议处，向荣和巴清德摘去顶戴花翎，戴罪立功。至于乌兰泰，因为至少表面上一直在努力追击太平军，所以未予置议。

第一个派去广西的钦差大臣是林则徐，没到广西就去世了；第二个钦差大臣是李星沅，接连吃了败仗，病死了；赛尚阿，是第三个钦差大臣了，尽管皇上赐给他遏必隆宝刀，但也没有给他带来好运，接连战败，以至于永安陷落，渐渐失去咸丰的宠信，威风不再。看来，大清朝的钦差大臣也是一份高危职业。

洪秀全移驾永安之后，住进了知州吴江的衙门。

俗话说，三年清知府，十万雪花银。永安知州吴江的衙门也不会差到哪儿去，前庭后院，书房茅房，小溪池塘，应有尽有。这些对于在农村长大的洪秀全等人来说，无疑已是人间天堂。

整个永安城都是太平军的了。经历了长期激战和四处流窜，饥一顿饱一顿的太平军将士们觉得这里就是小天堂，是大家的温柔乡，放松和娱乐总是少不了的。

但是，清军并不会给太平军的将士们太多的时间去享受胜利后安逸的时光。太平军攻占永安的第二天，乌兰泰的大军就赶到了永安城下。

整顿纪律和加强防御是太平军目前最应该做的事情。

洪秀全立即颁布诏令：

①　崔之清主编：《太平天国战争全史》（第一卷），南京大学出版社2002年版，第286页。

> 各军各营众兵将，各宜为公莫为私，总要一条草（心），对紧天父天兄及朕也。继自今，其令众兵将，凡一切杀妖取城，所得金宝、绸帛、宝物等项，不得私藏，尽缴归天朝圣库，逆者议罪。①

基本的意思就是：大家要团结起来，一致向前看，要服从领导听指挥，一切财物要交公，私心杂念不可有，否则军法处置。

至于永安百姓，太平军宣布他们不必一定信仰拜上帝会或是加入太平军。当然，如果要加入，也是非常欢迎的。只要百姓拥护太平军，不给清军当探子，不出卖太平军的情报，在自家门前挂一个竹编小环就足矣，太平军一定秋毫无犯。同时，为了活跃当地经济，太平军允许永安城以及各乡镇之间维持正常的贸易，太平军只收取合理的税收。

永安当地很多百姓是客家人，渐渐开始信任和拥护太平军。那些有钱的地主和乡绅则认为与太平军不大可能和平相处，有些人干脆抛家舍业溜之大吉，给太平军留下满屋的财宝和粮食，还有宽敞的房子。太平军将这些资产进行没收，给当地的百姓分一部分以获取百姓的支持，剩下的大部分都收归"圣库"，供太平军集体使用。

要想使士兵有战斗力，不仅要严格要求和管理，还要让士兵对未来有憧憬有梦想有愿望。1851年11月17日，为了激励和监督普通士兵，洪秀全在永安颁布了第二道诏令，要求太平军中所有的两司马（两司马几乎是太平军中最小的官，只管25名士兵）详细记录手下25

① 崔之清主编：《太平天国战争全史》（第一卷），南京大学出版社2002年版，第292页。

名圣兵的表现，在战斗中英勇杀敌奋勇当先者，两司马要在花名册上这名圣兵名字的旁边画上圆圈，在战斗中退缩不前犹豫不定者，两司马要在其名字旁边画叉。所有的花名册必须逐级上交，以备上级查验，待到达“小天堂”之后再论功行赏。

小天堂，这是洪秀全给太平军将士们画的一张大饼。

12月4日，洪秀全颁布第三道诏令：

> 现封及者，袍帽遵依官制；未封及者，封帽一概尽与两司马同。既封及者一体，未封及者一样上到小天堂后，凡一概同打江山功勋等臣，大则封丞相、检点、指挥、将军、侍卫。至小亦军帅职，累代世袭，龙袍角带在天朝。[1]

这道诏令的中心思想就是：永安的太平军将士，无论官职大小，人人不分上下，待到进入小天堂之后，人人得封官职，最起码也是两司马的职位。因此，可以说，永安城里无兵卒，大家将来都是官。

洪秀全的许诺对太平军将士有极大的吸引力和诱惑力。

在此之前，很多人加入拜上帝会一方面是为了混口饭吃，一方面确实是为洪秀全、冯云山等人的宣传所鼓动，因为信仰而加入太平军的。但是，人们渐渐发现，单纯的拜上帝并不能给自己带来荣华富贵，因此洪秀全等人仅靠单纯的宗教信仰来团结和鼓动普通士兵可能不会那么奏效。所以，淡化宗教色彩，强化世俗的财富和地位，许以高官厚禄，并且能够世袭罔替，这对于那些祖祖辈辈面朝黄土背朝天

① 盛巽昌：《实说太平天国》，上海书店出版社2017年版，第116页。

的贫苦农民来说太有诱惑力了，中国几千年的帝王将相不都是这样来的吗？王侯将相，宁有种乎？大家团结努力，一起打天下，一起分天下，一起坐天下，咱们农民也可以当王爷。

洪秀全等人在永安城里画饼许诺忙得不亦乐乎，与此同时，赛尚阿在咸丰皇帝的严令之下调配清军，形成了对永安的包围之势，总兵力有26000人左右，而此时的太平军总数也不过万人左右。

太平军力图防御，清军力图进攻，双方在永安呈现出胶着的攻防战局。

但是，形势对于太平军来说并不会太有利。因为永安毕竟只是一座城池而已，可以利用的资源有限，而永安之外都是清军的地盘，清军有全国的资源可以利用和调配。

如果继续在永安耗下去，太平军迟早会弹尽粮绝，最后也只能缴械投降。

很快，清军加紧了对永安的进攻。

12月10日，清军在乌兰泰的指挥下进攻永安城外围防线最南端的水窦村。水窦村对于永安城里的太平军来说很重要，因为这是太平军在濠江上的前哨阵地和粮草贮藏基地，也是太平军水陆两军联系的关节点。

因此，面对乌兰泰的进攻，太平军派萧朝贵赶往水窦村督战。经过一番苦战，虽然清军死伤无数，但烧毁了水窦村储藏的粮草，更重要的是萧朝贵在此次战役中身负重伤。

萧朝贵受了重伤，对太平军的士气有一定的影响。为了稳定军心，也为了安慰前来探望的杨秀清、冯云山以及石达开等人，他又假装天兄下凡说："尔众小，安慰尔二哥宽心安福。贵妹夫受些苦难，不妨也。”

虽然萧朝贵说自己的伤并不严重，但是与之前他频繁代天兄传言，和代天父传言的杨秀清一较高低的景象相比，受伤后萧朝贵代天兄传言的次数明显减少，且无法参与和左右太平天国即将发生的大事——永安封王。

12月17日，在萧朝贵受伤之后的第七天，洪秀全下达封王诏旨：

洪秀全自封为天王，称万岁；

封杨秀清为东王，称九千岁；

封萧朝贵为西王，称八千岁；

封冯云山为南王，称七千岁；

封韦昌辉为北王，称六千岁；

封石达开为翼王，称五千岁。

这封诏旨加强了杨秀清在太平天国中的地位，因为天王洪秀全给予东王杨秀清全权，所封诸王，俱受东王节制。天王洪秀全和东王杨秀清形成了太平天国的权力二元结构，天王洪秀全负责营造太平天国的精神世界，从此基本不问政事，天国的政事和军事基本由东王杨秀清负责。原本可以平衡杨秀清权力的萧朝贵靠边站了，其他诸王也无法对杨秀清形成有效节制，这为将来的“天京事变”埋下了不祥的种子。

洪秀全不仅分封了诸王，还进一步完善了太平天国的官制，自上而下分别是：军师、丞相、检点、指挥、将军、总制、监军、军帅、师帅、旅帅、卒长和两司马。在定都天京之后，太平天国官制不断变化，但基本以永安定下的制度为主体和主线。

洪秀全还做了另外一件大事——开科取士。洪秀全原本想做个清朝的好官，四次科举未中，现在开科取士，终于可以自己做主了。但是，尴尬的是，永安城内没有太多的读书人愿意参加太平天国的科举。于是，洪秀全发动太平军中所有能识文断字的人都来参加考试，第一名竟然是南王冯云山。毕竟，肥水不流外人田嘛。另外，这也说明，当时的读书人对太平天国并不认同，也懒得参加他们的科举考试。纵观太平天国的历史，一直没有什么像样的知识分子加入进来，也没有什么像样的智囊能够给诸王提供合理的建议或意见。反观后来的曾国藩阵营，则是幕僚众多，不时给曾国藩提出各种建议，促进了湘军的大发展。

但是，不管怎么说，永安封王和永安建制之后，太平天国进入了一个新的历史时期。

**正所谓：**

**钦差大臣命多舛，永安城下心胆寒。**

**东王高登天堂殿，权力中分埋事变。**

## 永安突围

太平军这么多人挤在永安城内，每日要进行军事训练，要进行思想教育，还要加强纪律管理。因此，洪秀全、杨秀清等制定了易读易记的营规，所有人，不分男女，无论是行军作战还是安营扎寨，都要严格遵守。

此时，太平军已经拥有自己的印刷设备，他们将这些营规刻印出来，分发给军民学习和遵守，比如：

> 要熟识天条赞美，朝晚礼拜，感谢规矩及所颁行诏谕。
>
> 要别男营女营，不得授受相亲。
>
> 要不许谎言国法王章，讹传军机将令。
>
> 令各内外将兵凡十五岁以外，各要佩戴军装粮食及碗锅油盐，不得有枪无杆。
>
> 令内外官兵各回避道旁呼万岁万福千岁，不得杂入御舆宫妃马轿中间。
>
> 令军兵男妇不得入乡造饭取食，毁坏民房，掳掠财物及搜操药材铺户并州府县司衙门。
>
> 令不得焚烧民房及出恭在路并民房。
>
> 令不得枉杀老弱无力挑夫。[1]

我一直强调一件事情：太平天国的领导者文化水平有限，他们弄出的文字基本意思能明白就行，不用太较真。

不过，对于文化水平也不高的太平天国的军民来说，理解这些文理不通的营规，实在有点强人所难。太平天国的军民需要更为简单易

---

① 太平天国历史博物馆编：《太平天国印书》（上），江苏人民出版社1962年版，第66—67页。

懂的指示和要求。

因此，太平天国的领袖们又仿照中国传统的启蒙读物《三字经》的风格来创作太平天国自己的“三字经”读本，用基础汉字和通俗语言来解释和宣传拜上帝会的教义。

说当初，讲番国。敬上帝，以色列。
十二子，徒麦西。帝眷顾，子孙齐。
日乘云，夜火柱。皇上帝，亲救苦。
…………
行至野，食无粮。皇上帝，谕莫慌。
降甜露，人一升。甜如蜜，饱其民。[①]

另外，洪秀全为了强化太平军军纪，对摩西“十诫”做了增添和修改，尤其强调太平军不得奸邪淫乱。

第七天条：不好奸邪淫乱。

天下多男人，尽是兄弟之辈，天下多女子，尽皆姊妹之群。天堂之女，男有男行，女有女行，不得混杂。凡男人女人奸淫者名为变怪，最大犯天条，即丢邪眼，起邪心向人，及吹洋烟、唱邪歌，皆是犯天条。诗曰：

邪淫最是恶之魁，变怪成妖甚可哀。

---

① 太平天国历史博物馆编：《太平天国印书》（上），江苏人民出版社1962年版，第136—138页。

欲享天堂真实福，须从克己苦修来。[1]

洪秀全尤其要求全体将士必须严格遵守“十诫”天条，东王、西王、南王、北王、翼王和各级将官必须严格检查各自负责的大营，确保军营内部没有犯天条之人，一经发现，严惩不贷，斩首示众，绝无宽宥之理。

当然，这种要求是洪秀全针对其他人的，肯定不包括洪秀全本人。因为从金田起兵开始，他身边的女人就越来越多了，除了他的结发妻子赖氏，还有众多的小王娘陪在天王的身边一起带领大家为奔向洪秀全所描述的小天堂而奋斗。当然了，其他诸王也都有数量不一的王娘陪伴在身边。

只许诸王娶妻纳妾，不许百姓同房恩爱，这种政策肯定会引起大家的非议。但是，洪秀全早就给诸王想好了简单粗暴但行之有效的办法：凡是私下议诸王私生活的，斩无赦。对于这种不公平不合理的事，太平天国的领袖们都懒得解释，反正谁议论就直接砍头便是，看你们谁还敢多嘴。

永安封王和永安建制之后，太平天国的军民都沉浸在自己的封号和天国的许诺中了。但是，没过多久，大家便意识到一个问题，清军还在围困永安，而且清军的援军越来越多。

更重要的是，永安是一座小山城，非常小。

小，就意味着资源有限，大军需要的各种物资以及军民的吃喝拉

①　太平天国历史博物馆编：《太平天国印书》（上），江苏人民出版社1962年版，第32页。

撤，永安这座小城并不能完全满足。

随着清军的围困，永安城内的资源越来越少，粮食也不够吃了，军火也不够用了。太平军甚至不得不将永安官盐仓库的泥土通过水煮和过滤的方式来获取盐分，并用各种极端的方法来提炼火药的原料。比如，他们将永安城内的砖块碾碎，然后过滤，从而得到硝石的成分；将干燥的狗血、马粪和烧酒混在一起熬煮，试图提炼出硫黄；然后将这些加工出来的硝石、硫黄和炭粉掺杂在一起，制作出所谓的火药。

太平军在永安的日子终将难以为继了，形势逼迫太平天国的领袖们不得不做出突围的决定。

为了突围，洪秀全、杨秀清以及其他诸位领袖做了精心的准备，制定了详细的突围计划，并在永安城内严查内奸，确保突围可以按计划秘密进行。

1852年4月3日，洪秀全以诗歌的形式隐晦地向军民发出了突围的诏令：

天王诏令：通军男将女将，千祈遵天令，欢喜踊跃，坚耐威武，放胆诛妖。任那妖魔千万算，难走天父真手段。江山六日尚造成，各信魂爷为好汉。高天差尔诛妖魔，天父天兄时顾看。男将女将尽持刀，现身着衣仅替换。同心放胆同杀妖，金宝包袱在所缓。脱尽凡情顶高天，金砖金屋光焕焕。高天享福极威风，最小最卑尽绸缎。男着龙袍女插花，各做忠臣劳马汗。[1]

①　盛巽昌：《实说太平天国》，上海书店出版社2017年版，第125页。

4月6日子夜，太平军主力和家属从永安城东南鱼贯而出，全军突围。

秦日纲率军殿后，阻击追来的清兵。因为要掩护2000余名老弱妇孺安全撤退，秦日纲所率部队无法快速行军，终被清军发现。乌兰泰派重兵出击，将秦日纲所护送的2000余名太平军家属全数杀害。

这是金田起兵以来，太平军伤亡最大的一次，这里面也包括洪秀全的几十位广西王娘。钦差大人赛尚阿得到捷报之后，力图扩大战果，令向荣、和春、邵鹤龄、董光甲、长瑞、长寿等各路人马火速向太平军主力追击。

其实，此时的太平军主力已经跳出了包围圈。

当洪秀全得知秦日纲率领的阻击部队和太平军家属死伤惨重的消息之后，立即将后军变为前军，准备全线反击，布下天罗地网等待清军来投。

清军求胜心切，彻底忘记了之前被太平军伏击的教训，一股脑儿地钻进了太平军的口袋。等到清军主力全部进入伏击圈之后，太平军化悲痛为力量，奋勇冲杀，大败追兵。乌兰泰已经很有逃跑经验了，见形势不妙立刻逃之夭夭。但邵鹤龄、董光甲、长瑞、长寿四位总兵大人却没有这样的逃跑经验，被当场砍杀。可怜这四位总兵大人，身为二品大员，同时死于一场太平军的伏击战之中，给他们陪葬的还有5000余名清军士兵。

此次伏击战，教给了太平军一条非常重要的经验：化被动为主动，与其被动围剿，不如主动进攻。

因此，取得大捷的太平军立刻定下了一个天大的军事计划，兵发桂林。

**正所谓：**

**清军围困万仞孤，天王诏命蛰游伏。**

**贪功冒进奔如电，一战埋尽万骨枯。**

# 第九章 进军

日月中型钱

# 冯云山之死

洪秀全描述的人间天堂到底在哪里？

应该没有人知道，即使洪秀全和杨秀清本人也不知道人间天堂究竟在哪里。但是，在永安突围成功之后，守备空虚的桂林无疑是下一个战略目标。

也许，桂林就是他们梦寐以求的人间小天堂。毕竟，桂林是当时的广西省城，是太平天国的领袖们所能想到的最富裕的地方了。

进军桂林，与其说是太平军领袖们的战略选择，不如说是他们面对形势所做出的无奈决定。因为，从永安突出重围之后，天苍苍山莽莽，前途无望，除了桂林方向，其他方向都有清军重兵把守。

刚刚经历过大战的太平军不想硬碰硬，智取是最好的选择。

罗大纲提出了一个非常好的建议，让一部分太平军穿上清军的盔甲，打着官兵的旗号，大张旗鼓地进军桂林。

这个计划是个好计划，成功的可能性也不是没有。因为，当时通信不发达，只要这支乔装打扮的太平军急速行军，赶在追兵之前来到桂林城下，只有广西巡抚邹鸣鹤镇守的桂林城就唾手可得了。

只可惜，官兵里也有老奸巨猾、心细如发的人，比如向荣。

向荣久经沙场，和太平军交手最久，对太平军最为了解。

向荣带领一帮残兵败将行军至阳朔金堡圩的玉龙桥之时，看到了一支形态异常的清军。从军多年的向荣立即判定这支清军是太平军乔装而成的，并且判断出他们的行军方向是桂林。

至于向荣为什么能这么肯定，其实道理很简单。毕竟向荣领兵打仗多年，对清军的仪容仪表、行军步伐以及编队方法自然非常熟悉，这支临时乔装的太平军显然没有细心研究过清军的方方面面，只不过临时扒下战死的清兵衣服穿在自己身上而已，而忽略了清军该有的气质、编队等具体细节，这对于向荣来说应该很容易就分辨出来了。另外，由于和太平军对峙已久，向荣对清军在广西的布防应该是了如指掌，他明白，此时此地，这个地方不应该有也不会有正规的清军出现。

细节决定成败。

这么看来，向荣这个人还真不是吃干饭的，作战经验还是非常丰富的，不然咸丰也不会一直重用他。

向荣立刻警惕起来，随即走捷径小道，星夜兼程赶往桂林。

终于，凌晨四时，向荣率先进入桂林，立刻向广西巡抚邹鸣鹤说明此事，嘱咐其立即加强桂林的城防部署。

太平军则因为途中稍微休息了一会，到达桂林南门外时已经是早上六时。他们还自作聪明地喊道："城墙上的兄弟们，向大人回城了，快开城门。"

此时，向荣脸上露出了期盼已久的微笑，对着下面喊道："我老向早就回来啦！你们说的老向是我失散多年的双胞胎兄弟吗？"

太平军这才知道自己的计划早已败露，只好撤兵，等待太平军主力的到来。

很快，太平军主力四万多人赶到了桂林城下，准备强攻。

但是，桂林可比永安大多了，太平军的四万兵力不足以四面围城，只好选择集中于南门强攻。桂林太大，清军事先又做了准备，太平军久攻不下。在围攻了23天之后，太平军只好再次选择撤退，实行战略转移。只不过，在围攻桂林的过程中，太平军的火炮击中了乌兰泰，乌兰泰重伤不治，不久死于阳朔军中。乌兰泰，在所有围剿太平军的清军将领中是最用心的，也是最卖力的，被时人称为“良将”。可惜，乌兰泰没有等到太平军被剿灭的捷报，想来也是死不瞑目。另外，在围攻桂林的过程中，太平军在漓江一带搜集了很多船只，将各种军用物资和粮食以及老弱妇孺都安置在这些船上，从而能够更加机动灵活地进行战略转移，也解放了那些护卫这些老弱妇孺的太平军将士，使他们能够投入到具体的战斗中。

5月19日，太平军放弃进攻桂林，兵分水陆两路，连夜挥师北上。

撤围北上是一个非常重大和关键的决定，因为北上将近100里就可以到达兴安。兴安的古运河连接漓江和湘江，湘江流经湖南腹地，进入洞庭湖，而洞庭湖连接长江。也就是说，按照这个路线，太平军很快就要冲出广西，杀向全国了，再也不用在山沟沟里兜兜转转了。

太平军的面前，是一片大好河山。

令太平军兴奋的是，清军在兴安毫无防备。5月22日，太平军不费吹灰之力拿下兴安。做了短暂休整和补给之后，太平军先锋部队火速杀往古运河的交通枢纽全州。

与兴安不同，全州的清军做了精心的部署，严阵以待太平军。但是太平军已经在全州周围的村镇掳掠了不少物资，懒得在这里和清军纠缠，准备绕城而走，放过全州。

然而，全州清军以及众多百姓的悲剧就在此时发生了。

太平军在绕城而过之时，南王冯云山的轿子过于显眼，被全州城上的一名清军炮手一炮击中，冯云山重伤。这种事，对于太平军来说是第一次，但绝不是最后一次。

原本太平军没有打算攻占这座城池，他们要的是运河的交通权，全州城自然也可以全身而退，避免战火烧身。但是，现在南王冯云山被清军的炮火击中受伤，这就是另外一回事了。

南王冯云山受伤，所有的太平军立刻停止前进，将整个全州城死死围住。太平军轮番攻击，不给全州守军任何喘息之机。全州附近的清军也不敢贸然支援，只能眼睁睁地看着全州被太平军攻陷。

6月3日，全州城破，太平军进城之后，又发挥了“社会我洪哥，人狠话不多”的优良作风，将整个全州城所有人员无差别屠杀，无论男女老少。真是可怜了全州百姓，悉数被杀，只有为数不多的人逃离全州城。

报仇之后，太平军水陆两路到达全州东北十余里的蓑衣渡。

令太平军没有想到的是，团练头领江忠源在此地设下埋伏，静候太平军的到来。前文说过，赛尚阿到达广西之时，就邀请江忠源的楚勇随军作战，因为乌兰泰不太看得上江忠源的团丁，所以这支部队并没有在广西发挥太大的作用。太平军从永安突围北上之后，江忠源估计太平军想要经全州进入湖南，因此他就带领自己的部队埋伏在蓑衣渡的西岸。

蓑衣渡水面宽广，但是水位较浅，江忠源率部在江中预先设置了树桩，船只根本无法顺利通过。太平军事先并不知道江中有障碍物，满载着太平军和各种辎重的船只冲向了蓑衣渡，结果船只碰到木桩，很快搁浅，后面的船只又不知道前面发生了什么情况，来不及停船，结果几百艘船挤来挤去，停在江面无法动弹。

此时，埋伏在蓑衣渡西岸的江忠源命令团丁开炮。随即，太平军几百艘船只中炮起火，太平军要么被炮炸死，要么被江水淹死，有些眼疾手快的，赶紧靠岸下船，将老弱妇孺和辎重卸下，改由陆路前进。

此次蓑衣渡之战，太平军死伤万余人，丢失辎重无数，南王冯云山战死。

冯云山死后其尸体被葬入当地山谷之中，不筑坟，不修墓，不建碑，青山做伴，绿水为邻，入土为安。

后来，太平军和清军都反复地毯式搜索，试图找到冯云山的埋葬之处，均无果而返。

冯云山是拜上帝会的创始人，也是最早的信徒，更是金田起兵的诸王之中最早战死的一位王爷。然而，冯云山能够落得一个入土为安的结局，也算是不错了，太平天国的大部分王爷都没有这种待遇。

蓑衣渡一役，击毙南王冯云山的江忠源一战成名，再加上给皇上奏报时又无限吹嘘战果，深得咸丰赏识和重用。后来江忠源跟随曾国藩南征北战，是未来太平军的一个重要对手。

**正所谓：**

**招摇过市引祸患，神仙家族损一员。**

**青山绿水埋魂骨，一人成名一升仙。**

## 萧朝贵之死

失去南王冯云山的太平军没有时间悲痛，立即整顿全军，在杨秀清、萧朝贵的带领下继续前进。

此时的太平军，终于冲出了广西，进入了湖南境内。

刚刚经历大战的太平军需要休整。他们徒步行军，沿着湘江东岸进发，想要攻取商业重镇永州。你没看错，这个永州就是柳宗元的名篇《捕蛇者说》一文中提到的“永州之野产异蛇”的永州。

既然太平军知道永州很重要，清军当然也知道这一点。

清军早就做好了准备，他们将桥梁截断，并把所有船只拖到对岸。丢失了大部分船只的太平军只好转向南进发，于6月12日攻取了毫无防备的道州。

道州，位于潇水中游，东接宁远，西通全州，南临江永，北界双牌，自古以来素有“襟带两广，屏蔽三湘”之美誉。道州“四面山险，惟一线可通，鸟道崎岖，人力难逞”，自古以来是兵家必争之地。

太平军在道州休整了一个半月，传教、招兵、补充物资以及重整士气。

在道州，太平军做了一件极有意义的事情：以东王杨秀清和西王萧朝贵的名义颁布了讨伐清王朝的《奉天诛妖救世安民谕》、《奉天讨胡檄布四方谕》和《救一切天生天养中国人民谕》等三篇檄文。这三篇讨清檄文淡化了太平天国的宗教色彩，强化了满汉对立和政治宣传。檄文曰：

真天命太平天国禾乃师赎病主左辅正军师东王杨，右弼又正军师西王萧，为奉天讨胡，檄布四方，若曰：嗟尔有众，明听予言！予惟天下者，中国之天下，非胡虏之天下也；衣食者，中国之衣食，非胡虏之衣食也；子女民人者，中国之子女民人，非胡虏之子女民人也。

…………

慨自有明失政，满洲乘衅，混乱中国。盗中国之天下，夺中国之衣食，淫虐中国之子女民人，而中国以六合之大，九州之众，一任其胡行，而恬不为怪，中国尚得为有人乎！自满洲流毒中国，虐焰燔苍穹，淫毒秽宸极，腥风播于四海，妖气惨于五胡，而中国之人，反低首下心，甘为臣仆，甚矣哉！中国之无人也！

…………

胡虏目为妖人者何？蛇魔阎罗妖邪鬼也，鞑靼妖胡，惟此敬拜，故当今以妖人目胡虏也。奈何足反加首？妖人反盗神州？驱我中国悉变妖魔？罄南山之竹简，写不尽满地淫污，决东海之波涛，洗不净弥天罪孽！予谨按其彰着人间者，约略言之：夫中国有中国之形像，今满洲悉令削发，拖一长尾于后，是使中国之人变为禽兽也。中国有中国之衣冠，今满洲另置顶戴，胡衣猴冠，坏先代之服冕，是使中国之人忘其根本也。中国有中国之人伦，前伪妖康熙暗令鞑子一人管十家，淫乱中国之女子，是欲中国之人尽为胡种也。中国有中国之配偶，今满洲妖魔悉收中国之美姬，为奴为妾，三千粉黛，皆为羯狗所污；百万红颜，竟与骚狐同寝，言之恸心，谈之污舌，是尽中国之女子而玷辱之也。

…………

公等苦满洲之祸久矣！至今而犹不知变计，同心戮力，扫荡胡尘，其何以对上帝于高天乎！予兴义兵，上为上帝报瞒天之仇，下为中国解下首之苦，预期肃清胡氛，同享太平之乐。顺天有厚赏，逆天有显戮。布告天下，咸使知闻。[①]

说实话，以杨秀清和萧朝贵的名义发布的这几篇檄文，文采斐然，论证严密，杀伤力极大，号召力极强。一时间，湖南一大批贫苦农民、手工业者以及一些秘密团体如天地会成员纷纷加入太平军，太平军的战斗部队很快就从五六千人变成四五万人。有记载曰："道州俗悍，多会匪，贼据城月余，从者更众，另立道州大旗，所至争为效死，贼势复张。"

得到休整和补充的太平军不能在道州停留太久，必须尽快寻找新的战略目标。

太平军派罗大纲穿越湘南，沿路攻占江华、永明、嘉乐、蓝山、桂阳，并于8月17日在当地天地会的配合下攻占军事重镇郴州。太平军沿途将这些富裕的城镇和乡村掳掠一空，并不断扩充兵源，实力大增，富庶的湖南城镇成了太平军物资和士兵的重要补充来源。

……………………………

① 太平天国历史博物馆编：《太平天国印书》（上），江苏人民出版社1962年版，第108—110页。

罗大纲攻占郴州之后，洪秀全和杨秀清率太平军主力就驻扎在郴州。伤势已经恢复的西王萧朝贵率领曾水源、林凤祥、李开芳以及两千太平军先锋长途奔袭，直取长沙。

从郴州到长沙的途中，萧朝贵又募兵三四千人，待9月11日到达长沙城下之时，已经有五六千的兵力了。

长沙的清朝守军彻底蒙圈了，他们实在没想到这么点太平军就敢进攻湖南省城长沙。长沙派出西安镇总兵福成率军二千在长沙城郊石马铺阻击太平军。但是，两军一交锋，志在必得的太平军就将二千清军全数歼灭，缴获粮草军火甚多，萧朝贵颇为欢喜。

初战即胜的萧朝贵有点膨胀了，他忘记了南王冯云山的教训。

正如刘慈欣在三体系列的终结篇《死神永生》中所言：弱小和无知不是生存的障碍，傲慢才是。黑格尔曾经说过：人类从历史中得到的唯一教训就是，人类不能从历史中得到任何教训！这句话用在萧朝贵身上一点都不过分，简直恰如其分。

萧朝贵也许忘记了一个事实，南王冯云山就是因为乘坐的轿子太华丽太显眼，以至于让城墙上的清方炮兵一眼看出谁才是他们应该瞄准的人。

萧朝贵身着黄色王袍，四周旌旗猎猎，清军从城墙看一眼就知道这个人物是个重要角色。

既然萧朝贵这么高调，清军的炮手也就不用客气了。清军安放在魁星楼的红衣巨炮瞄准了萧朝贵所在的位置，直接就给了萧朝贵一炮。硝烟过后，炮弹正中萧朝贵胸口。萧朝贵立时就倒地不起，伤势极为严重。

萧朝贵中炮受伤的日子是9月12日，刚刚杀到长沙城下第二天。

太平军中的军医肯定也是想尽了办法，无奈伤势严重，9月中下旬，西王萧朝贵因医治无效离世了，他的尸骨被埋葬于老龙潭。萧朝贵的死，对于洪秀全而言可能还是个好事，毕竟再也不会有人假装天兄下凡来责骂他了。而对于太平天国来说，西王萧朝贵的离世无疑是一重大损失。

短时间内，太平天国失去了两位创业元老，对于洪秀全和杨秀清等人来说无疑也是重大的打击。

前文我们讲过，有仇不报非君子，太平军历来讲究有仇必报。

10月13日，洪秀全、杨秀清等人率太平军主力杀向长沙。而此时的清军，在短暂的惊慌失措之后，迅速调动了数万部队支援。

太平军的兵力大概是两万人，长沙守军已经增至六万人以上。咸丰皇帝因为长沙被围，十分震怒，将钦差大臣赛尚阿革职查办，湖广总督程裔采也因见死不救，革职留用。咸丰皇帝授两广总督徐广缙为钦差大臣并署理湖广总督，赶往湖南，阻止太平军北上。

清方驻守长沙的配置如下：湖南巡抚张亮基，湖北巡抚罗绕典，广西提督向荣以及总兵、副将一干将领，整个长沙城正二品和从二品大员有数十位之多，奉咸丰严令死守长沙。由于长沙高官太多，湖南巡抚张亮基无法协调相互之间的军政关系，日日盼着钦差大臣徐广缙早日到长沙统理军政要务。但是，徐广缙是个老狐狸，他知道前任几位钦差大臣都没法收拾这个烂摊子，死的死，撤职的撤职，自己是否可以收拾残局，他心里没有底气。所以，他慢腾腾地从广东赶往湖南，进入湖南之后，不进驻长沙，而是驻扎在衡阳，后来又迁至湘潭，说是要在这里阻止太平军南下。

张亮基盼不来徐广缙，只好自己尽力组织长沙防御。好在清军兵力众多，火炮精良，弹药充足，坚壁清野，死守长沙。太平军围了长沙一个多月，毕竟兵力有限，并不能将长沙死死围住。

后来，太平军采用挖地道的方式。从10月底到11月底，太平军招募的矿工组成的土营（类似于现在工程兵）挖掘了十几条地道，试图挖到城墙根，再点燃炸药将城墙炸毁，然后太平军蜂拥而入，进而攻占全城。

理想很丰满，但现实很骨感。

清军也不傻，知道太平军攻不下城墙肯定要挖地道。所以，清军命人将大木桶埋在城墙附近的地里，让听觉极其敏锐的盲人仔细贴着木桶侦听地下的声音。这种方式可以准确地判断地道掘进的方向，等到精疲力竭的太平军土营快要挖到城墙之时，清军就用大铁球将地道砸开或是压垮，灌入脏水粪便，将这些累得半死的太平军赶走。

整整挖了一个月的地道，却没有丝毫进展。长沙久攻不下，洪秀全和杨秀清等人着急万分，最后不得不决定从长沙撤围，移师北上，杀向湖北省城武昌。

太平军一撤围，清军赶往老龙潭，找到并起获了萧朝贵尸首。对太平军恨之入骨的清军，自然不会让战死的萧朝贵的灵魂得到片刻安宁，对萧朝贵挫骨扬灰，极尽侮辱之能事。从这一点来看，南王冯云山倒是比西王萧朝贵在天堂过得更加安详。

**正所谓：**

**文采斐然功劳大，万民投靠势复涨。**

**兵锋所指战潇湘，挫骨扬灰灭西王。**

# 从武昌到南京

太平军从长沙撤围北上，标志着历时81天的长沙攻守战正式结束。

在这81天中，太平军虽然没有攻取长沙，但是在长沙附近搜掠了几千艘船只，招募了数万新兵，掳掠了足够的战略物资，太平军变得更强大了。

由于船只众多，太平军水师发明了一套复杂而高效的通信系统，从而旗舰可以轻易地指挥所有船只依序行进，太平军的机动能力变得更强了。

太平军离开长沙之后，迅疾占领宁乡，随后北上又占领了洞庭湖以南的益阳。攻占益阳之后，他们又在当地掳掠了几百艘民船，用来运输粮草、军火以及家眷等。随后，太平军派出林凤祥和李开芳率领先锋部队直扑岳州（又是他们，这二人极具军事谋略，定都天京之后，率领万人左右的北伐军，竟然能打到北京附近，实在是两员猛将）。

岳州就是今天的岳阳，地理位置极其重要，占领了岳州，就等于打开了北上进攻武昌的大门。

攻下岳州，林凤祥和李开芳又立了大功，林凤祥升授殿左一指挥，李开芳升授殿右二指挥。所谓的指挥，在太平天国的官制系统里，其位置在丞相、检点之下，在将军、侍卫之上，整个太平天国设正职指挥七十二名，林凤祥和李开芳是太平天国中最早授指挥官职的人。

太平军在岳州发了大财，不仅接收了数千艘民船，正式建立了自己的水营部队，还在岳州找到了当年吴三桂造反时留下来的大口径火炮，虽然陈旧，但还能使用。配备了这批火炮的太平军今后终于可以和清军的炮火一较高低了。

太平军在岳州、益阳等地大幅扩军，使得太平军中的湖北籍和湖南籍士兵的比重大幅上升，老广西兄弟的比例大幅下降。这些新加入太平军的两湖士兵，随着时间的推移也逐渐成为太平天国的资深干部。后来，太平天国以1853年3月占领南京为分界线，之前加入太平军的都可以在自己的官职前加上“开朝王宗”的荣誉称号，也就是说他们的身份相当于太平天国首义诸王的家族成员，这是非常高的荣誉。

在岳州进行了充足的准备之后，太平军于1852年12月16日放弃岳州，水陆两军沿湘江北上，直逼湖北省城武昌。

一路上，清军望风而逃，太平军看起来锐不可当，千帆竞发，顺风顺水，万千雄兵，鼓角齐鸣，声势震天。

太平军先锋部队由黄玉昆、林凤祥、李开芳、罗大纲率领，不费吹灰之力占领汉阳和汉口，同时俘获了江面上的大批船只，一时间，舟楫连江，帆樯遮天。

攻占汉阳、汉口之后，太平军典水匠唐正才率领水营官兵建造了连接汉阳、汉口和武昌的浮桥，这是有史以来长江江面上建造的最早的浮桥。

建好了浮桥，太平军行走于三地如履平地，很快形成了对武昌城的包围之势。

面对太平军的包围，湖北巡抚常大淳下令武昌守军赶走城墙十丈以内的所有百姓，烧掉所有房屋，免得太平军利用这些房屋进攻武昌城。

湖北巡抚打算采取坚壁清野的方式死守武昌。但是，数万百姓的房屋被烧掉之后，无家可归，流离失所，本来还是大清子民的他们立刻毫不犹豫地加入了太平军，也就是说湖北巡抚无端给自己增添了几万名敌人。

一开始，太平军采用云梯试图登上武昌城墙，但是，多次进攻之后，伤亡过大。太平军随即采用围攻长沙的战法——穴地攻城。武昌的清军也采用长沙守军的办法试图发现太平军挖掘地道的方位和地点。然而，湖北提督双福不让守军出城破坏已经明确发现的地道，盲目死守武昌城。

愚蠢的清军试图侥幸取胜，太平军没有给清军这个机会。

太平军的土营将士在文昌门外挖掘了三条隧道，从不同方向直通文昌门城墙之下，每条隧道下安放了千余斤火药。

1853年1月12日清晨，洪秀全和杨秀清下达了爆破的命令。一声巨响，文昌门被炸开了一个二十七丈宽的大口子。林凤祥率领前锋部队冲进缺口，李开芳、罗大纲率兵紧随其后，太平军发动总攻，一举攻克武昌。

城破之后，湖北巡抚常大淳自杀，湖北提督双福在梦中被砍杀。

武昌城攻下了！ 这是太平军自金田起兵以来攻下的最大的一座城池。

这一次，太平军没有屠城。杨秀清命令：官兵不留，百姓不伤。太平军将士基本遵守杨秀清的军令，只追杀那些负隅顽抗的清军，对武昌百姓则基本秋毫无犯。

太平军列队开进武昌城，沿途百姓张灯结彩，夹道相迎，家家户户门口都张贴了“顺”字，表明愿意归顺太平天国。

这一次，太平军真的是唱着歌开进了一座繁华都市。

武昌的位置太重要了，号称“九省通衢”和“神州中央”，这是整个华夏大地最为中心的地方了，货物充盈，百姓富足。

太平天国要在武昌实验自己所制定的一系列社会政策了。

太平军接收了武昌城内的库银，数量达到百万两之多，同时收缴城内富商官僚的家产，充入圣库，其他普通居民则要将自己收入的十分之一捐入圣库；武昌居民可加入拜上帝会，按照性别分男营女营，一旦违反规定，立斩无赦；适龄男子要征召入伍以守卫城池，妇孺则有其他工作分配，所有人都可以分得粮食以及其他物资；所有人吃饭前必须诵经以赞美上帝，赞美耶稣，感谢天父、天兄、天王赐给食物；取消商品贸易制度，武昌城内不许贸易，违令者斩。

各种政策的实行将武昌这么一座已经开始近代化的经济文化名城变成了洪秀全等人所设想的大同世界。这到底是时代的进步还是时代的倒退？从当时的世界大势来看，应该是逆潮流而行，注定不会成功，后来的南京也验证了这一点。

洪秀全在武昌城还做了另外两件事。

第一件事便是向武昌军民“讲道理”，也就是采用西方传教的方式，给太平天国各级将领和百姓们讲解拜上帝的好处，讲解拜上帝会的基本教义。

但是，这次大会并不成功。

一个书呆子在洪秀全讲道理之时，大吵大闹，公开和洪秀全对骂。洪秀全很生气，这个书呆子立即被五马分尸，但洪秀全也因此没有了再继续讲下去的兴致，悻悻而归。

洪秀全应该对第二件事更感兴趣，那就是给自己又选了六十个年轻貌美的女子作为王娘陪王伴驾。

在全城挑选美女之时，洪秀全和杨秀清命令全城十三岁至十六岁的女子都集中起来听领导讲话，不到者本人和父母皆要被斩首。这些年轻的女子当然知道要发生什么事情，所以个个蓬头垢面，甚至有人用锅底灰将自己的脸涂黑。聪明的洪秀全和杨秀清早就知道她们会这么做，所以事先给这些女孩们准备了清水，等她们洗净之后再选。

想逃避，门都没有！

洪秀全是有男女平等的理念的，只不过他关于妇女平等的理念很奇葩，自己所有的女人不分先后，不分正房和小妾，所有人都叫妻子。

武昌陷落，咸丰震怒，下旨又处理了一批官僚。

但是，革职查办了又怎么样呢？总得有人给他卖命吧？事实证明，咸丰依靠现有的八旗和绿营部队是无法和太平军对抗的，必须寻找新的军事力量了。

太平军并没有在武昌留恋多久。因为，武昌这个城市居于中国中心地带，太容易受到清军的围攻，他们必须寻找一个更加稳定的城市。

但是，究竟该往哪里走呢？

石达开建议去四川，洪秀全主张去河南，杨秀清力主下南京。

大家争执不下，各执一词。看到这种情况，杨秀清故技重施，干脆来了个天父下凡，让天父来告诉洪秀全以及其他诸王和将领，必须沿江而下开赴南京，这是天父的圣旨，任何人不得违背。天王洪秀全对杨秀清这种动不动就天父下凡的事情没有任何抗拒的资格和能力，因此不得不勉强答应南下。

1853年2月10日，太平军带着在武昌收缴的所有财富、所有武器、所有战船及所有女营拔营起寨，离开了武昌。

数十万太平军军民水陆并进，浩浩荡荡，向东进发，直逼南京。水路以石达开为先锋，由秦日纲、罗大纲等将领率水师队伍顺江而下，而陆路则以胡以晃为统帅，由林凤祥、李开芳等将领率军沿江北岸东进，开赴南京。此一去，就是十一年。

**正所谓：**

**千帆竞渡势难挡，坚壁清野战武昌。**

**若问天国何所向？天父下凡断立场。**

# 第十章 定都

天王帽额图

## 天王入城仪式

太平军离开武昌之后，石达开率领前路先锋部队顺江而下，陷武穴，攻九江，占安庆，沿途攻城略地，只用了一个月，就急行一千公里，到达南京城下。

太平军虽然能打能战，但是他们有一个致命的弱点，就是只善于攻击和破坏，不善于建设和管理。太平军不会在费力攻下的城池停留太长时间，在洗劫了整个城市的财富之后，立刻易城别走，不善于在当地建政和驻军。永安如此，全州如此，郴州如此，岳州如此，武昌亦如此，九江和安庆更是如此。

在太平军离开之后，清军可以轻松地再次在这些城市恢复政权，从而使之成为镇压太平天国的后援基地。

但是，这种情况在南京应该不会再出现了。因为，南京是东王杨秀清借天父之口定下的战略目标，攻取之后要作为太平天国稳定的国都，必然要在南京以及周围地区加强建设和管理，不会再像之前，如狗熊掰棒子那般，最后什么都剩不下来。

1853年3月8日，太平军先锋部队兵临城下，钦差大臣兼两江总督陆建瀛龟缩在南京城内，一天到晚念经拜佛，祈祷观世音菩萨能够下凡，大战太平军的上帝和耶稣，帮他将太平军从南京赶走。

3月12日，太平军主力到达南京长江水面，水陆连营几十里，将南京城围得水泄不通，南京已成瓮中之鳖。

此时，远在北京的咸丰得知太平军顺江而下，也明白南京朝不保夕，下旨将陆建瀛查办（又一个钦差大臣完蛋了），令江宁京口将军祥厚接替陆建瀛，继任钦差大臣和两江总督。如果陆建瀛真的能被咸丰锁拿至北京严办，将是他最好的归宿，至少能苟且活命。但是，太平军没有给陆建瀛这个机会。

3月19日，太平军开始强攻南京，外城很快被攻破，正打道回府的陆建瀛被太平军抓了个正着，随即被拖出轿外乱刀砍死。

陆建瀛被诛杀的消息很快就传遍了南京城，守城官兵无心恋战，大都不战而逃。很快，太平军占领了南京外城。

南京内城由江宁京口将军祥厚率五千八旗兵和数万家属拼死守卫。祥厚和这些八旗兵懂得一个道理：南京城的汉人投降了还可以活命，他们这些满人即使投降了也是被砍头，与其被动砍头，不如拼死一挣，哪怕拼个鱼死网破，能够留下一世英名也是值得的。

因此，太平军进攻内城的战斗格外惨烈，伤亡巨大，太平军的尸体摞了一层又一层。最后，太平军踏着同伴的尸体登上了内城城墙，攻入内城，将城内所有满人，不论男女老少，一个不留，尽行屠杀，斩草除根，干干净净。

1853年3月20日，太平军经过血战，占领整个南京城。

当太平军正在南京外城血战之时，洪秀全正坐在从安庆开往芜湖的龙舟之上，左拥右抱，锦衣玉食，玩得不亦乐乎。

洪秀全可能也觉得自己有点太过分，让大家看见自己这么淫乱也不太好，别人议论起来实在是好说不好听。但是，洪秀全自有办法，既然这种事好说不好听，那你们干脆就不要说好了。因此，洪秀全下令，不允许太平天国内部任何人谈论他和王娘们的私生活，否则斩无赦。在开往南京的龙舟之上，天王洪秀全颁布了《严别男女整肃后宫诏》：

咨尔臣工，当别男女。男理外事，内非所宜闻；女理内事，外非所宜闻。朕故特诏，继自今，外言永不准入，内言永不准出。今凡后宫，臣下宜谨慎，总称娘娘。后宫姓名位次永不准臣称及、谈及，臣下有称及、谈及后宫姓名位次者，斩不赦也。[①]

这道诏旨的中心思想就是天王后宫要严格男女之分，天王后宫的所有妻子，都一律称为“娘娘”，严禁太平天国军民谈及后宫娘娘的任何信息，否则，斩无赦；天王后宫的所有娘娘的容颜任何人不得直视，有人胆敢偷窥，斩无赦；天王后宫的所有信息不得外传，有任何传出或是传入后宫消息者，斩无赦。

总之，就是天王的女人，除了天王之外，其他人不许看、不许说、不许议论，违者全部处斩。这道诏旨确实起到了作用。此后，太平天国很少有描述天王后宫的相关文字，仅有的文字还大都是洪秀全自己写出来的。要不是有洪秀全自己的文字，后世还真就无法了解天王后宫的生活。

还没有进入南京城，天王洪秀全就已经沉浸在温柔乡中不愿出

① 太平天国历史博物馆编：《太平天国印书》（上），江苏人民出版社1962年版，第123页。

来了。

在洪秀全看来，自己的梦想都已经实现了，金田起兵时立下的誓言，都交给东王杨秀清来实现吧，反正东王也爱干这种打打杀杀的事情。至于他自己，他觉得他已经超越了打打杀杀这种俗务的困扰，人生何其短，写写诗，喝喝酒，泡泡妞，男人不就这点梦想吗？这不就是天堂般的生活吗？

南京城破之后，饱受战火蹂躏，昔日繁华的金陵已略显破败。东王杨秀清、北王韦昌辉和翼王石达开进城之后，立即着手恢复南京城的秩序。他们指挥太平军将士扑灭城内大火，清理散落各处的尸体，打扫干净街道，重新修整粉刷城墙。一时间，南京城又恢复了原来的样子，只是人口偏少了一些。南京城原本是仅次于北京的第二大城市，曾拥有百万人口，现在大部分都躲避战火逃命去了，城内只剩下十来万人。

原来的两江总督衙门也被清理干净，装饰一新，抹掉了原来清朝的一切痕迹，以便用作洪秀全的天王宫。

一切准备就绪，南京城即将迎来自己的新主人。

3月29日，洪秀全正式进入南京城。

天王进城的排场真大啊！

从仪凤门到天王宫（原来的两江总督衙门）这段街道，由经过严格政治审查的两广老兄弟们戒备森严地护卫着。也许是出于好奇，也许是出于仰慕，也许是被迫，城内留下来的百姓几乎全部来到街道旁，翘首以盼，等待天王的驾临。

一时间，鼓乐齐鸣，彩旗飘飘，天王来了。

“全部跪下，不得走动，低头看地，不准仰视，违令者斩！”原本还兴高采烈的百姓听到了如此严苛的命令，不得不颤巍巍地跪倒在街道两旁。

一些好奇而胆大的人仍旧偷偷瞄了一眼。

天国的万千子民们好，欢迎观看千年一遇的天王入城仪式。

首先是太平天国的军旗队伍，也就是我们常说的仪仗队。旗帜的颜色多样，分为红、黄、白、黑和蓝，分别代表着天国的首义诸王领导的军队。天国子民朋友们，天国的旗帜的特点就是多，在和“清妖”作战时，我们的旗帜多得让“清妖”吓破了胆，因为他们根本搞不清楚我们这么多旗帜下到底有多少人，这也是我们一直以来取得战场胜利的法宝和秘诀。正所谓，天国旗帜多，“清妖”直哆嗦。

接下来是天国的佩剑武官，他们五人一排，足足有一百排，个个骑着高头大马，都是久经沙场的天国将士，都是忠于天王的好将士。

天王终于来了。他创立了拜上帝会的革命组织，他是我们的引路人、贴心人，没有他，我们根本活不下去。天王的轿辇金碧辉煌，象征我们天国的事业蒸蒸日上。天国的轿辇由六十四名天国将士心怀无比崇敬的心情愉快地抬着，虽然轿辇略显沉重，但是他们脸上看不到一丝的疲惫和劳累，这是天王给予的力量，这是上帝荣耀之光芒。

天国子民朋友们，天王的轿辇实在太壮观了，轿身绣着四条形态各异的巨龙，或腾云驾雾，或翻江倒海，五只白色的仙鹤迎风飘摆，标志着天王的仙风道骨，神仙风范。

天国子民朋友们，紧跟在天王轿辇之后的是陪伴在天王身边的“王娘”们，她们都骑着装饰华丽的高头大马，有的还抱着孩子，这说明我们天国的事业后继有人。

天国子民朋友们，接着走来的是幼西王、幼南王。我们知道，南王和西王已经离开了我们，他们是天王的忠实战友，他们是我们的守护者和保卫者，也是我们事业的开创者。他们为了我们伟大的事业而牺牲了自己，让我们一起深切缅怀南王和西王，牢记他们的丰功伟绩，让我们继续为天国的事业而努力奋斗。

天国子民朋友们，接下来是天、地、冬、夏、春、秋正（又正）副（又副）二十四丞相，后面是检点、指挥、将军、总制、监军等高级将领，他们为天国的事业立下了汗马功劳，让我们致以他们最崇高的敬意。

妇女能顶半边天！天国子民朋友们，接下来是天国的女兵方队，她们英姿飒爽，她们战场上不输男儿，她们放下刀能绣花，拿起刀能打仗。在我们太平天国男女是平等的，让我们也把崇高的敬意送给这些女中豪杰、天国花木兰。

…………

整个入城仪式持续了三个时辰，那些跪在地上的老百姓腿都跪麻了，纷纷抱怨自己为什么这么爱看热闹，在家睡觉不好吗，为何非得跑出来看什么入城式。

终于结束了，在南京老百姓看来，天王的排场真大，比之前的两江总督气派多了。

南京的新生活就要开始了。

**正所谓：**

**神兵下凡威名扬，金陵百姓各奔狂。**

**伏地草芥风下坡，天国降临仪典壮。**

## 定都天京

天王洪秀全刚刚进入南京，就设计了一个朝拜图。

金龙殿中，洪秀全自己坐在大殿台上正中间，左边空一个位置，是天父的宝座，右边空一个位置，是天兄耶稣的宝座。台下左边一个小矮儿，留给幼西王，右边同样一个小矮儿，留给幼南王，以表示自己对西王萧朝贵和南王冯云山的纪念和尊敬。幼西王的矮儿后面，依次为东王、翼王以及天、地、春、夏、秋、冬各位正丞相，幼南王矮儿后面依次是北王以及天、地、春、夏、秋、冬各位副丞相。正副丞相之后，两边依次是检点、指挥、将军等高级将领和官员。

这幅朝拜图，突出了自己，纪念了亡灵，标明了次序，充满了仪式感。洪秀全对自己画的这幅朝拜图很满意。

高兴之余，洪秀全想到了自己的悲伤事——科举屡试不中。

洪秀全自幼喜爱读书，勤奋至极，却屡试不中，真乃命运不公时运不济，自己那时候真是想不开啊，竟然想做清妖的官。

现在好了，太平天国成立几年了，自己也做了天王，下一步要做的就是要洗刷自己的耻辱。怎么洗刷呢？明年开科取士，让天下读书人尽入我彀中，为我天王洪秀全服务，让我来决定谁能考中，谁是状元，谁是榜眼，谁是探花，只有这样，我心里才会舒服一点，才能洗刷我当年屡试不中的耻辱。

另外，在洪秀全看来，稳定局势、巩固政权、管理国家、东征西讨以及建设小天堂这些俗务都要委托给东王杨秀清，自己则专心研究和宣扬拜上帝会的教义，将自己平时所做的诗文等好好整理一番，以便印发给天国军民，守护好天国的“道”，这才是他作为天王应该做的事情。

为了不让大小臣工打扰他，洪秀全在天王府门的左边立了一块石碑，上书：大小众臣工，到此止行踪，有诏方准进，否则云雪中。[①]

通过这种方式，洪秀全把所有的世俗事务和权力都甩给了杨秀清。

事实也正是如此，东王杨秀清将原先的江宁将军府改建为自己的东王府，并在东王府设立了全套的行政机关，配备了相应的工作人员。太平天国的大小政令和军令都从东王府发出，各地的军情和奏本也都送到东王府审批签章，东王府成了太平天国事实上的行政中心和最高权力机关。

东王杨秀清工作也确实卖力，事必躬亲，日理万机。自进入南京以来，他就在高效工作，维系着整个太平天国的正常运转，同时也要规划太平天国进一步的发展计划。

第一件要紧的事是要确定下天王、东王、北王、翼王、幼西王和幼南王诸王王府的选址和修建；第二件要紧的事便是安置随军的家属以及留在南京的十几万百姓，将在武昌实验的各种社会政策照搬到南京，在原来男女别营的基础上设置男馆、女馆，每馆二十五人，设馆

① 太平天国把刀称为“云中雪”，洪秀全在此处写作“云雪中”应该是为了押韵而故意为之。

长一人，十馆为一卒，设卒长一人，依次类推；第三件事是建立各种为王府、军队以及百姓服务的工商衙门，比如圣库、圣粮仓、弓箭衙、红粉衙、豆腐衙、人医衙、兽医衙等等，全部由东王府直接管辖。

太平天国的各项事业都已经安排得井井有条了，另外一个摆在太平天国诸王面前的严重问题是太平天国下一步怎么发展。

早在洪秀全进入南京前一天，也就是3月28日，杨秀清就部署丞相林凤祥、李开芳和指挥罗大纲率领两万余太平军东征去了，很快就夺取了南京的东面屏障镇江、扬州等地。

下一步呢？

洪秀全可能是了解一点中国历史，历代在南京建都的朝代都不长命。因此，洪秀全的想法是，现在暂先以南京为天京，分出一部分兵力镇守已经占领的江南地区，然后派出太平军主力向河南挺进，在河南找一座合适的城市正式定都。

关于这一想法，杨秀清坚决不同意。杨秀清的想法是以南京为根本为基地，然后向全国发展。他的理由也很简单，以江南为基地，可以凭据长江天险，可守可攻，何必再往水域狭小的河南？

天王洪秀全和东王杨秀清两人争论了多次，没有形成统一意见。

杨秀清最后干脆放弃争论，直接又来了一次天父下凡，指着洪秀全骂道："你要迁都河南，就是想变妖，该打屁股。"洪秀全一看杨秀清又搬出天父来压制自己，明明知道他在装神弄鬼，也没有任何办法，只得同意杨秀清的意见。

其实，当时定都南京也是太平天国内部大多数人的意见。从中高级官员的角度来说，多年的征战，辛苦至极，打江山的目的是坐江山，坐江山就需要赶紧稳定下来，一旦建都，天国就要兑现当年许下的承诺，为众人封官晋爵，按照官位等级分配相应的物质财富和政治地位，这才是当年起兵的目的嘛；从低级军官和普通士兵的角度来讲，特别是那些水营将士，习惯于南方的水乡生活，根本不愿意离开温暖富庶的江南到苦寒的北方去，另外他们也期待早日建都，就可以早日结束夫妻分居、家属离散的战时状态，从而过上正常人的生活。因此，太平天国上上下下都迫切要求尽快建都于南京。

杨秀清为了证明自己的决定是顺乎天父旨意的，组织太平天国的几十名文人（太平天国为数不多的高级知识分子）就建都南京的正确性进行论述。这些文人也看出杨秀清在天国的权势大如天，乐得拍马奉承，所有的文章都众口一词，指出定都南京是顺乎天命，是天父皇上帝的本意。“金陵乃王气所钟，诚足为后日建天京之所”，“上为上帝诛瞒天之妖，下为凡人脱魔鬼之缠，即建都于此，名之曰天京”，“建天京于金陵，而万国有来朝之矣，天国有巩固之安矣”，“今日建都于斯，实天父大作主张，天兄有胆当，故名之曰天京焉”。[①]最后，杨秀清命人将这些文章汇编成《建天京于金陵论》一书，并公开发行。这等于是对整个太平天国宣告他杨秀清走的是正确路线，而洪秀全走的是错误路线。

1853年4月，南京正式更名为天京，成为太平天国的国都。

洪秀全确实可怜，被杨秀清欺负成这个样子，也不敢公开有任何怨言，这实在是太窝囊了。

①　太平天国历史博物馆编：《太平天国印书》（下），江苏人民出版社1962年版，第417—435页。

关于拜上帝会的教义，也许洪秀全和冯云山至少是相信的，毕竟是他们俩创立和发展起来的。但是，杨秀清也许从一开始就不信洪秀全和冯云山说的每一个字，他自己能随时代天父下凡，他知道天父来不来全看自己心情，如果真有天父的存在，自己这么对天父大不敬，早就被天父惩罚下地狱了。

所以，如果说洪秀全是一个理想主义者，那么杨秀清就是一个实用主义者。他之所以加入拜上帝会，只不过是利用这个组织让自己能够存活下去，甚至能够存活得更好而已。既然加入这个组织，就要维系这个组织的存在，就必须和洪秀全等人一道去维护这个信仰的存在。为了表达自己对拜上帝会的信仰和忠诚，他甚至要装作比洪秀全还要虔诚和忠心，但是他的内心未必真的看得起洪秀全。

杨秀清掌管着太平天国所有的权力和军队，要想废掉洪秀全也许只是一个念头问题。但是，这个念头目前还不能有，还只能埋在心里，要等待时机，等到将来亲自率兵攻下北京，再找一个合适的机会废掉洪秀全也许更合适。

至于现在，既然洪秀全那么爱享乐，那就多给他送点女人，让他沉浸在女人窝里，慢慢就成了一个废人，太平天国迟早是他杨秀清的，他杨秀清才是应该坐在金龙殿接受万民朝拜的人。

至于洪秀全本人，他发现自己根本没法和杨秀清争论什么，因为杨秀清动不动就把天父搬出来，自己虽贵为天王，但是天父毕竟是自己给自己找的父亲。自己找的爹，含着泪也要听话啊。还是算了吧，将来再找机会吧，现在还是多找点乐子吧。

东王杨秀清和北王韦昌辉又给天王洪秀全送来了十二名江南妙龄女子，这些女子比自己的那些广西农村媳妇好看多了，个个貌美如花，个个温柔淡雅，简直是妙不可言。

今朝有酒今朝醉，夜夜笙歌佳人陪。

自此，洪秀全到死再也没有踏出天京城一步。

**正所谓：**

**金陵王朝多感伤，楼台无踪骨遗香。**

**扬子江头承欢夜，天王飞入温柔乡。**

## 谁的小天堂

天京对于洪秀全、杨秀清以及其他一帮高级干部来说，真可谓是人间天堂和天上人间。

洪秀全就住在了原来的清朝两江总督府衙，将其里里外外粉刷一新，舒舒服服地住进了当时天京城内最为豪华和尊贵的府邸。

随后，洪秀全命人在两江总督府衙基础之上营造天王府。为了扩大天王府的范围，拆掉了周围一万多座民房，整个天王府周长达十余里。洪秀全还命人从天京城内以及附近的扬州、镇江押解了大批的工匠为其营造天王府，总数达万人之多。不到半年，豪华威严的天王府落成，金碧辉煌，壮丽无比，与北京的紫禁城相比也不分上下。

但是，新落成的天王府可能没有做好消防设施。没几天，一场大火就把天王府给烧了个稀里哗啦，刚建好的天王府，没了！

对洪秀全来说这都不是事儿，既然没了，那就在原址上再修一座吧，反正整个天国的资源都是为我天王洪秀全服务的，我工作这么辛苦，给我盖个好房子是应该的嘛！随即，天王命令重建天王府，再次从各地招募（还不如说是押解）能工巧匠，从各地抢掠而来的金银珠宝、玉石翡翠、名人字画以及珍稀文物源源不断地经由船只运到天京，用来装饰天王府。

一年之后，新的天王府完工，比原来的还要豪华，四周围以黄色围墙，上涂金箔，显得愈加富丽堂皇。整个天王府分为内外两重，外重称太阳城，内重称金龙殿。

新的天王府修好之后，洪秀全很满意，自己虽然出身贫穷农家，但是，现在作为天王，绝对配得上这种人世繁华。

天王府修好了，为天王洪秀全工作的人员也要同时配置齐备。和东王府不一样，天王府不设六部尚书，只设立为天王个人服务的人员，有左右掌朝门、左右掌朝仪、引赞、通赞、朝内疏附，设二十四节气侍卫，还设立各种执事人员，如：典天舆1000 人、典天马100人、典天乐300人、典天锣48人、典天袍30人、典天炮30人等。这些都是为天王府工作的人员，相当于太平天国的公务员，负责天王的吃喝拉撒以及衣食住行等具体事务。

只有这么多工作人员，当然是不够的，因为这些人都是男性，天王还需要女性，而且是很多女性，这样才能配得上天王的威仪和荣耀。

洪秀全的天王府里到底有多少女人，估计连洪秀全自己也不清楚。但是，有据可查的是，1853年2月2日，洪秀全在武昌阅马厂选老婆，得妙龄女子六十人，这些武昌劫掠的女子后来都跟随天王进了天京天王府，到死再也没有出来。随后，逢年过节，洪秀全都会新选一批女子到天王府里来，或是杨秀清选好给他送过来。幼天王洪天贵福被俘之后交代，他大概有八十八个王娘，除了洪秀全在天上有一个云山雾罩、神龙见首不见尾的“天妻”，天王府里有编制的王娘应该有八十七名。

这些王娘的称呼是不同的，结发妻子赖氏称“又正月宫”，其余王娘有“两十宫”“副月宫”“又副月宫”“统教”“提教”“通御”“正看”“副看”等。这些女人不仅是天王洪秀全的妻子，还是天王的秘书、助理、花匠等工作人员。因为天王府内不允许别的男人随意进入，即使洪秀全的儿子洪天贵福也不行。因此，这些洪秀全的女人就要干很多工作，比如修花坛、盖房子、通下水道诸如此类的工作。看来，做天王的女人，真是不容易。

一入宫门深似海。这些女人进入天王府之后，就再也没有出去过。洪秀全对自己的女人好像也不是那么好，这些女人也经常给洪秀全脸色看，这使得洪秀全很不开心。因此，洪秀全专门定了一些规矩，如果不遵守，就要打屁股或是给予其他惩罚，比如：

服事不虔诚，一该打；
硬颈不听教，二该打；
起眼看丈夫，三该打；
问王不虔诚，四该打；
躁气不纯净，五该打。

讲话极大声，六该打；

有喙不应声，七该打；

面情不欢喜，八该打；

眼左望右望，九该打；

讲话不悠然，十该打。

真是可怜了这些“王的女人”，每天不开心，也得强颜欢笑，否则惹天王生气，那可是不得了的事情，轻则鞭打，重则点天灯，就问你怕不怕？

天王洪秀全在天王府过着穷奢极欲的生活，东王杨秀清、北王韦昌辉以及翼王石达开等高级干部过得也都差不多。对于他们来说，天京真是人间天堂。

自己过得好不算好，大家过得好才是真的好。天王是不会忘记大家的！

1853年冬天，洪秀全颁布了《天朝田亩制度》，全文虽只有3428个字，但却是太平天国的政治和经济大纲，涵盖了一整套解决社会、政治、经济各方面问题的方案。

《天朝田亩制度》的核心和基础是土地制度，彻底废除封建地主土地所有制，确立“有田同耕”的原则，提出“凡天下田天下人同耕”。这个制度听起来真是振奋人心，一举解决了中国农民几千年的终极梦想：土地问题。但是，必须注意几个问题。第一，这个制度有实行的基础和可能性吗？正值战乱，太平天国占有的不过是天京、镇江和扬州三个地方而已，所谓的天下就是三个城市加上附属的城镇而已，根本就没有地方让洪秀全来实施这个看起来很美的土地政策。第二，即使在可能实现土地平分的地方实行这一政策，太平天国可以阻止贫富分化和土地集中吗？地主是怎么来的？难道是天生的吗？还不都是一步一步通过各种方式将土地兼并到自己手里来的吗？太平天国有能力阻止这个过程吗？第三，完全平均分配的方法真的是最好的制度吗？太平天国能实现真正的平均分配吗？

在生产和分配上，《天朝田亩制度》规定了详细的经济生产模式，规定每家每户应该种植什么、养殖什么、纺织多少布匹，甚至还规定了每家只能养五只老母鸡、两头猪。不需要太多的经济学专业知识，根据常识我们就能判断这些规定看起来事无巨细，然而却根本没有任何约束力和施行的可能性。另外，在财富和产品分配上，《天朝田亩制度》废除私有财产，规定一切财产归圣库，劳动产品平均分配之后剩下的也要交到圣库，由相关人员统一保管和分配。刚开始的时候，天京城内各种物资储备还算丰富，大家多少还能分点肉吃，粮食也能吃饱。但是，一年之后，物资匮乏，就只能保证上层领导阶层的生活，至于下层普通百姓和士兵的生活，能有口粮食吃就不错了。

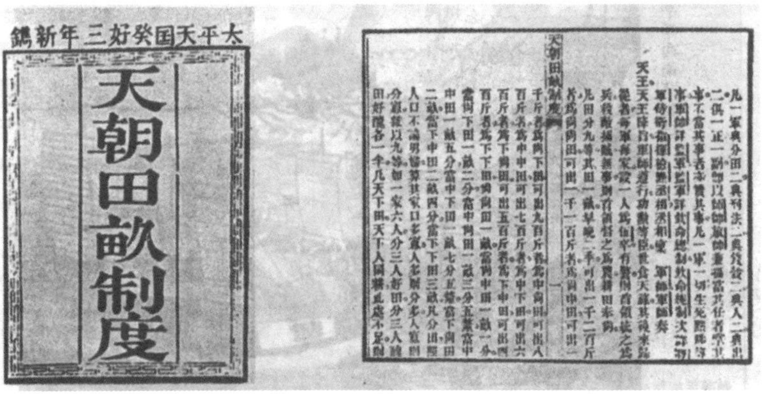


《天朝田亩制度》

看起来很美的《天朝田亩制度》给太平天国和洪秀全带来了极高的声誉，其实，评价和判断一个人，不要看他说了什么，而要看他做了什么。如果只看他说得天花乱坠，就给予极高评价，甚至枉顾历史事实，任意拔高其历史意义，就无法客观认识这个人或是历史事件。《天朝田亩制度》根本就没有施行的条件和可能，其违背了历史规律，也违背了经济规律，最终必然是废纸一张。

事实很快就证明了这一点。

眼看太平天国物资匮乏，各种收入锐减，洪秀全和杨秀清很快就要求农民继续交粮纳税，而大多数农民要从地主那里租种土地，这等于承认了地主存在的必要性，生活在太平天国的农民和清朝统治下的农民可能根本就没有区别。

如果是这样的话，那洪秀全折腾这一圈到底是图啥呢？

不仅如此，太平天国一开始就严格地实行了男女别营，分开管理，禁止正常的夫妻生活。但是，洪秀全这种只许州官放火不许百姓点灯的事情，大家都看在眼里，恨在心里。鉴于民愤太大，1854年冬天，洪秀全和杨秀清等人恢复了夫妻之间正常的交往及夫妻生活。普通百姓和中下级干部实行一夫一妻制，高级干部实行一夫多妻制。高级干部随时可以派人或是亲自到女营去挑选自己中意的女人，女营成了太平天国高级干部纵欲的集中营。

这么看来，生活在太平天国国都天京的普通人过得其实是非常憋屈的，缺吃少喝，不能正常生活，连自己的家人都见不到。天京，只是天王等诸王的天堂，不是普通百姓和士兵的天堂，他们甚至过得比之前还要差。

如果队伍吃不上饭，这支队伍就不好带，就会有人想着要造反。

很快，天京城发生了张继庚集团内应事件。张继庚原本是南京城里的一个秀才，是个读书人，内心倾向于清朝而不是太平天国。太平军攻占南京之后，张继庚化名叶芝发在南京潜伏下来，成为清朝留在南京城里的卧底。张继庚很会来事，脑子很灵活，甚至混进了北王韦昌辉的王府做事，成天搜集天京城内的各种情报，比如天京布防图之类的绝密情报等，然后将这些情报再想办法送给江南大营。

不仅如此，张继庚还发展了无数的支持者和下线，据说有六千人之多，以备将来起事之用。张继庚曾经七次给江南大营送去各种情报，第七次投送情报时和江南大营约定里应外合，一举破城。各种准备工作都很顺利，也许这次天京城就被江南大营搞定了。但是，历史上最诡异的一次里应外合发生了：张继庚约定的时间是按照太平天国的天历来算的，而城外的清军是按照当时通用的阴历来准备的，这两个时间其实相差也不多，只有六天而已。我们可以想象一个滑稽的场景：张继庚在城里准备接应城外的清军，埋伏了很久，等了一天又一天，一天又一天，最终等来的不是清军的接应，而是太平军的抓捕和审讯。

张继庚知道自己被抓之后肯定活不了了，干脆多拉几个垫背的。因此，当韦昌辉派人审问张继庚都有哪些同党的时候，张继庚就把自己认识并且知道名字的几十个太平军官员都指认为自己的同党。韦昌辉给杨秀清汇报了一下审讯结果，说张继庚在天京城有很多同党。杨秀清也是个榆木脑袋，不加任何核实和审讯，直接就把这几十个太平军官员的脑袋嘁里喀喳给砍掉了。

张继庚的反间计大获成功。等到人头落地，杨秀清才意识到自己可能疏忽了，上了张继庚的当。杨秀清估计是没有看过《三国演义》，不知道“蒋干盗书”的故事。但是，人死不能复生，可怜这几十位从广西就跟过来的太平军老革命，稀里糊涂就掉了脑袋。

**正所谓：**

**金碧辉煌小天堂，劳苦费力侍天王。**

**可怜一众汗马臣，天降灾殃刀下亡。**

# 第十一章 敌人

侔天福正持旗木印

## 曾国藩原本资质并不高

太平天国定都金陵南京，占据半壁江山，这是大清自开国以来从未有过的事。

不仅如此，太平军在南方闹得正凶之时，外国人也不省心，英吉利和法兰西一起，频频发难，咸丰这皇帝当得有点闹心。

稍有不慎，咸丰的大清可就玩完了。

但是，不得不说，大清是幸运的，咸丰是幸运的，因为大清有曾国藩，因为咸丰有曾国藩。

曾国藩，湖南湘乡人。

可以说，在中国近代史上，湖南人就像普鲁士人一样勇猛无敌。曾国藩是从湖南走出来的第一人，后面还有左宗棠、黄兴、宋教仁，再往后就是新中国的缔造者毛泽东、刘少奇、彭德怀等人，正所谓“一群湖南人，半部近代史”。

曾家原本并没有文曲星护佑，曾国藩原本资质并不高，不仅他资质不高，连他爹曾麟书也是资质平平。曾家的成功全靠后天努力。

曾国藩的祖爷爷曾竟希原来住在湖南衡阳，嘉庆十三年（1808年），携全家十几口人迁居到长沙府湘乡县南一百三十多里之外的荷叶塘白杨坪。此时的曾家应该属于日子过得还不错的中等人家。

嘉庆十六年十月十一日（1811年11月26日），小名宽一的曾国藩出生，而他的对手洪秀全是在三年之后出生的。

洪秀全是农民的孩子，曾国藩也是农民的孩子。

农民的孩子的人生出路除了读书并没有太多别的选择，洪秀全如此，曾国藩也是如此。

曾家向来有读书的传统，尽管一直没有人考取功名，但是梦想总是有的，万一实现了呢？

曾国藩的爷爷曾玉屏小时候读书还算用功，但是长大之后，随着家庭渐渐殷实，沾染了一些坏习气，以致放下书本，终日与纨绔子弟游戏人生，笑看人间。

曾家的长辈都觉得曾玉屏的人生完了，曾家今后恐怕要败在曾玉屏之手。谁料想曾家长辈的指责和担忧竟然对曾玉屏产生了积极的影响，黑化的曾玉屏又变好了。浪子回头金不换，此后，曾玉屏每天起早贪黑，天不亮就到自己田地辛勤耕耘，年复一年，再也没有睡过一次懒觉，给曾家后辈做出了很好的榜样。

曾玉屏自己没有读好书，没有考取功名，但是他觉得自己的儿子可以。

这就像当代的家长，自己实现不了的梦想，全部寄托在自己孩子身上。此等道理，古往今来都是一样的。

因此，曾玉屏把自己所有的梦想都寄托在长子曾麟书身上。但是，曾麟书资质实在太差，生性钝拙，虽然努力读书，但却不见长进，连续考了十六次秀才都未能如愿。

年近不惑的曾麟书觉得父亲曾玉屏的梦想在自己身上实现不了了，于是便将父亲的梦想寄托在自己的长子曾国藩身上，开私塾亲自教授曾国藩。不过，我觉得曾麟书犯了一个非常严重的错误。那就是，你自己考了那么多次都考不上秀才，谁给你的勇气和胆量敢去教自己的儿子？更可怕的是，你的儿子曾国藩也不是一个聪明的孩子啊，是个“笨小孩”，你一个笨笨的老师怎么能把他教成材啊？

曾国藩确实是一个笨小孩。在曾国藩老家湘乡流传着这样一个笑话，说是有一个小偷去曾家偷东西，听到曾国藩正在读《岳阳楼记》，就想等曾国藩读完了睡着后再开始行窃。可是，就这么一篇不太长的文章，曾国藩读了很多遍都没有背会。这个小偷左等右等，实在受不了了，发现自己听着都快背会了，所以跳起来大喊：“你这种笨蛋，榆木脑袋，还读什么书？”后来，曾国藩常常说“吾生平短于才”，“秉质愚柔”，“余性鲁钝，他人目下二三行，余或疾读不能终一行。他人顷刻立办者，余或浓吟数时不能了”。这种话，一部分可以理解为自谦，另外一部分也确实是曾国藩自己的真实写照。

其实，曾麟书也未必不知道自己不是合格的老师，但是他有什么办法，那个年代也没培训机构，而且请一个名师对于一个农家子弟来说可不是一件容易的事情。所以，他既知道自己不是一个合格的老师，也知道自己的孩子不是一个聪明的孩子。在这种情况下，怎样才能读书读出名堂？只能靠着一股韧劲，靠着一股毅力，坚持不懈，不厌其烦。因此，每天从早到晚，无论是睡在床上，走在路上，还是在干什么其他的事情，一有机会曾麟书就会考一考曾国藩的功课。曾麟书还规定了曾国藩每天的读书时间，要求曾国藩不读懂上一句，坚决不读下一句，不读完这本书，坚决不读下一本书，不完成一天的读书任务，决不能上床睡觉。

曾麟书和曾国藩都相信：天下之至拙，能胜天下之至巧。其实，我们可以看到，他们坚持笨字当头，用笨方法，用笨思路，这不仅影响了曾国藩的读书求学生涯，即使在将来率领湘军镇压太平天国的时候，曾国藩也坚持笨字当头，结笨寨，打呆仗，从而平定大半个天下，又给清廷续命五十年。

曾国藩背负着祖父和父亲的梦想。然而，曾祖曾竟希的异梦似乎并没有给曾国藩带来好运。曾国藩十四岁那年，第一次和父亲同时参加县试，结局是父子俩双双落第。此后，曾国藩连续五次都名落孙

曾国藩故居

山。曾国藩考不上秀才，这个应该不难理解，因为教曾国藩读书的是他连续十六次都考不上秀才的父亲，老师都不咋的，学生能好到哪去？这么看来，曾家也许真的没有科举的命，因为，曾国藩的四个弟弟也没有一个读书成功的。

曾国藩屡试不中，父亲曾麟书思考良久，觉得可能是自己的问题（终于想通了，太不容易了）。其实，曾麟书的笨方法可以为曾国藩打下坚实的基础，但是科举考试毕竟是考试，只要是考试，就应该有应试技巧，要写出一篇让人一眼看上去就能拍案叫绝的文章，写文章是需要思路和技巧的，这一点曾麟书应该是欠缺的。

于是，曾麟书决定让曾国藩外出求学。道光十年（1830年），二十岁的曾国藩背上行囊告别父母家乡，到衡阳双桂书院求学。不得不说，双桂书院的师资和教学质量比曾麟书要好得多了，曾国藩进益颇多，不仅学业大有进步，而且还收获了自己一生的爱情。双桂书院的欧阳凝祉非常器重曾国藩，将自己毕生所学，从儒家经典到百家要旨，都传授给他。不仅如此，欧阳凝祉还将自己的女儿许配给了曾国藩。

曾国藩外出求学，不仅解放了自己，而且也释放了父亲的潜能。

曾家开始转运了。

三年之后，即1833年，曾麟书在第十七次县试中考取秀才，成为一名生员，这改写了曾氏家族进入湖南四五百年以来没有考取过任何功名的悲壮历史。

好事成双，同年，二十三岁的曾国藩也考中了秀才。

毕竟曾麟书已人到中年，父亲曾玉屏晚年中风，卧床不起，因此曾麟书不想再在科举的道路上走下去了，留在家里好生照料自己的父亲，将曾家科举的梦想全部交付给曾国藩。尽管曾麟书资质平平，但是他靠一己之力，用几十年的时间改变了家族几百年“世代业农”的历史，为后代的进一步发展蹚开了一条阳光大道，为后世子孙创造了读书的条件和机会。可以说，曾国藩的父亲曾麟书完成了自己的历史使命，他自己也颇为心安。晚年，他曾自撰一副对联：粗茶淡饭布衣衫，这点福老夫享了；齐家治国平天下，那些事儿曹当之。意思就是说老夫我天天粗茶淡饭，晴耕雨读，很满足，那些家国大事交给儿子们操心吧。考中了秀才的曾麟书彻底躺平了，佛系了。

考中了秀才之后的曾国藩开挂了，一发不可收拾，好事连连。

第二年，曾国藩中了举人。

道光十八年（1838年），曾国藩二十八岁，殿试位列三甲第四十二名，赐同进士出身，朝考列一等第三名，道光帝亲拔为第二，选为翰林院庶吉士①。所谓的庶吉士，其实就是翰林院实习生，先行录用，学习三年之后再考试确定是否正式录用。

道光二十年（1840年），散馆考试，曾国藩名列二等十九名，授翰林院检讨。所谓的翰林院检讨，就是当时负责编修国史，负责编辑整理的工作。

1840年，对于曾国藩来说，是重要的一年。这一年，他要进京做官了，正式成为京官。

刚进北京的曾国藩，面对北京的人世繁华，似乎也把持不住。曾

①　庶吉士是中国明、清两朝时翰林院内的短期职位。庶吉士一般为期三年，期间由翰林内经验丰富者为教习，授以各种知识。三年后，在下次会试前进行考核，称“散馆”。成绩优异者留任翰林，授编修或检讨，正式成为翰林，称“留馆”。其他则被派往六部任主事、御史，亦有派到各地方任官。

国藩每日东奔西走，爱找朋友喝酒聊天吹牛，听戏打架，而且还很好色，见到美女也要多看几眼。这么看来，曾国藩似乎也不是什么好官。曾国藩自己也认识到这个问题，在日记中写道："日日玩憩，不觉过了四十余天。"有时候到朋友家喝酒，看人家小妾长得漂亮，偷偷多看几眼，回家之后又写日记骂自己是禽兽："是日，目屡斜视，真不是人，耻心丧尽，更问其他？"

再这么下去，曾国藩和其他清朝的官员就没什么两样了，无非是多了一个好色贪婪之徒罢了。

但是，大清毕竟还是有人才的，翰林院汇聚了来自全国各地的优秀人才，这些优秀的人时刻在影响着曾国藩。

胡闹了一阵子之后，曾国藩结交了一些真正的好友。这些好友崇尚理学，极度自律，坦承严肃，内心坚定，誓为忠臣良相，面对京城的繁华而不改内心。

曾国藩觉得自己以前太猥琐，太狭隘，太过于放纵自己了，决意立志自省，学做圣人。

要想成为圣人，立志要坚，行事要韧，执行要强，反省要深。

曾国藩是一个意志坚强的人，一旦立志，必践行之。

曾国藩通过"日课"严格要求自己，每日反思自己的一举一动，发现什么地方做得不好，都要一一记录下来，深刻反省，以求进步。另外，他还将自己的日记送给师友评点，以求得师友监督，互相学习。（这一点在形式上类似于现在人们发朋友圈，但是不同的是曾国藩将自己一天的行为告诉师友是为了寻求监督和进步，而当代人大多数是炫耀和张扬。）

总之，三十岁的曾国藩脱胎换骨了。

此后，曾国藩在仕途上一路高歌猛进，进京十年就从一个从七品的翰林院庶吉士升迁为二品大员。道光二十九年（1849年）正月，曾国藩授礼部右侍郎；八月，署兵部左侍郎；次年六月，署工部左侍郎。

四十岁的曾国藩已成为大清之柱石，国家之栋梁，家族之荣耀。

曾国藩，一个农民的孩子，经过不懈的努力，实现了修身齐家治国的梦想，之后的十数年，他还要带领数万湘军，平定太平天国，实现“平天下”。

洪秀全，你的对手正式上线了，你准备好了吗？

**正所谓：**

**历代农家根基浅，鱼跃龙门得忠贤。**

**齐家治国平天下，知行合一半世仙。**

## 湘军对思想政治很重视

鸦片战争之后的大清，并没有从丧权辱国中吸取教训，仍旧处于一种浑浑噩噩的状态。道光皇帝老态龙钟，上朝都穿着打着补丁的朝服，预示着帝国的颓废和衰落。全国各地风起云涌，民变突起，整个大清帝国危机四伏。

洪秀全等人在广西传教酝酿起兵之时，远在京师的曾国藩虽然不知道洪秀全等人的具体情况，但是深谋远虑的他心系天下，从各地不断传来的民变消息中预感到一场暴风雨即将来临。

道光二十四年（1844年），湖南新宁举人江忠源（对的，就是在蓑衣渡给太平军以重创并击毙南王冯云山的江忠源）和老乡刘长佑造访曾国藩。曾国藩当时就觉得江忠源是国家之栋梁，称赞“江公与刘公皆有戡乱之才”。在目送江忠源离去之后，曾国藩夸奖说，“平生未见此人”，“是人必立功名于天下，然当以节义死”。当时，大清全境皆无大的战事，曾国藩却说江忠源有戡乱之力，说明曾国藩对当时严峻的形势已经有所察觉和感知。

但是，偌大的大清却并没有太多像曾国藩这样的忠臣良将，以至于太平军在广西坐大，随后冲进湖南，攻武昌，下南京，建立太平天国，差点要了大清的命。

太平天国闹得凶，但曾国藩是个文官，按照正常逻辑，除非大清朝的武官都战死了，否则无论如何轮不到文官曾国藩领兵出征。

可历史偏偏就是曾国藩这个文官率领千军万马，横扫百万太平军，短短十年间平定太平天国，给苟延残喘的大清又续了五十年的命。谁也没有想到，一个外表文弱内心强大的曾国藩能扶起暮年的大清。

为什么偏偏是曾国藩？

历史选择了曾国藩，一切都是历史的安排。

一个人的命运必然随着历史大势波动，顺者昌逆者亡。一粒沙尘怎能对抗飓风，一片落叶唯有随波逐流，才能不迷失方向。

此时的大清已被太平军冲击得七零八落，曾经驰骋疆场，从东北杀向关内的八旗子弟早已失去了当年的英勇，腐败的绿营兵丁除了欺压百姓似乎并无任何作战胜利的可能。年轻的咸丰苦于应对，拆东墙补西墙，东拼西凑，勉强支撑着摇摇欲坠的大清帝国。

曾国藩来北京当官已经十来年了。

这些年来，一直想找机会回家看望家人，苦于公务，一直未能成行。

咸丰二年（1852年）六月十二日，曾国藩被咸丰钦点赴江西任乡试正考官。因江西毗邻湖南，曾国藩奏请在乡试结束之后回乡省亲，咸丰批复允准。

六月二十四日，曾国藩告别京城好友，南下而去。曾国藩绝想不到，与京城一别，竟是十数年。这十数年间，曾国藩将从一个文弱书生羽化成其曾祖异梦中的“蛟龙”，率领千军万马，驰骋疆场，救大清于危难之间。

七月二十五日，曾国藩抵达安徽太和县境内小池驿，接到母亲江氏已于六月十二日病逝的讣闻。闻此噩耗，曾国藩悲痛不已，立即奏请丁忧。随即，曾国藩身着孝服日夜兼程赶往湖南湘乡奔丧。

安葬完母亲之后，曾国藩暂且留在湘乡。

此时的湖南，已如火药桶一般，太平军已经攻入湖南，连克州县。八月，太平军围攻长沙，久攻不下，随移师湖北，攻克武昌。

一时间，天下大变，身处京师的咸丰苦于八旗和绿营的无能，急于寻求其他镇压太平天国的力量和办法。

经过慎重考虑，咸丰下旨命各省在籍的大臣为团练大臣，在当地帮办团练，训练乡勇以保卫乡梓。在家为母服丧的二品大员曾国藩当然成为湖南团练大臣的不二人选。咸丰在给湖南巡抚张亮基的圣谕中说：

> 丁忧侍郎曾国藩，籍隶湘乡。于湖南地方人情，自必熟悉。着该抚传旨令其帮同办理本省团练，搜查土匪事宜，伊必尽心不负委任……[①]

大家不要以为帮办团练大臣是个多大的官，其实就是皇帝觉得你在家待着也是待着，还不如帮地方上的行政长官做点事，帮忙练点乡勇，平时剿匪平患，维护治安，战时帮着正规军打打下手，最起码壮壮声势。

如果说大清的八旗和绿营是国家安保部队，那么乡勇就是地方保安部队，帮办团练大臣最多也就是个保安公司老板的角色。

这种角色，曾国藩会接受吗?

应该不会，因为首先曾国藩在籍为母守制，中国自古讲究孝道，普通百姓如此，当官的更是如此。所以，如果曾国藩以为母守制为由推脱掉咸丰的任命，咸丰一点办法也没有。

另外，既然国家真的需要，在守制尚未期满之时，临危受命，也无不可，这种制度称为“夺情”。但是，自古以来，被“夺情”的大臣即使心系国家，也免不了受人诟病，污之不孝，这是大节问题，不可忽视。

再者，这种团练大臣往往没有实权，很难做出成效，终究是自己

①　梅寒：《曾国藩传》，江苏凤凰文艺出版社2018年版，第62页。

担着不孝的罪名为他人作嫁衣，这种事也实在没有必要去做。

因此，接到咸丰的上谕，曾国藩几乎没有犹豫，立即“草疏恳请终制，并具呈巡抚张亮基代奏，历陈不能出之义”。但是，写完草稿之后，曾国藩又后悔了，并没有立即将奏折发出。

曾国藩从小接受的教育不允许他对国家的危难置之不理，虽然守孝是大节，但是为国尽忠是更大的节义。儒士的终极梦想不就是“修身齐家治国平天下”吗？现在机会来了，自己有机会建功立业，为国家扫除叛乱，难道不是应有之义吗？况且，如果自己不出山，万一湖南陷落，自己作为清朝大官，自家的祖坟还不得被太平军给挖了。

倾巢之下，安有完卵？

曾国藩动摇了。

另外，曾国藩的好友郭崇焘以及父亲曾麟书也对其进行了劝说，希望他能放下包袱，毅然出山。

犹豫再三，曾国藩觉得自己还是应该出山，但是他是有条件的。

第一，既然是郭崇焘劝他出山，那么曾国藩请求郭崇焘以及其兄弟加入自己的幕僚队伍，为自己出谋划策。第二，曾国藩不想只做一个保安队长，而是要做一个真正能够平定太平天国的将帅，因此，他给咸丰提出要求，他的团练必须训练成军而不是乡勇，要精不要多，要仿效戚继光练兵，既可以剿除地方匪患，也可以防守省城，还可以出省作战，追击太平军。

咸丰皇帝急于平定太平军，对曾国藩的要求一一照准，下旨让曾国藩“细心办理，以资防剿”。

因此，从办理团练之初，曾国藩就将自己区别于其他几十位团练大臣，训练了一支有信仰、有力量，召之即来，来之能战，战之能胜的新型军队——湘军。

曾国藩在组建、训练湘军方面有什么妙招呢？

其一，在组建湘军方面，曾国藩采用“选士人，领山农”的策略。

一般情况下，组建新的军队，往往会去找一批资深退伍军人组成领导班子，然后这些军人出身的将领再去招募自己的手下组成部队。但是，曾国藩挑选领兵打仗的将领和别人不同，他挑选将领时主要倾向于读书人而不是有行伍经验的人。为什么？因为曾国藩认为，人的意志和精神的力量远大于体力，这些读书人饱读诗书，有着儒家坚定的信仰，正好和反儒家的拜上帝会相反。让一批有信仰、有精神的儒士做将领，能够发挥他们最大的精神力量，舍身卫道。曾国藩对待这些将领们，也是推心置腹，给予百分百的信任，不施权谋，真诚相待，极大增强了队伍的凝聚力和战斗力。

此外，在招募普通士兵时，曾国藩的要求是只招募山民农夫，手上必须有常年劳作留下的老茧，绝不招收城市游民以及退伍老兵。在曾国藩看来，“山僻之民多悍，水乡之民多浮滑，城市多游惰之习，乡村多朴拙之夫，善用兵者，常好用山乡之卒，而不好用城市近水之人”。虽然，曾国藩的招兵之道充满了地域偏见，如果在当代社会，肯定被网民骂得狗血喷头，但是后来的事实证明，曾国藩的判断是对的。因此，湘军的士兵个个精神抖擞，服从命令，战斗勇敢，战功卓著。而且，最可怕的是，湘军士兵往往是一人当兵，全家都来，父子兵，兄弟兵，老乡兵，比比皆是，一个兵营里论起亲疏大家都是亲人。打仗的时候，个个奋勇当先，都不敢退缩不前，因为丢不起人啊，退缩和懦弱会被人看不起的，将来怎么回老家混呢？因此，湘军士兵，一上战场，同生死共患难，战斗力极强。

其二，在军事训练方面，曾国藩强调“训”和“练”两手都要抓、两手都要硬的策略。

所谓“训”，就是在意识形态上强化湘军将领的儒家思想。湘军的将领大都是书生儒士，这些人看起来似乎柔弱不堪，但是曾国藩认为，他们能以维护儒家名教为己任，信仰更真切，力量更强大。因此，曾国藩运用儒家礼法来训导这些将领，要求他们以身作则、少点官气，要求他们勤勤恳恳、待人真诚，要求他们严于律己、互相监督。在曾国藩看来，这样才能“引出一班正人，倡成一时风气”。如此一来，一身正气勇于担当的儒士将领再去训导自己所带领的山民农夫出身的湘军士兵，从而保证整个湘军思想政治合格，明白自己为什么而战。

所谓“练”，就是在强化思想政治建设的同时，要求所有的将士掌握真本领。作为清朝二品大员，曾国藩深知八旗和绿营的操练就是瞎胡闹。因此，在练兵方面，他强调“勤”与“熟”。所谓“勤”，就是要求湘军只要没有睡觉，就要去训练各种军事科目，保证每天在任何时间段都有训练科目，严格遵守点名、演操、巡查、放哨等营规，通过训练来加强士兵的军事素养。湘军演练的主要阵法是戚继光的鸳鸯阵、三才阵、一字阵、二字阵以及方城阵等。所谓“熟”，就是要求湘军反复演练每一种军事才能，达到熟能生巧的地步，从而在战场上能够运用自如。

曾国藩特别重视湘军的军事纪律，反复强调：练兵是为了保护百姓而不是伤害百姓，有了百姓的支持，有了民心，才能战胜敌人（看来曾国藩早就明白打仗一定要走群众路线的道理）。为此，他还专门创作《爱民歌》：

三军个个仔细听，行军先要爱百姓。
贼匪害了百姓们，全靠官兵来救人。
百姓被贼吃了苦，全靠官兵来做主。
第一扎营不要懒，莫走人家取门板。
莫拆民房搬砖头，莫踹禾苗坏田产。
莫打民间鸭和鸡，莫借民间锅和碗。
…………
第二行路要端详，夜夜总要支帐房。
莫进城市占铺店，莫向乡间借村庄。
…………
第三号令要严明，兵勇不许乱出营。
走出营来就学坏，总是百姓来受害。
…………

不仅如此，曾国藩还规定了七条注意事项：

禁止洋烟
禁止赌博
禁止喧哗
禁止奸淫
禁止谣言
禁止结盟拜会
禁止异服

这简直就是湘军版的“三大纪律七项注意”。事实证明，后来的湘军并没有严格执行曾国藩的纪律要求，抢劫老百姓财物是他们最熟练的业务技能。但是，无论如何，曾国藩作为湘军主帅，能提出这样的纪律要求，也是难能可贵的。

其三，在行军打仗方面，曾国藩推行“结硬寨，打呆仗”的策略。

湘军行军之时，特别注重扎营，经常是半天行军，半天扎营。每天行军三十里，然后停下安营扎寨，主要的工作内容就是挖沟修墙。挖沟，要挖两道沟，然后再沿着这两道沟砌两堵高墙，将自己保护起来，防止太平军偷袭。而且，对于沟壕的深度和墙的高度都有明确的标准，达不到标准需要重来。晚上休息之时，所有的战士三班倒，两班睡觉，一班警戒，确保营寨安全。这种方法看起来很笨，但是战争年代，必须首先保证自己的生存，才能杀死敌人的有生力量。这种看起来很笨的方法，曾国藩屡试不爽。因此，曾国藩完全可以写一本书，叫《论战时安营扎寨的土木工程原理》，推行全国。

打仗的时候，曾国藩的策略是“以静制动，反客为主”。湘军一般不主动冲锋，而是将部队散开围住敌人的营地或是城墙，然后挖沟，而且还要挖两层沟，一层是围住敌人，断其粮草和饮水，另外一层是在外面将自己围住，以保护自己不受敌人援军的围攻。就是这种死板的作战方法，能将敌人死死围住，一围就是数月，甚至一年两年，直至所困之敌弹尽粮绝，然后再组织发起进攻，彻底消灭敌人。后来，湘军围困天京就是采用的这种办法。

曾国藩招募文人儒士充当领军将领，领导那些从自己家乡招募来的父子兵、兄弟兵和邻居兵，采用笨拙的战斗方法，配备当时最先进的枪支火炮，组建了一支听指挥、能作战的新型部队——大清帝国湘军。

这样的部队应该战无不胜吧？

也许吧。

正所谓：

覆巢之下无完卵，承袭天命湘军建。

不惑治军有妙招，帝国士兵换新颜。

## 湘军准备出征

曾国藩是湖南人，组建的湘军自然是要卫护省城长沙，那么练兵自然也都是在长沙。

也就是说，在长沙有两种清军，一种是正规军即八旗和绿营，一种是乡勇即曾国藩的湘军。

这两种军队的体制、训练等都不一样，如果分开训练、管理也许会相安无事。但是，曾国藩偏偏要求大家一起训练，这就必然会产生摩擦和矛盾。

曾国藩像

比如，曾国藩的湘军日常操练非常严格，不允许无故缺勤，而且训练的频率很高。但是，八旗和绿营部队平时散漫惯了，对这种训练非常不适应，非常抗拒，常常借口不出操，或是找人代为操练。

曾国藩对军纪要求非常严格，凡是不出操的人，无论是湘军自己人还是绿营士兵统统一视同仁，严惩不贷。

转眼间，到了七月十五中元节，绿营士兵和湘军团丁每人发了一点过节费。拿到了过节费，这些士兵们都想去找点乐子，一起跟所有的快乐说嗨嗨，跟所有的烦恼说拜拜。

湘军几个团丁到长沙的火宫殿去闲逛吃酒，刚好绿营的几个士兵也在这里喝酒赌钱。平时大家碍于军规，也都相安无事。而此时大家都喝了酒，再加上平时绿营对湘军团丁的怨恨和鄙视，绿营兵骂了湘军团丁几句，湘军团丁平时也受够了他们的歧视，借着酒劲，操起家伙就干。真是湘军兵哥哥，人狠话不多。结果湘军团丁人数多，战斗力也强，将几个绿营兵打得满地找牙、哭爹喊娘。

绿营士兵吃了亏，一路小跑回到军营，叫上百十号弟兄，拿着家伙，气势汹汹地赶到湘军三营营房外，要和湘军血拼。

本来几个兵鬼打架的小事演变成了两支部队之间的大纠纷。湘军三营营官怕闹出大事，赶紧出来赔礼道歉，暂且将绿营兵支走。

一百多名绿营兵在湘军营房门前闹事，虽然没有打起来，但是这等于是打了曾国藩的脸啊。

曾国藩很生气，后果很严重。

随即，曾国藩写信给绿营提督鲍起豹，要求严惩闹事的绿营士兵。

鲍起豹平时对曾国藩也是一肚子怨气，看到曾国藩要求自己严惩自己部下的信件，随手就给扔了，决计把皮球踢给曾国藩，让曾国藩难堪。

随后，鲍起豹将闹事的四个绿营兵绑起来给曾国藩送了过去，并写信说自己无所谓，让曾国藩按照军规严肃处理。

这一下，绿营这边就炸了毛了。绿营的士兵以为曾国藩的团丁会过来给自己赔礼道歉，没想到自己的弟兄被绑走了，还要军法处置。于是，绿营一名叫邓绍良的副将亲自指挥，集合了三百多名绿营兵，杀气腾腾地赶往曾国藩所在的审案局，将审案局团团围住，并要求曾国藩放人。

曾国藩故作镇静，捻着小胡须，不紧不慢地说："不着急，我们就静静地坐在这里看着他们闹，看能闹成什么样子？"

话音未落，邓绍良就带着几十个绿营兵闯进了曾国藩的房间，一个绿营兵甚至拿着刀指着曾国藩要求放人。

一个普通士兵拿刀指着朝廷大员，大清朝还没有过这样的事。事情闹到这个地步，严重性又升级了。

大家正在僵持，湖南巡抚骆秉章赶到了现场。其实，骆秉章就住在隔壁，绿营兵刚开始闹他就知道了，只是他也想让曾国藩吃点亏，然后自己再出面息事宁人，两边不得罪。

骆秉章说：“曾大人，闹事之人自当处置，但是目前群情汹涌，为了不出意外，不如暂先释放，平息了众怒之后再慢慢从容处置，曾大人看如何？”

曾国藩觉得骆秉章是个老滑头，刚好也要借此机会树立湘军的威风和自己的权威，打压一下处处看不上湘军的绿营兵。

于是，曾国藩说道：“处置火宫殿闹事，曾某人一碗水端平，绝不偏袒，湘军团丁几人昨日已经每人五十军棍，游营三日，以儆效尤。绿营兵也同样处置。来呀，将四个闹事者押上来，杖责五十军棍，游营三日。”

骆秉章一看曾国藩这么强硬，不便再阻拦，只说了一句：“绿营与团丁的冤仇，这一世也不能解了。”随后，甩袖而去。

曾国藩以为这事就这么了结了，却没想到这才是开始。

四个绿营兵挨了五十军棍，其中一个叫王连升的，也许还有其他的慢性基础病，挨了五十军棍后，当夜便气绝而亡了。

绿营兵被曾国藩的团丁给打死了，绿营兵个个怒火冲天，要求曾国藩偿命。随即，邓绍良又一次集合三百名绿营兵，气势汹汹地来到曾国藩所在的审案局。

绿营兵在审案局门口骂骂咧咧，曾国藩一时也不知如何处理，只好闭门不出，任由绿营兵开骂。

绿营兵提出了几个条件：第一，审案局为王连升披麻戴孝；第二，打死王连升的团丁要偿命；第三，要给王连升家属纹银一千两。

事情闹到了出人命的地步，曾国藩再不让步这事恐怕摆不平，要闹出更大的乱子。好在，能用钱摆平的事都不是事。

曾国藩只好做出让步，不过他对这几个条件做了修改：第一，审案局派人护送王连升灵柩回原籍安葬；第二，审案局赔偿王连升家属纹银五百两；第三，打死王连升的两个团丁开缺回老家（后来曾国藩告诉这两个团丁暂先回家，给每人十两银子作为路费，等过两年风声过后再来湘军报到）。

大闹火宫殿的事终于了结了。

但是，曾国藩想起自己在长沙练兵这几个月，以及剿匪带来的种种不快，心里堵得慌，在长沙没法儿待了。再待下去，不知道还要闹出什么矛盾来。

他自己是一个丁忧在籍的官员，没有实权，长沙这么多官员并没有把他当回事。而且长沙上下官员都认为曾国藩作为文官，不应干预地方军事。

堂堂二品大员，竟然在自己的驻地被地方军队围攻，自己还得拿钱息事宁人，这太窝囊了。

曾国藩思来想去，决定移师衡阳，独立练兵，一方面可以躲开长沙乌烟瘴气的官场，放开手脚练兵，另一方面也避免自己的湘军练成之后被绿营吞并或是被随意差遣，自己练的兵必须掌握在自己手里。

咸丰三年（1853年）八月，曾国藩移师衡山南麓的衡州城。衡州处于蒸水和湘水的汇合处，地理位置重要，为两广门户，物产丰富，民风彪悍。而且，衡州是自己的老家，也是他的夫人欧阳氏的老家，曾国藩本人也曾在这里求学，天时地利人和，实在是自己练兵的最佳去处。

回到衡州的曾国藩如鱼得水，处处得心应手。

很快，曾国藩在长沙的一千多名团丁扩充到了五千多人，分为十个营，由塔齐布、罗泽南以及王鑫等人为营官，日日操练，夜夜不息。

曾国藩很快就发现湘军存在一个大问题：湘军的五千多人都是陆兵，没有水兵。而此时的太平天国大练水兵，往来于江苏、湖北、安徽及江西，如履平地，太平天国水师牢牢地控制了长江的制水权，大清帝国的现有水师不堪一击。

要想击败太平军，只有陆兵是不够的，还得筹备湘军水师。

说干就干。随即，曾国藩给咸丰上书请办湘军水师。咸丰想都不想就允准了，反正曾国藩是替自己办事，早日练成水师，早日可以平定太平天国，天下太平，何乐而不为？

曾国藩想尽各种办法筹款、造船、购置洋炮，反复操练。不到几个月，湘军水师很快就有了规模和战斗力。至咸丰四年（1854年）初，湘军水师有大小船只361艘，战船120艘，配备大小火炮470门，其中洋炮320门，还有快蟹船、长龙船以及舢板若干。和陆兵一样，湘军水师也分为十个营，每营500人编制，由彭玉麟和杨载福负责统领，湘军水师初具规模。

此时的湘军，已经有陆兵十营5000人，水师十营5000人，湘军已经达到万人的规模了。但是，此时的湘军，很难说有什么战斗力。毕竟到目前为止，曾国藩的湘军除了缉拿湖南盗匪之外，还没有和太平军进行过实战，没有经过实战的部队，战斗力不应该给予太高的估计。

长沙上下官员以及远在北京的朝廷各级官员，甚至是咸丰本人都觉得曾国藩应该率湘军出征了。

兵书有云：羽翼未丰而遭众忌，乃招祸之端；谋未行而先令人知，乃凶兆之端。

饱读诗书的曾国藩自然懂得这个道理。《易经》中的“潜龙在渊”说的就是君子要待时而动，善于保存自己的实力，不可轻举妄动。

在曾国藩看来，自己的一万人马，看起来是不少，但此时的太平天国已有数十万经验丰富的军队，如果贸然出征，岂不是以卵击石，自寻死路。

曾国藩的苦衷不能说没有道理，但是远在北京的咸丰不会、也不想理解曾国藩的苦衷。咸丰只是希望曾国藩赶紧出征，早日平定太平天国，他自己好安然地在北京做太平皇帝。

自咸丰三年（1853年）八月份开始，咸丰就先后四次下旨，令湘军出征与太平军作战，曾国藩都以炮船未齐而推脱。曾国藩不想过早地把自己辛苦练出的湘军推向战场，他要再等等。

咸丰为了逼曾国藩出征，在上谕中讥讽连连，说曾国藩“平时漫自矜诩，以为无出己之右者，及至临事，果能尽符其言甚好，若稍涉张皇，岂不贻笑于天下？……言既出诸汝口，必须尽汝所言，办与朕看”[①]。咸丰的意思就是：你曾国藩平时吹牛说自己多厉害，说自己天下第一，现在朕有了危难，你要是兑现诺言还好，否则让天下人笑话，你嘴上这么厉害，你打太平军给我看啊！

面对皇帝这样的讥讽，曾国藩还是选择忍耐和等待。即使是他的老师湖广总督吴文镕有难，他也忍住没出兵救援。

咸丰四年（1854年）正月，曾国藩的老师湖广总督吴文镕架不住

① 梅寒：《曾国藩传》，江苏凤凰文艺出版社2018年版，第88页。

满族亲贵的威逼和耻笑，不得不亲率4000兵勇攻击太平军占领的黄州。无奈，太平军准备充分，清军死伤大半，吴文镕兵败自杀。

曾国藩要等待一个合适的战机，让湘军一战成名。

吴文镕战死之后，曾国藩率领的湘军成了两湖战场上清军唯一的主力部队了。不久，太平军又一次攻占汉阳、汉口，进逼武昌，同时太平军前锋部队直指湖南北大门岳州。如果曾国藩还是选择不出征或是出征战败，湖南和湖北都要归入太平天国，整个大清帝国就会被拦腰斩断，湘军也就没有了根基，大清极有可能就此终结。

曾国藩的湘军必须要出征了。

站在曾国藩的立场上，此次出征是讨逆之战，应该有义正词严、气魄宏达且铿锵有力的战斗檄文，如唐骆宾王的《讨武曌檄》一样，军队尚未出征就要形成对敌人的压倒性心理优势。

想到此，曾国藩静下心来亲拟《讨粤匪檄》（鉴于原文过长，以下仅为摘录部分名句）：

> 农不能自耕以纳赋，而谓田皆天王之田；商不能自贾以取息，而谓货皆天王之货；士不能诵孔子之经，而别有所谓耶稣之说、《新约》之书。举中国数千年礼义人伦、诗书典则，一旦扫地荡尽。此岂独我大清之变，乃开辟以来名教之奇变，我孔子、孟子之所痛哭于九原，凡读书识字者，又乌可袖手安坐，不思一为之所也。
>
> 不特纾君父宵旰之勤劳，而且慰孔孟人伦之隐痛。不特为百万生灵报枉杀之仇，而且为上下神祇雪被辱之憾。
>
> 上有日月，下有鬼神，明有浩浩长江之水，幽有前此殉难各

忠臣烈士之魂……

曾国藩这一篇《讨粤匪檄》实乃诛心之作，抓住太平天国推崇洋教和摒弃中国传统文化的致命弱点，将太平天国毁灭中华传统人伦道德、推倒神佛偶像和庙宇，以及篡改诗书典籍的行为置于与整个华夏为敌的境地，这就能号召全国的儒家学子脱掉长衫大褂，放下文房四宝，拿起长刀利剑，带领亿万百姓，保卫整个华夏的传统和文化，能够动员最广泛的支持者和同盟军。

然而，湘军与太平军的初次交锋，却是以惨败告终。曾国藩羞愧难当急火攻心，气得要跳水自杀，幸亏手下眼疾手快，将他从水中救出。曾国藩痛定思痛，总结经验和教训，重整湘军，最后使湘军成为一支劲旅，成为击垮太平天国的生力军和主力军。

**正所谓：**

**治军严谨多纷争，讨逆檄文祭孔孟。**

**出师不利遭败绩，痛定思痛忠勇成。**

# 第十二章 开疆

翊天福梁参军木印

# 孤军北伐

太平天国刚刚定都天京，就开始了一波神操作——兵分两路进行西征和北伐。

这种操作看起来很猛，其实犯了兵家大忌。因为，天京刚刚成为国都，就被清军的江北大营和江南大营包围了。此时，对于太平天国而言，最好的策略应该是集中优势兵力和利用高昂的士气将清军的江北大营和江南大营悉数击垮，夺取战略主动权，然后再慢慢开疆拓土，南征北伐，其结果也就会完全不同了。

与上述假设相反的是，太平天国在定都之初，将十万大军用于天京等城市的消极防御之上，而没有利用清军江北大营和江南大营仓促初建的劣势之机集中自己优势兵力主动进攻，反而分出大批的兵力用于开拓西征和北伐两条占线，贻误了战机，给了清军调整部署和集中兵力的机会，从而丧失了战争的主动权，改变了整个战争的战略走向。关于这一点，毛泽东同志曾经做过深刻精辟的论述："在有强大敌军存在的条件下，无论自己有多少军队，在一个时间内，主要的使用方向只应有一个，不应有两个。"①

① 《中国革命战争的战略问题》，选自《毛泽东选集》第一卷，人民出版社1991年版，第225页。

虽然太平天国在1856年将江北大营和江南大营依次摧毁，但是，此时的湘军已经崛起，太平天国的真正对手已经不是清军的正规军队了，而是曾国藩统领的湘军。

当然，今天的讨论也只是事后诸葛亮而已，我们的讨论只是有助于我们理解太平天国最后衰亡的一方面原因。如果将我们处于洪秀全和杨秀清当时的位置，不见得会做出比他们更明智的决定。

让我们把历史的眼光重新聚焦于1853年，去见证当时的杀伐和屠戮，去认识一个个鲜活的历史人物，看他们如何将自己的热血和豪情抛洒在血腥的战场之上，看他们如何为了各自的理想和梦想而抛头颅洒热血。

太平天国定都天京之后，天国的领袖们有了一个天才般的设想，即派兵北伐、直取北京。

这种想法并非异想天开，因为有先例可循。

400年前，同样定都于南京的朱元璋举兵北伐，一举成功，攻占元大都（北京），将蒙古人撵回了老家。

因此，洪秀全和杨秀清决定效法朱元璋。但是，洪秀全和杨秀清他们也许忽略了一个问题：当时的朱元璋已经占有江、浙、湖、广等南方大片土地作为基地，然后分兵攻取山东、河南两翼，最后直捣黄龙攻占元大都。反观现在的局势，太平天国在南方充其量也只是占有天京、扬州、镇江三座城市而已，没有形成强大的后援基地；另一方面，太平军总共只有十万人，不可能派出全部或是大部军队北伐，只能分出区区两万将士远征。

以区区两万将士，长驱北上，战略目标竟然是攻取大清帝国有二十万清兵卫戍的京师，想法不可谓不大胆。

但是，我们暂先不要批评洪秀全和杨秀清的盲目和无知，因为他们的北伐战略一定是经过精心谋划的。

洪秀全和杨秀清的考虑和战略大概是：其一，天国定都天京，江浙地区是清朝的粮仓和银库，清朝必然派出重兵围剿，这些围剿天京的部队将会大多来自北方，派出太平军北伐必然会在北方牵制住大批本该派往南方镇压太平天国的清军，这样就会减轻天京的外围压力；其二，北伐所选将领为天官副丞相林凤祥、地官正丞相李开芳以及春官副丞相吉文元，此三人均为天国重量级的军事将领，尤其是林凤祥和李开芳，此二人更是骁勇善战。派出他们领军北伐，胜利自然指日可待。因此，在北伐军即将开拔之前，洪秀全、杨秀清等特意交代林凤祥和李开芳，“格外放胆灵便，赶紧行事，共享太平”，“速急统兵起行，不必悬望”。[①]

太平天国领袖们的想法很简单：用闪电战，迅速击溃清朝中枢北京。

1853年5月8日，林凤祥和李开芳率领两万太平军，乘船溯江而上，杀向北方。

5月13日，北伐军在浦口登陆，大败从吉林和黑龙江远道而来的清军骑兵，杀入安徽。随后，北伐军主力和杨秀清派出的另外一支由朱锡琨带领的北伐小部队在安徽滁州会合。

6月6日，北伐军攻克安徽蒙城，打开了北进河南的大门。

北伐军一个月之内，攻城略地，纵贯皖北，逼近河南。沿途所攻

①　中国科学院近代史研究所近代史资料编辑组编：《近代史资料》，中华书局1963年第1期，第13页。

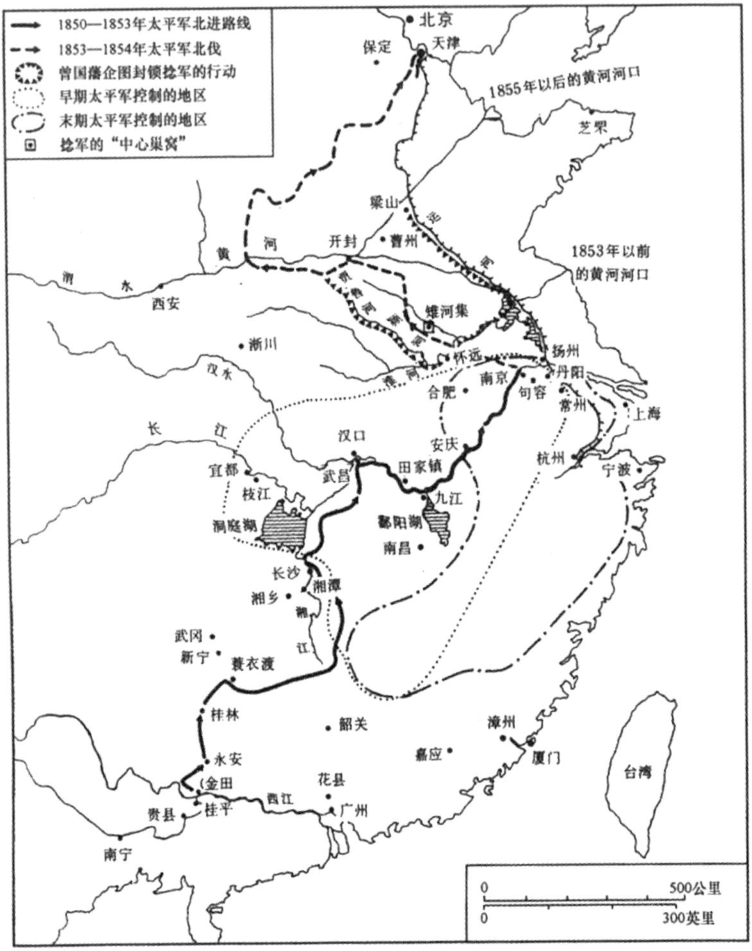


太平天国时期军事形势示意图

陷之城池，作为必要的后勤补充，随即弃之北进，剑指清妖京师。

6月15日，北伐军攻克豫东重镇归德（今商丘），歼敌两千人，缴获大批骡马、辎重以及两万余斤火药，取得了北伐的首次大捷。

北伐军进入河南之后，遇到的困难突然多了起来。困难之一是清军早已将黄河南岸的船只全部拖至北岸，北伐军无法寻得船只渡过黄河，只得徒步行军；另外一个困难竟然是饮食不习惯。河南多吃面食，比如烩面、蒸面、手擀面，各种面食总有一款适合你。然而，太平军大多为南方人，吃米饭长大的，哪款面食都不行。太平军战报中有记载："自临淮至此，尽见坡麦，未见一田，粮料甚难。"

北伐军驻扎在开封东南朱仙镇，面对粮草和兵力缺乏的现实，不得不派人回天京求援。然而求援的斥候被清军查获，求援信根本就没有送到天京。天京后来从其他渠道得知北伐军的困境后，传谕给北伐军："现今铺排镇守天京，不必悬望。"大概的意思是天京也很缺兵少将，你们自己看着办吧，不要期待援兵了。

孤立无援的北伐军在朱仙镇略做休整，顺着黄河西行，终于在洛水汇入黄河的地方找到一些船只，勉强渡过黄河。

北伐军挺进河南并强渡黄河，离山西、直隶不远，已经威胁到了京畿腹地，整个大清为之震动。

为了阻止北伐军继续北进，咸丰皇帝下旨各地要加强对军资粮秣的保护，务必切断太平军的粮草接济，严令各地一旦城破，立即将粮草以及弹药烧尽炸毁，不可给太平军留下丝毫物资。此后，北伐军靠掳掠各地的资源来获得补给，局势变得愈加严峻。

为了获得补给并寻求在豫西北建立一个稳定的据点，7月8日，北伐军开始进攻黄河北岸重镇怀庆府（今沁阳）。

然而，怀庆府城高沟深，防卫森严，久攻不下。

按道理说，作为一支流动作战的部队，不应该执念于攻取一城一池，一旦进攻不顺，应立即绕城而走，寻找新的机会。但是，北伐军出现了重大的决策失误，决定围攻怀庆府。

连续两个月，怀庆府还是没有攻下，不仅贻误了战机，还给清军留下了层层布防的时间和机会。

9月1日，北伐军撤围而走，再也没有机会向北直插直隶，杀向京师了。因为，清军已经在北方调集重兵，静候北伐军的到来。

于是，北伐军不得不从济源翻山越岭进入山西。

也许有人会说，翻山越岭多好啊，可以沿途欣赏好山好水好风光。但是，太平军将士“昼夜跣足狂奔，无不力竭足肿”，光着脚丫子翻越高山峻岭，其辛苦程度可想而知。

幸运的是，清军在山西防卫不严，北伐军沿途攻占了数个城池，并在9月12日攻克平阳府（今临汾）。遗憾的是，由于太平军将领朱锡琨在攻城中被炮火击中身亡，太平军又发挥了自己“报仇要趁早”的革命传统，下令屠城。可怜平阳府全城百姓，无论男女老幼，一万多人，俱遭太平军杀戮。

太平军一再屠城，进行无差别的杀戮，使得太平军在北方民众的心里变成了十恶不赦的妖魔，太平军的群众路线在北方渐渐行不通了。

北伐军在山西接连大捷，主持山西军务的钦差大臣胜保不敢贸然攻击，只敢悄悄尾随在北伐军之后。

北伐军也懒得和清军在山西纠缠，趁着胜保调兵遣将防御山西省城太原的时候，大模大样地再次进入河南，然后摆脱清军的追击，陈兵直隶和山西边界，准备径直杀向直隶。

直隶已经是京师重地，北伐军快杀到咸丰的老窝了。

随后，北伐军攻克临洺关、沙河、任县、赵州、栾城、藁城等十一座县城，如入无人之地。

10月13日，北伐军到达离保定只有六十里的深州。咸丰震怒，京师震动，京城达官贵人眼看京城就要被太平军攻陷，纷纷外逃。咸丰的大清眼看就要完蛋了。

只要北伐军此时穿过饶阳，就可以直逼北京，也许就能实现洪秀全和杨秀清二人的战略设想了。

但是，北伐军并没有这样的机会，因为北伐军在直隶遇到了重重阻力。一方面，清军调集重兵严阵以待；另一方面，直隶的团练要比河南、山西的勇猛一些，他们死死地咬住了北伐军。而且，前文讲过，由于北伐军在北方不断屠城，导致北方的人民群众也不太信任和欢迎北伐军，北伐军已成无根之木、无源之水。

北伐军在直隶绕来绕去，转战了一个月，终于认清了一个事实：自己根本无法接近北京，只得另寻他路。

10月29日，林凤祥率兵占领天津南静海，李开芳率兵占领独流、杨柳青一带，逼近天津城。

此时的北伐军尚有四万人，但是拱卫京师的清军数量远远超过这个数字，大概有二十多万，以区区四万军队攻占北京简直是痴人说梦。林凤祥、李开芳在几次进攻无果之后，打算坚守据点，等待天京派出援兵，援兵一到，再一起进攻北京。

他们的想法太幼稚了。第一，此时的天京已在清军的江南大营和江北大营的围困之下，同时西征也在进行中，天京派出援军的可能性微乎其微；第二，即使能派出援军，天京离天津几千里，援军跨越数省千里行军到达天津的可能性又有多大呢？

其实，天京还真的没有忘记孤军出征的北伐军，于1854年2月派出一万多援军支援林凤祥和李开芳。只可惜，这批援军比林凤祥和李开芳还倒霉，不到三个月几乎全军覆没，只有两三百人返回天京。

天京也很无奈，杨秀清也没有办法，他们尽力了，剩下的只能祈祷了，希望奇迹出现。

但是，杨秀清等到最后的不是奇迹，而是北伐军的全军覆没。

坚守据点的太平军越来越困难，粮草和火药日渐稀缺。

没有粮食吃，还不是最可怕的，最可怕的是北方的冬天，太冷了。

北方的冬天，大雪纷飞，天寒地冻，来自南方的太平军甚至连鞋袜都没有，彻底被冻傻了。

大清的将士裹着貂，太平军的将士露着腰。

1854年2月5日，绝望的林凤祥和李开芳决定突围南下。

我们可以想象当时的场景，北风呼啸，冰天雪地，一群身着单衣的太平军仓促突围，单是行军已困难重重，闻讯追来的清军骑兵再疯狂砍杀，使得此次突围变得更加悲壮。

很多太平军因为寒冷根本没有还手之力，任由清军砍杀，一路上到处都是北伐军的尸体，横七竖八，惨不忍睹。

3月9日，林凤祥、李开芳带领剩余的一万多太平军攻占了阜城，与尾随而来的三万多清军苦苦鏖战，等待着不可能到来的援军。

北伐军在阜城坚守将近两个月，于1854年5月5日突围，向东开进连镇。

连镇较为富裕，便于北伐军补给物资，而且连镇分为东西二集，中间隔着运河，有利于太平军来回转战，但不利于清军骑兵驰骋。因此，林凤祥和李开芳分别驻扎于东连镇和西连镇，形成犄角之势，互为声援。

随后，僧格林沁和胜保带兵将连镇包围，两军互为攻伐，战局颇为胶着。

李开芳他们认识到，这么拖下去，清军源源不断开来，北伐军迟早被耗尽。因此，李开芳于5月28日分兵突围南下，去接应根本来不了的也根本不存在的援军。

可怜的林凤祥率领剩下的太平军苦苦坚守连镇，长达280天。数万清兵围困几千太平军这么长时间，都没有什么大的进展。僧格林沁十分焦急，因为他真的担心哪天没看住，这帮太平军再从自己眼皮底下溜了，皇上肯定饶不了他。

僧格林沁于是想了个狠招——彻底饿死北伐太平军。

连镇地处洼地，周围较高，僧格林沁调集大批民工围绕连镇修建了一道一丈多高，长达一百多里的土堤，并在土堤外面再深挖三道沟。

北方的冬天又到了，滴水成冰。僧格林沁说："是时候了，泼水，让我们一起见证奇迹吧。"他命令清军士兵昼夜不停地往修建的土堤上浇水，由于天气严寒，土堤变成了"冰雪长城"。

满眼望去，一片冰天雪地，北伐军的人和马根本无法接近这道冰雪长城，稍微一靠近，就人仰马翻，根本无法作战。

北伐军被围困在土堤之内，粮食吃完了吃高粱，高粱吃完了吃黑豆，黑豆吃完了吃豆饼，豆饼吃完了吃战马，最后只剩下林凤祥一匹战马了。

一些北伐将士经不住饥饿，在僧格林沁的诱惑下偷偷投降，投降的人数竟有三千多。北伐军越来越少了，只剩下一千多人了。

1855年3月7日，僧格林沁觉得差不多该总攻了。一声令下，清兵从四面八方涌入东连镇，将剩余太平军全部诛杀，仅留部分童子军，活捉了林凤祥。

攻下连镇，活捉林凤祥，清廷为之而振奋，命僧格林沁将林凤祥及其他几名太平军将领押至北京，审讯后一一凌迟处死。

1854年5月28日突围出去接应北伐援军的李开芳，驰骋300里到达山东高唐。李开芳刚刚进入高唐一个小时左右，胜保率军赶到，随即将高唐团团围住。

与固守连镇的林凤祥一样，李开芳坚守高唐也长达280多天，以十分之一于敌人的兵力和胜保周旋，胜保竟然无计可施，甚为苦恼。

僧格林沁攻陷连镇之后，随即派兵8000支援胜保，一起围困李开芳。

1855年3月11日，咸丰将围困高唐数月却毫无建树的胜保锁拿回京，僧格林沁代替胜保，剿杀李开芳及剩余的北伐军。

李开芳一看僧格林沁的蒙古骑兵移师高唐，猜想林凤祥已经失败，因此决计立刻撤退南归天京。

僧格林沁一看，太平军想跑，哪有那么容易？你们太平军的腿还能跑过我的蒙古铁骑？等着吧，我一定要将你们全数歼灭。

1855年3月17日，李开芳率军突围，冲出高唐南门，向南疾驰而去，于半夜进驻冯官屯。

冯官屯将是李开芳等北伐军的最后归宿。

僧格林沁根据线报，首先炮轰冯官屯，将村子里所有的房屋和粮食炸毁。面对敌人强大炮火的李开芳随即命令转入地下防卫，开挖地沟，周旋于内。

一时间，僧格林沁所率领的三万蒙古铁骑竟然对这种地道战无计可施。

急于求胜的僧格林沁又想到了一个狠招——水淹冯官屯。

冯官屯地势较低，僧格林沁组织无数民工连夜开挖沟渠，将聊城境内的运河水引至冯官屯。

冯官屯一夜之间，顿成泽国。

冯官屯被淹，北伐军仅存的粮食和火药全部作废，北伐军战斗力锐减。随后，僧格林沁又展开了政治诱降攻势，北伐军一批一批地投降。

僧格林沁根本就没打算活捉这些太平军，一旦投降立刻分头处死，不留活口。

但是，深处险境的李开芳并不知情，他相信了僧格林沁的鬼话，于5月31日带领剩余的80多名太平军投降。

僧格林沁将李开芳等人押解到北京审讯。6月11日，李开芳也被凌迟处死。

自此，北伐军全军覆没，北伐没有给太平天国带来“直捣黄龙”的胜利，反而折损了太平军大批精锐将士。1863年，太平天国追封林凤祥和李开芳分别为“求王”和“请王”，也算是对他们北伐苦战两年的承认和尊重。

李秀成后来给曾国藩的口供中谈到“天朝十误”，其中竟有“三误”涉及北伐，“误国之首，东王令李开芳、林凤祥扫北败亡之大误”[1]。

太平军北伐，实在是悲壮至极，徒耗天国精锐，损兵折将，最终事与愿违，为后人所哀叹而已。

**正所谓：**

**辗转北伐出燕京，孤军深入无援应。**

**出师未捷身先死，万千将士尸魂惊。**

## 西征

太平军攻下南京并正式定都于此，不用想就知道咸丰很生气。

咸丰作为皇帝，当然有生气的资格，但是生气有用的话，要军队干什么？

生气归生气，当务之急，还得赶紧调兵遣将，收复失地。

1853年3月，太平军一进入南京，咸丰立即下旨，令一路尾随太平军到南京城下的钦差大臣向荣在南京城东南20里的沙子岗（也就是后来的紫金山）扎下大营，此为“江南大营”。4月中旬，钦差大臣琦善与帮办军务陈金绶率领一万多骑兵和步兵赶到扬州，在城外雷塘

① 罗尔纲：《忠王李秀成自传原稿笺证》，中华书局1957年版，第198页。

集、帽儿墩扎下“江北大营”。江南大营和江北大营从南北两个方向威胁着太平天国仅有的三座城池——天京（南京）、镇江和扬州。

向荣的江南大营，此时有17000余人，兵力配备如下：8000人围攻镇江，同时防止太平军进入苏杭地区；2000人驻扎在太平、芜湖地区，防堵太平军进入皖南地区；剩余的7000人集中在天京东南方向的19座营垒当中，营垒绵延70余里，防堵天京太平军，防止其由东路支援镇江；江南大营另有1500人的水师，拥有炮舰70余艘，上游28艘，巡游于南京小河口，下游驻防40余艘。即使不懂军事的人也能看到江南大营的防线过长，兵力过少，再加上这17000名士兵从各省调入，分别来自广西、湖北、贵州、四川以及湖南等地，将不知兵，兵不识将，战斗力堪忧。但是，向荣毕竟是清军正规军王牌将领，领兵打仗颇有一套，也能身先士卒，冲锋陷阵，一直是太平天国的强敌之一。

再来看江北大营，此时也有17000余人的兵力，由琦善统领，其战略任务是攻取扬州，阻止太平军北上。但是，江北大营的士兵多来自北方，不习南方水土，作战素质还不如江南大营。

也就是说，此时围困天京的清军总共加起来不足35000人，而太平军则拥有近10万人的部队，包括步兵、工兵、炮兵以及水师等多兵种，都经历过各种大型战役，作战经验丰富，战斗力远超江南大营和江北大营的清军。

10万太平军对付3万多的清军，绰绰有余，太平军水师部队更是横行长江，无人能挡。因此，军力过剩的太平军需要组织多余的部队进行远征，以扩大太平天国的势力范围和控制区域。另外，洪秀全、杨秀清派部队远征还有更为迫切的原因：天京城内20多万人，非战斗部队就有十来万人，这些人要吃要喝，粮食自然是个大问题，因此远征的第一个战略目标就是夺取江西、安徽这两个大粮仓，解决天京的粮食供应困难问题。

咸丰命令琦善和向荣组建的江北和江南大营，势必从天京附近各省调集兵力，增强围困天京、镇江和扬州的清军兵力，但是却造成了皖南、皖北以及天京上游的江西、湖北、湖南兵力空虚。这种战略态势，使得洪秀全和杨秀清派远征部队向西扩展战略空间成为可能。

然而，洪秀全和杨秀清只看到了自己在天京地区拥有的相对优势，忽略了清廷所拥有的绝对优势：太平天国只占有三座城池而已，清廷仍是中华大地的主人，全国清军总数达90万人之多，有全国作为战略后方，相比于太平天国的后方基地，显然要坚实得多得多。总体而言，清廷比太平天国拥有更强的战略力量和更广的战略空间，也拥有比太平天国更多的人才储备。因此，太平天国的西征注定是一场血雨腥风的苦战，双方争城夺地，必然血流成河，尸横遍野，甚至终将还是无功而返。

洪秀全从一个书生做到天王，杨秀清从一个烧炭工做到东王，从零开始，赢得天下，在他们眼里没有什么事是不可能的。

人生看淡，说干就干。

1853年6月3日，杨秀清命春官正丞相胡以晃、夏官副丞相赖汉英率领西征主力军万余人乘坐近千艘战船，从天京出发溯江而上，先后攻克安徽的和州、芜湖，以及安庆等地。各地清军望风而逃，不堪一击。

随后，胡以晃率少量部队驻守安庆，由赖汉英以及检点曾天养率领一万多人马继续沿江西进，向江西省城南昌挺进，于6月24日抵达南昌城下。

南昌是江西的政治、经济和军事中心，攻下南昌，对太平天国的发展极其有利。但是，正因为南昌战略位置如此重要，清廷也会不惜一切代价守卫南昌。

一路高歌猛进的西征军在南昌遇到了真正的对手江忠源。

江忠源原本已经升任湖北按察使，打算起兵支援安徽庐州（今合肥），但是在听到太平军西征杀往南昌的消息之后，顾不得向清廷请旨定夺，直接率领部队，三昼夜急行400里，在西征军到达南昌城下两天前先行进驻南昌。

江西巡抚张芾激动不已，随即让出军事指挥权，让江忠源全权负责南昌防务。

不得不说，江忠源真是一名悍将，有勇有谋，有胆有识，有他在，南昌固若金汤。

不得不说，赖汉英真是一个草包，靠着裙带关系（洪秀全是他姐夫）谋得要职，原本只是一名乡村郎中，现在要他带兵打仗，实在是勉为其难。

太平军的西征大军在南昌城下久攻不下，拖延多日，耽误了西征计划。随即，杨秀清派出国宗韦志俊、石祥桢等率领第二批西征军赶往南昌支援。

江忠源实在是太能扛了，即使太平军派出第二批西征军前来围攻南昌，南昌依然岿然不动。更可怕的是，南昌战事日久，清廷从容地从各方调兵支援南昌，各路援军正向南昌杀来，围城的西征军很快就要被清军的援军包围了，再不撤退就来不及了。

因此，杨秀清下令从南昌撤围，将赖汉英调回天京，贬入删书衙坐冷板凳去了[①]。

9月24日，西征军撤围而去，随即攻陷九江和湖口，由林启荣等分别镇守，韦志俊和石祥桢率领西征军主力进入湖北境内，开辟新的战场。

10月15日，西征军和清军在江西和湖北的战略枢纽田家镇展开鏖战，西征军轻取田家镇，清军溃败，增援田家镇的江忠源部也死伤惨烈。

赢得田家镇战役，西征军打开了通向湖北武汉的大门，从此可以溯流而上，直逼武汉。10月17日，西征军攻克黄州府城，10月20日，攻克汉阳、汉口。此时的武昌城，清军仅有两千人守卫，武昌岌岌可危。

咸丰惊闻武昌危急，担心太平军攻克武昌后北进中原，因而立刻下旨各地驰援武昌。曾国藩也接到了咸丰的旨意，但是曾国藩以湘军水师尚未练成为由拒绝发兵，陕甘总督舒兴阿也以“沿途车马不济，兵行实难”为由，拒绝发兵。不过，也并不是没有人驰援武昌，荆州将军台涌调集2000兵勇赶赴武昌增援，武昌守军也严阵以待，誓死力保武昌安全无虞。

武昌好像很快就要被西征军攻克了，但是事实并没有。问题还是出在西征军本身。西征军统帅石达开坐镇安庆，将战略重点放在皖北，因此，韦志俊等人在湖北战场只是为了获取粮草和牵制上游清军，并不是要迅速夺取湖北。10月22日，西征军对武昌发动了小股侵

① 删书衙是太平天国删改儒家典籍的机构，目的是将儒家的“四书”“五经”中一些所谓的妖言鬼话、迷乱之说全部删除。

扰，随后撤回，并没有大规模攻城。11月5日夜，西征军撤出汉阳、汉口，只留部分兵力在湖北，湖北战场暂时沉寂下去。

早在西征军在南昌城下鏖战的时候，翼王石达开赶赴安庆主持西征大局。

在石达开看来，安庆地处长江下游，向西可以到达九江、南昌和武汉等要地，向北可达庐州、凤阳，向东则可直达天京，是天京上游第一门户，军事战略地位颇为重要，可以屏障天京，护卫天京安全。因此，石达开将经营的重点放在了安庆以及皖北战场，对湖北战场，不再做战略性进攻。

1853年9月，驻守安庆的胡以晃率部进攻庐州，帮办安徽团练大臣、在籍工部侍郎吕贤基调集2000团练帮助守卫庐州南面的桐城。虽然吕贤基率部拼死抵抗，桐城仍然失守。因为遭受猛烈的抵抗，胡以晃怀恨在心，进入桐城之后下令搜杀“吕妖”。结果，因为口音的问题，太平军的传令兵听成了搜杀“女妖”，一时间，桐城内的女性尽遭屠杀，无辜死难者达3500余人。

占领桐城之后，太平军乘胜攻击庐州。

在庐州，他们遇到了自己的老对手江忠源。

江忠源真是清廷的救火队员，哪里有战火，他就打向哪里。但是江忠源没有想到的是，自己的性命和事业将在庐州终结，这里将是他最后战斗的地方。

太平军猛攻庐州城，清军坚守，固若金汤。

但是，堡垒最容易从内部攻破。正在庐州战事日紧的时候，正当江忠源尽心防卫严加防守的时候，庐州知府胡元祎投降了。

在整个太平天国期间，清朝官员投降的案例还真不多，大多数清朝官员要么是城破被杀，要么是城破之前逃跑，但是将整个城池拱手相送还真是少见。

胡元祎是清朝四品大员，竟然举着白旗向太平军投降了。

正在鏖战的江忠源一脸懵逼，听说庐州知府投降了，自己打下去也没啥意义了，赶紧溜之大吉。

但是，追兵紧紧地咬住了江忠源。江忠源眼看逃跑无望，知道自己又是太平军的大仇人，若是落在太平军手里绝不可能善终，干脆自己了断吧。经过激烈的思想斗争，江忠源跳入水中自杀，一代将星陨落。

1854年1月14日，太平军攻克庐州。

太平天国一直缺乏稳固的战略后方，如若趁着攻克庐州的时机，乘胜歼灭庐州附近以及皖北各地的清军，将皖北建成天京、北伐以及西征三大战场的战略后方，那么此后的战局无论怎样发展，对太平天国还是有利的。但是，此时，东王杨秀清从石达开手里接管了西征事宜，采取了和石达开不同的策略。杨秀清命令胡以晃留守庐州，太平军在安徽采取守势而非主动进攻的姿态，让主力沿江西进，再次把目光投向湖北和湖南战场。胡以晃并没有在庐州待多久，半年之后因作战不利被调到江西战场。（一年之后，也就是1855年1月，清军收复庐州，太平军在皖北的形势急转直下。）

在攻克庐州之后，杨秀清急调韦志俊、石祥桢、韦以德、曾天养以及林绍章等统帅四万太平军西进，兵锋直指武昌。

大兵压境，曾国藩的老师吴文镕是湖广总督，他守土有责，力主坚守武昌，绝不主动出击太平军。但是，朝廷非议颇多，有人认为吴文镕贪生怕死，屡屡上奏弹劾吴文镕。迫于无奈，吴文镕只得主动出兵，率领几千人马进攻太平军占据的黄州，无奈战术不精，陷入太平军埋伏，全军覆没，吴文镕跳湖自杀殉国，向朝廷和咸丰表明了自己的忠心。

随后，西征军乘胜杀往武汉，很快再次攻克汉口、汉阳，并分兵并进：韦志俊率一万人，攻武昌；石祥桢、林绍章率两万人进入湖南，迎战湘军；曾天养率一万人，扫荡鄂西；陈玉成率数千人扫荡鄂北。

一时间，各支西征军在湖南湖北两地征战杀伐，四面开花，好不热闹。

热闹归热闹，但打仗总是要死人的。

1854年6月，西征军攻克武昌全城，这是太平军第二次攻占这座城市了。在攻城中，陈玉成作战勇猛，战功赫赫，从而加官晋爵，迅速进入太平天国军事领导核心。

曾天养作战也颇为勇猛，攻城略地，攻下一座又一座城池。不幸的是，1854年8月，曾天养战死在湖南岳州战场，死于湘军悍将塔齐布之手。

石祥桢等人率领的西征军在进入湖南之后，很快就碰见了新的对手——湘军。西征军和湘军第一次碰面是在靖港，这也是湘军练成之后第一次踏上真正的战场。但是，令曾国藩崩溃的是，靖港之战，湘军大败。曾国藩气得差点跳水自杀。然而，祸不单行，林绍章又率领西征军在岳州大败湘军。湘军水陆伤亡惨重，曾国藩羞愧难当，带领残兵败将，逃回长沙。

逃回长沙的曾国藩自然郁闷非常，长沙各级官员也在密谋向皇上参劾曾国藩，正在此时，湘军塔齐布在湘潭击溃了被胜利冲昏头脑的林绍章，歼灭数千太平军，焚毁太平军战船一千余艘。经此一役，出山以来屡吃败仗的曾国藩及其率领的湘军顿时扬眉吐气，西征军对湖南再也没有威慑力了，太平军失去了攻取长沙进而占领湖南全境的机会。

湘潭大捷，曾国藩和湘军名声大噪。从此，曾国藩利用湖南巡抚骆秉章以及好友左宗棠经略湖南，使得湖南成为湘军坚实的后盾和坚强的战略后方。

趁着湘潭大捷以及岳州、靖港的两次战败，曾国藩重整湘军，该遣散的遣散，该留用的留用，湘军不养闲人，赏罚分明。两个月之后，湘军水陆两师重整旗鼓，意气风发，冲出湖南，挺进湖北。

湘军水陆并进，依靠强大的水师，将太平军水师停泊在武汉沿江一线的一千余艘战船一一歼灭，并于1854年10月14日收复武昌。

这次收复武昌，令湘军声名鹊起，从进军湖北，到发动武汉会战，到攻克武昌，前后仅用了40余天，曾国藩这一仗打得漂亮。听闻武昌收复，咸丰一高兴，下旨赏曾国藩二品顶戴，并署理湖北巡抚。但是，咸丰很快就后悔了。首先，咸丰不太信任汉人官员；其次，他担心曾国藩事权过重，将来不好驾驭。随后，咸丰补发圣旨，改授曾国藩兵部侍郎衔。曾国藩当然明白咸丰的用意，作为在满清皇帝手下做事的汉臣，早就习惯了这种待遇。好在曾国藩好友胡林翼后来署理湖北巡抚，和湖南巡抚一道，成为曾国藩的坚强后盾，才使得湘军能够左右逢源，迅速崛起。

武昌失守之后，西征军退守田家镇。田家镇位于长江中游，被太平军视为天京咽喉，具有极高的战略地位。因此，杨秀清令秦日纲积极备战，准备在田家镇和湘军决一死战。

秦日纲确实积极备战了，在田家镇构筑了坚强的防御工事，在长江江面布置铁索三道，木筏五座，筏上配置各种枪炮、铁索以及其他防御设施，并在长江两岸遍筑土城，摆上一副坚守的姿态，等待湘军的到来。

湘军水师彭玉麟和陆师塔齐布都是精通战略战术之人，一看江面这阵势就知道秦日纲采取的是消极防御姿态。随即，湘军水陆并进，借助大风，用大熔炉烧毁横在江面上的铁索，并焚毁太平军水师四千多艘船只。

田家镇会战，西征军大败，湘军乘胜将战场推到了九江城下。

如果太平军再不做出一些调整，湘军攻下九江，就可以攻安庆，攻下安庆，就可以攻天京了。

太平军当然不会坐视不理，立即派出能征善战的翼王石达开主持九江战局，并调集胡以晃、罗大纲各率人马前来助战，同时转战湖北的陈玉成也进军广济，对九江形成战略支援的态势。

湘军由曾国藩亲自坐镇督战，太平军由翼王石达开坐镇督战。

既然，双方各就各位了，那就开战吧，别犹豫了，能动手就别吵吵。

1855年2月11日，月黑风高，石达开率本部人马，会同罗大纲以及九江守将林启荣各自率领的人马，乘坐轻舟向笨重的湘军水师杀来。顿时，火光冲天，杀声震天，当即烧毁湘军水师战船一百多艘，俘获曾国藩旗舰。曾国藩眼看自己亲手筹建的水师损失惨重，急得又一次跳水自杀，幸亏又被手下救了上来。

与此同时，陈玉成、韦志俊等人率本部人马趁着湖北守备空虚，再一次向湖北发起进攻。1855年4月3日，太平军第三次攻克武昌。

此后，西征军和清军在湖北战场进行了艰苦的拉锯战。韦志俊坚守武昌，击退了清军多次进攻，并且击毙湘军主将罗泽南。

不幸的是，1856年9月，天京内讧爆发，石达开只得放弃湖北，迅速回京，韦志俊因为哥哥在天京事变中被杀，也无心驻守武昌，于1856年12月弃守武昌，武昌再次回到清军手中。

太平军西征，在石达开的主持下战果颇为丰厚，一路攻城略地，使清廷疲于应付，就连曾国藩和他的湘军也陷入了困境。太平天国通过西征巩固了天京上游的安全。但天京周围的情势却让人颇为担心。因为，在太平军西征的同时，清廷在天京周围建起江南大营和江北大营，时刻威胁着天京的安全。为了击溃江南大营和江北大营，解除天京周围的威胁，洪秀全和杨秀清从西征前线调回石达开和秦日纲，令其率主力部队回援天京。庆幸的是，江南大营和江北大营相继被击溃，但是西征军回援天京，却给曾国藩的湘军提供了休整的机会，使湘军绝处逢生。

其实，湘军崛起也不可怕，只要太平天国内部团结，再凶猛的敌人都不可怕。但是，偏偏正在湘军崛起的时候，太平天国内部出现了巨大的裂痕。

**正所谓：**

**西征男儿多好汉，驰骋长江据天险。**

**忽闻天京生变乱，满盘皆输浑不见。**

# 第十三章 内讧

昭文县后营左营右旅帅木印

## 杨秀清也想当万岁

杨秀清觉得自己对于太平天国来说最为重要，事实也确实是这样的。

自太平军冲出广西以来，尤其是定都天京后，洪秀全住进了天王府，就基本没有再指挥过什么具体的战斗或是谋划过什么战略。他的日常就是在天王府和自己的八十多位王娘们饮酒作乐，或是随手写点打油诗。至于天国的具体事务，都交给东王来管，自己乐得做个甩手掌柜。

杨秀清的东王府好像才是太平天国的中央政府。东王府设置吏、户、礼、兵、刑、工六部，每部设尚书十二名，六部加起来就有七十二名尚书。还设立东殿丞相，主持国政，主理天国的日常行政事务。东王府的七十二名尚书，是杨秀清治理太平天国的重要助手，尤其是吏部第一尚书李寿春和第二尚书侯谦芳。靠着杨秀清的信任和宠信，这二位尚书假借东王之名甚至可以号令全国、调动全军，因此，二人在太平天国的实际地位甚至高于北王韦昌辉和翼王石达开。这一点，连清军的情报机构都知道，张德坚所编的《贼情汇纂》中说二人“权势在韦石二贼之上，伪侯相为之侧目”。

连东王府的两个尚书都可以为所欲为，何况东王杨秀清本人呢？

天王府有很多女人，有些女人是广西客家人，更多的女人是定都天京之后从南方各地抢掠而来的良家女子，有不少确实是国色天香。

东王杨秀清是为数不多的能够自由进出天王府的人，来来去去多了，天王府内有些女子自然也就引起了杨秀清的注意，比如天王府的两个女官朱九妹姊妹俩。

这一双胞胎佳人简直让杨秀清夜不能寐，直接向洪秀全要走吧，这有点太过分了，毕竟东王还是要脸的人。但是，别忘了，杨秀清可以代天父传言。杨秀清自己不好意思说的事情，可以借天父之口说出。

1853年12月的一天夜里，天父突然下凡，降临在杨秀清身上，说要立即赶往天王府见洪秀全。

正睡在温柔乡的洪秀全听说自己“天上的爹”又来了，赶紧整理衣装，打开天王府跪下迎接天父的到来。

天父：“秀全，你有过错，你可知道？”

洪秀全心想，老子有什么错，老子最大的错就是你杨秀清在紫荆山第一次假装天父下凡时没有揭穿你。

心里这么想，嘴上可不敢这么说，不然太平天国的神话就演不下去了。

洪秀全忍着巨大的屈辱，说道：“小子知错，求天父开恩赦宥！”

天父：“你知道有错，即杖四十。”

洪秀全都快哭了，心说：“又打屁股了，这可咋办？”

幸好，韦昌辉等人闻讯赶到，立即跪下苦苦求情：“求天父开恩，赦宥我主应得的责罚，小子等愿代天王受杖。”

洪秀全看有人求情，赶紧说："诸弟不得逆天父圣旨，天父天恩教导，你们二兄自当受责罚。"

杨秀清看戏演得差不多了，洪秀全也求饶了，自己也该见好就收，该办自己的正事了。杨秀清假装息怒，说道："你既然认错，我就不再杖打。现在我要嘱咐你，女官石汀兰、杨长妹当使她们各至王府，与国宗一体安享天福，无用协理天事；朱九妹两大小前亦有功，亦准她们居王府安享天福。其余的事，都由清胞向你奏知。"

到此时，天王洪秀全才明白，东王杨秀清大半夜闹这么一出就是为了自己天王府里的两个女人。杨长妹是东王本家姐妹，石汀兰是翼王石达开家族的人，到王府享福不过是杨秀清的借口和陪衬，杨秀清真正的目的是朱九妹两姐妹。

洪秀全搞清楚了杨秀清的真正目的，虽然心里不甘，但也不敢忤逆天父的圣旨，只好乖乖地送朱九妹姐妹俩进入东王府，侍奉东王。

东王杨秀清自认为自己的表演天衣无缝，还把这事写进《天父下凡诏书》，广为流传。

但是，无论杨秀清怎样自作聪明地掩饰，天下人都知道东王抢了天王女人的丑事，当时有人写诗讥讽说：

经传天父来凡间，或言天王府中有巾帼；

当予东王侍枕席，否则天王笞四百。[1]

杨秀清对洪秀全的日常生活也大加干涉，杨秀清假借天父之口责

①　盛巽昌：《实说太平天国》，上海书店出版社2017年版，第245页。

备洪秀全四岁的儿子，也就是天国的幼主，说他下雨天在外面玩耍，把别人送的礼物弄坏，这些都是洪秀全日常管教失误，不可再犯。杨秀清甚至借天父之口责备洪秀全不够孝顺，因为洪秀全不让宫女照顾他自己的母亲。

1855年8月，又是一个深夜，天父又一次降临人间，杨秀清让手下抬着他赶往天王府。天王听说天父又下凡了，赶紧穿上衣服开门迎接。也许是稍微迟了一会，天父不开心了，责问洪秀全："为什么这么久还不开朝门？真该打！"洪秀全也不敢顶嘴，只得老老实实认罪说："求天父恩赦小子延迟之罪。"其实，杨秀清大晚上假借天父下凡也不是为了什么军国大事，只是想给洪秀全的原配赖氏交代一些琐碎之事，吩咐赖氏要尽心和谨慎地为天王挑选其他小王娘。

类似于这种不疼不痒的小事，杨秀清都要假借天父之口对洪秀全教导或是责罚一番，经年累月，实在让洪秀全苦不堪言。

杨秀清不仅在各种场合想尽办法羞辱洪秀全，对其他王爷也从来不给面子，比如北王韦昌辉。

在诸王之中，韦昌辉应该是最倒霉的，杨秀清经常借故羞辱他，动不动就打他屁股。韦昌辉再疼再苦也只能咬碎牙和血吞，不敢有丝毫怠慢，也不敢顶嘴。

有一次，韦昌辉命令北殿丞相张子朋带领部分水师出征湖南湘潭，张子朋拿着北王令牌到水营征调船只，但是水营只听东王号令，不认北王令牌，双方吵得不可开交，差点激起水营兵变。杨秀清听说之后，立即赶往北王府，杖责韦昌辉一顿军棍。

还有一次，韦昌辉之兄和杨秀清的一个亲戚争夺房产，结果杨秀清的这位亲戚把状告到杨秀清这里，杨秀清认为这是对自己权威的挑战，找韦昌辉算账，要杀掉韦昌辉之兄。韦昌辉迫于杨秀清的淫威，只得同意处死，甚至为了表忠诚，建议将其兄五马分尸以换来杨秀清的宽恕。

同样倒霉的还有秦日纲以及陈承瑢等人，杨秀清经常无故随便找个理由就杖责他们一番。杨秀清的傲慢和跋扈搞得天朝上下天怒人怨、人神共愤。

杨秀清和韦昌辉之间的仇怨如此之深，不仅太平天国内部人尽皆知，清军方面的张德坚也曾预测“杨贼与昌辉互相猜忌，似不久必有吞并之事”。

至于杨秀清为什么那么恨韦昌辉，没事总找韦昌辉的毛病，似乎也很难有什么资料给出明确的答案。但是从心理学的角度来看，韦昌辉出身富家子弟，杨秀清出身贫苦人家，起义之前大家都在紫荆山区金田一带生活，贫苦人家仇恨富家自古以来颇为常见，现在杨秀清高于韦昌辉，找个机会羞辱一番，心理上倒是能平衡一点。

扳倒杨秀清，所有人都在等一个机会。

这个机会还是杨秀清自己创造出来的。

1856年初，太平天国发展颇为顺利。杨秀清指挥的太平军将曾国藩困在南昌城里，太平军控制了江西的大部分地区；清军围困天京的江北大营和江南大营依次被击垮，江南大营的清军统帅向荣，终于忍受不了一直以来的失败，羞愤至极，急火攻心，撒手人寰。

一时间，太平天国进入了历史最好时期。

但是，在杨秀清的眼里，太平天国的一切都是他的功劳。至于那个天天躲在天王府女人堆里只会写点打油诗的天王洪秀全，在他看来简直就是废物点心。但是，太平天国的天王却是洪秀全这个废物点心，而不是他杨秀清自己。

这种事想多了，杨秀清渐渐有了一个可怕的想法：我自己也可以和洪秀全一样称万岁，而不是低人一等的九千岁。

人一旦有了念头，很快就会有行动，而行动又会决定一个人的命运。

正如后来的撒切尔夫人说过的那样：小心你的思想，它会变成你的语言；小心你的语言，它会变成你的行动；小心你的行动，它会变成你的习惯；小心你的习惯，它会变成你的性格；小心你的性格，它会变成你的命运。

杨秀清的第一个行动是私下刻了一枚“太平天国真命主杨秀清”的大印。

杨秀清的第二个行动就是找洪秀全，让其封自己为万岁。但是，这种事情杨秀清觉得还是借天父之口说出来比较合适，这是他最擅长的事情了。

几天之后，天父果然下凡了，召天王洪秀全到东王府问话。

天父：“天父在此！尔与东王均为我子，东王有这样大功劳，何止称九千岁？”

洪秀全知道杨秀清又在借天父之名装神弄鬼了，只得回答道：“东王打江山，亦当是万岁。”

杨秀清一看洪秀全这么爽快就答应了，干脆给自己的儿子也弄一个万岁吧。于是，杨秀清借天父之口又说道：“东世子岂止是千岁？”

洪秀全一看杨秀清得寸进尺，但一时间也没有什么办法，只好先应下来再说，说道：“东王既称万岁，世子亦便是万岁，且世代皆万岁。”

杨秀清一看目的达到，洪秀全这么容易就答应了自己的要求，立刻说道：“是吗？好！好！好！重要的事情说三遍，朕归天去了。”

杨秀清以为洪秀全诚心实意要封自己为万岁，洪秀全就是个怂包，好欺负，遂放松了警惕之心，计划于9月23日自己生日这天正式称万岁。

一国岂容二主？

杨秀清逼洪秀全封其为万岁，对于洪秀全而言，事情已经变得很清楚了——杨秀清想取代洪秀全，杨秀清自己想做天王。

不仅如此，在东王府供职的佐天侯陈承瑢悄悄跑来告诉天王洪秀全：杨秀清要在称万岁那天软禁并且废除你。

事已至此，洪秀全再不动手，将来可能就没有动手的机会了。

洪秀全可以容忍杨秀清抢自己的女人，可以容忍杨秀清杖责自己的身边之人，甚至可以容忍杨秀清以天父之名打自己圣洁光滑的屁股，但是，一旦发现杨秀清要谋逆，要取代自己的位置，洪秀全就会毫不留情地反击。

此前，洪秀全只是乐得做个甩手掌柜，但这并不代表洪秀全没有反击的能力。

毕竟，太平天国的天王是他洪秀全而不是杨秀清。毕竟，拜上帝会的创始人是洪秀全，不是你杨秀清。

正如明朝的大太监魏忠贤一样，无论怎样飞扬跋扈、权倾朝野，还不都是皇上宠信和肆意放纵。一旦皇上不开心，动动手指头，瞬间就可以让魏忠贤灰飞烟灭，死无葬身之地。

杨秀清等来的不是万岁的称号，而是洪秀全冰冷的屠刀。

正所谓：

天帝下凡传旨意，一山二虎争天地。

忤逆之心司马昭，天王梦醒拒父意。

## 杨秀清之死

面对杨秀清的步步紧逼，洪秀全决定反击。

在天京城内，洪秀全已经没有什么值得信任且有能力的人了，洪秀全的身边人比如韦昌辉、秦日纲以及石达开都被杨秀清派往各地作战。

要动手，身边没人可不行。

随即，洪秀全发出两道密诏。一道密诏发给正在江西督师作战的韦昌辉，一道发给在江苏丹阳前线的秦日纲，要求二人火速赶回天京救驾。

洪秀全为什么发密诏给韦昌辉和秦日纲？原因很简单，正如我们前文所述，韦昌辉和秦日纲平时受杨秀清的侮辱和责罚最多。敌人的敌人就是朋友，大家都反对杨秀清，洪秀全、韦昌辉和秦日纲在这一点上是站在同一条战线上的。另外，韦昌辉、秦日纲等人是洪秀全金田起兵之时的老人了，都是一起奋斗的老兄弟，感情自然比较深厚，容易团结起来。

被杨秀清派往江西作战的韦昌辉此时正担惊受怕，因为韦昌辉刚刚指挥军队在江西瑞州（今高安）打了一次败仗，两千太平军战死五六百。韦昌辉带人仓皇逃离战场，光顾逃命了，竟然将自己乘坐的黄缎轿子和黄绣罗伞都给丢弃了，被清军捡走当了战利品。韦昌辉正担心杨秀清再借故责罚自己的时候，接到天王洪秀全的密诏，天王的意思和自己不谋而合。随即，韦昌辉又带领三千亲兵星夜兼程乘船赶回天京。

一般来讲，杨秀清作为太平天国军政大权的实际掌控者，韦昌辉率兵回京这种很敏感的事应该会有情报部门汇报给他。但是，杨秀清竟然对韦昌辉回京的事情一无所知。原因大概有两个方面：一方面，东王杨秀清将自己主要的监控力量和情报人员放在了湖北战场的石达开身上，以监视石达开的一举一动；另一方面，韦昌辉率领三千亲兵乘船回京事先也做了精密部署，他们分乘二百余只船，隐秘而迅速，然后分散在天京各处靠岸下船。当时处于战时，天京各地有几十艘船靠岸这种事太常见了，所以东王掌控的情报部门并没有给予特别重视。就这样，韦昌辉率部顺利抵达天京。

1856年9月1日，韦昌辉在天京城外见到了早已奉诏回京的秦日纲，两人要求城防官兵打开城门放他们进入天京。按道理，出征将士回京，如果没有东王府的批准手续，是不能擅自进京的。但是，守卫天京安全的卫戍司令恰恰是陈承瑢。陈承瑢看到韦昌辉和秦日纲要进城，立即命人放下吊桥打开城门，将韦昌辉和秦日纲以及他们所带兵将放进天京。

韦昌辉进城之后回到自己的北王府，立即接到天王大驸马钟万信带来的诛杨密诏，密诏曰：

> 天王诏令，千祈遵天令，同心诛魔逆，永保天朝万世太平……朕实情谕尔等：东逆干犯天条，蓄意造反，罪在千刀万剐，尔等同心同力向前……[①]

随即，韦昌辉和秦日纲率领直属亲兵，陈承瑢率天京卫戍部队以及天王卫戍部队连夜出动，控制了东王府附近的大街小巷，死死围住了东王府。

饱受杨秀清侮辱的北王韦昌辉率先闯入东王府，大开杀戒。事情来得太突然，杨秀清都没有来得及逃入为应付紧急事变的安全房——“空墙”，便被韦昌辉斩杀。

本来，韦昌辉和秦日纲答应洪秀全在攻入东王府之后，只杀杨秀清一人，绝不伤及无辜。但是，可能平时受杨秀清侮辱太多了，所谓爱屋及乌，恨屋及乌，韦昌辉和秦日纲将洪秀全的叮嘱抛诸脑后，在东王府杀红了眼，见人就杀，无论男女老少，无论是杨秀清的家属还是下属都惨遭杀身之祸。韦昌辉之所以痛下杀手的另外一个原因也很好理解，如果不彻底杀干净，将来杨秀清的哪个家属或是下属万一再发迹上位，他们再找韦昌辉报仇就太危险了，所以，干脆现在杀个干干净净。

一时间，东王府的所有人员，包括亲兵、属官、乐师、侍女、书吏、仆役以及所有的王娘，哪怕是怀着身孕的女人，也没有逃脱的

……………………………

① 盛巽昌：《实说太平天国》，上海书店出版社2017年版，第280页。

可能。

在杀完了所有人之后，韦昌辉和秦日纲的手下开始洗劫东王府的金银财宝，这也是太平军的强项之一。

很快，整个东王府被洗劫一空，然后又被他们放火烧掉了。偌大的东王府，一天前还是金碧辉煌，人来人往，此时化为灰烬；一天前还在指点江山、运筹帷幄的东王，此时只落得身首异处，人财尽空。实在是可叹！可惜！可悲！

但是，天京的杀戮并没有结束，太平天国的悲剧才刚刚开始。

东王府的人已经被杀干净了，但是整个天京还有五六千效忠于东王的部属。

这五六千人大多是在紫荆山时期就已加入拜上帝会的，是太平天国的老兄弟了，是忠诚的拜上帝会信徒。

但是洪秀全和韦昌辉搞不清楚的是：这些人到底是忠于太平天国，还是忠于杨秀清本人？

想要搞清楚这个问题其实也不难，是可以甄别出来的，但是需要时间和精力。与此同时，有些忠于东王杨秀清的人还在拼死抵抗，比如东王府礼部尚书傅学贤率领一批将士，和韦昌辉率领的太平军在天京的大街上展开巷战，三天三夜难分输赢。他们到底是怕死才拼死抵抗，还是忠于杨秀清才拼死抵抗？又有谁知道呢。已经杀红了眼的韦昌辉没有时间和精力去分辨他们到底忠于谁，最直接的办法就是斩尽杀绝。

但是，对付玩命抵抗的人还是有难度的，霸王硬上弓也会伤到自己，不如智取。

洪秀全和韦昌辉商量了一个阴毒的计划。

9月4日，杨秀清被杀之后的第三天。洪秀全派出宣诏女官在天王府门前宣布了一份天王诏旨，说韦昌辉、秦日纲等人滥杀无辜，罪无可恕，现已经捉拿归案，每人杖责五百军棍，东王府所有部属都可以前去观刑。杖责五百军棍，这是紫荆山时期拜上帝会用于惩罚叛徒的大刑，现在用在韦昌辉和秦日纲二人身上，这对于还活着的东王部属来说无疑是个天大的好消息。

在他们看来，苍天有眼了，天亮了，天王终于为他们做主了。

刑场设在天王府内，东王部属都可以前去观看。但是，根据规定，所有进入天王府的人都不许携带兵器。因此，这些东王部属都自觉地把兵器放在了天王府门口，怯生生地走进了杖责韦昌辉和秦日纲的刑场。只见韦昌辉和秦日纲二人趴在木凳之上，行刑之人将军棍重重地打在他们的屁股上，哀号一声接着一声。本来还心存疑虑的东王部属开始放心观看，那些还在天王府之外的也都放心大胆地走了进来。等到东王部属差不多都进入天王府之后，大小门窗统统被关闭，韦昌辉的人将院子围了个水泄不通。

仅存的东王余党上当了，他们本来相信天王洪秀全会给他们做主的，他们本来相信天王诏旨的，现在只能束手就擒，任人宰割。

他们天真得让人可怜，幼稚得让人心疼。

在政治利益面前，他们至高无上的天王洪秀全也是会撒谎的。

屠杀开始了。

据当年目睹屠杀的一个爱尔兰人回忆：

……一些炸药包扔向被押的人群，而出口则守得滴水不漏。兵丁进了其中一座大厅，把被押者杀光，没遇到什么反抗。但在另一座大厅，被押者用厅墙和隔墙上的砖块拼死抵抗了六个多小时才被歼灭。屠杀者除了用火枪之外，还丢了一枚两磅重的葡萄弹——这些可怜虫把身上的衣服扒掉，许多人是力竭而死。最后，第五位和第七位（韦昌辉和秦日纲）为了让手下与第二号人物的人有区别，命之挽起右袖，然后冲进去把还活着的人杀掉——过了一会儿，我们走进大厅，天啊！真是惨不忍睹，有些地方尸体堆了五六人高，有的人吊死，有得被扔进来的炸药包炸焦了——尸体全给搬到一块空地上，任由曝晒——之后，全城每户户主都得上报，屋里住着多少男女老少，每个人都领了一枚小牌（刻有印记）戴在胸前，如果发现第二号的人就抓起来——这些人被五人一队、十人一队、百人一队、千人一队地押到刑场砍头，妇孺也不能幸免，持续了好几个星期。所有吃过第二号人物茶饭的人都遭了殃。[①]

由于惨遭屠杀的大都是从广西来的老兄弟，有些太平军不愿动手，毕竟“本是同根生，相煎何太急”。韦昌辉就动用一批童子兵负责行刑，这帮小孩子之前和东王的人没有什么瓜葛干系，“行刑者辄为小童，以杀人为嬉欢乐事”[②]。

如果说杨秀清死有余辜，但是东王府的部属、随从、女官以及那些还没有出生的孩子，他们又有什么罪？

① [美]史景迁著，朱庆葆等译：《太平天国》，广西师范大学出版社2011年版，第308—309页。

② North China Herald，1857年1月3日。North China Herald，即《北华捷报》，是上海第一家英文报刊，于1850年8月3日由英国拍卖行商人Henry Shearman（亨利·奚安门）在上海英租界创办。太平天国运动期间，该报刊登了很多有关太平天国的报道，是研究太平天国的重要参考资料。

历史上的政治清洗，从来都是干净彻底地斩草除根，能株连多少就株连多少。

朱元璋诛杀功臣如此，明成祖朱棣诛杀建文帝旧臣亦如此，洪秀全诛杀杨秀清更是如此。

在中国历史上，所谓宫廷政治大都是血迹斑斑，根本看不到清风明月。

其实，如果不是洪秀全先动手，杨秀清诛杀起洪秀全的部属和家人也丝毫不会手软。

谁也不比谁更高尚！

**正所谓：**

**人心不足蛇吞象，相煎何急争弱强。**

**十年忠义临到头，手足相残谁高尚？**

## 东西南北王全没了

不管怎么说，天京流的血太多了。

1856年9月中旬，远在湖北前线作战的翼王石达开就听说了天京内乱的消息。

其实，杨秀清也没少侮辱石达开，石达开也很痛恨杨秀清，甚至也曾经和韦昌辉密谋要杀掉杨秀清和他的三个兄弟。但是，在石达开看来，诛杨行动止于此而已，不应该再滥杀无辜，毕竟东王的部属也都是拜上帝会成员，也是天国的兄弟姐妹。

听闻天京内乱的消息之后，石达开火速赶往天京。石达开并没有带太多兵回来，他是个理想主义者，觉得大家都是兄弟，应该可以坐下来好好谈谈，如果带大部队回来，显得有点太张扬，不够有诚意。另外，湖北武昌前线正在激战，一下子抽调太多的部队跟自己回天京，会削弱武昌前线的战斗力。所以，石达开只带少量亲兵回到了天京。

天京的惨状让石达开十分震惊，到处都在杀戮，到处都在流血，到处都是尸体。

东王府已化为灰烬，东王杨秀清已身首异处，东王部属已被斩杀干净。

石达开觉得自己应该和韦昌辉好好谈一谈。

石达开："我们坐下好好聊聊吧！"

韦昌辉："好啊！我洗耳恭听。"

石达开："东王，不，杨秀清确实该死，他嚣张跋扈，他目中无人，他欺人太甚。但是，他的那些部下又有什么罪呢？他们都是从广西跟我们一路杀到天京来的，一起出生入死，都是兄弟姐妹。他们也只是被分配到杨秀清手下而已，他们并不是天国的敌人。你这样不分青红皂白，滥杀无辜，真是亲者痛仇者快，等于在帮助清妖啊！你这么做，到底是人性的泯灭，还是道德的沦丧？"

韦昌辉："住口，你这个不知死活的狂妄家伙。难道你是站在杨秀清那边和我说话的吗？注意你的立场，所有杨秀清的人都该死。"

话说到这份上，石达开觉得韦昌辉变了。以前的韦昌辉至少还有一点读书人的影子，说话彬彬有礼，做事也讲究分寸，但是现在却变成了一个杀人狂魔，听不进任何良言和劝告。

石达开："好吧，再说下去也没什么意义了。我先回去，你也好好想想。我们找机会再聊吧。"

韦昌辉面露杀机，说道："如果还能来的话，那就再来吧。"

最后一句话已经很清楚了，杀红了眼的韦昌辉已经对石达开动了杀心。

饱受屈辱，压抑已久的韦昌辉变成了杀人狂魔，会杀掉任何阻碍他前进的人，石达开当然也不例外。

走出北王府的石达开觉得自己不能再回翼王府，因为他的随员张遂已经打听到韦昌辉要对石达开动手的小道消息了。

回家通知家眷已经来不及了，石达开从北王府出来，就和随员从小巷子往天京城外逃。但是，城门已被韦昌辉封闭，石达开只能在随从亲兵的帮助下从城墙上吊绳而下，仓皇而逃。

韦昌辉带兵包围了翼王府，发现石达开已经逃跑，愤怒的韦昌辉立即动手杀掉了石达开的全家老小，包括石达开的正房妻子，也就是卫天侯黄玉坤的女儿。

石达开听闻自己一家老小死于韦昌辉的屠杀，悲愤至极。立即赶往安庆，召集忠于自己的部下火速集结，并且联合了天地会等一批人马，很快就有了十万大军。

石达开率领十万大军浩浩荡荡开往天京勤王。

韦昌辉、秦日纲也组织军队讨伐石达开。但是这些军队一开出天京，就发现天京城外的太平军都支持石达开，不得不立即调转枪口和清军打了起来，拒绝和石达开作战。

万般无奈的韦昌辉只好加强天京防御，在天京城外拉开阵势要和石达开大干一场。为了防止石达开的部队利用聚宝门外的大报恩寺作为炮轰天京的据点，韦昌辉下令将明成祖朱棣为纪念自己的母亲建造的大报恩寺琉璃宝塔彻底炸毁。[①]

其实，到现在为止，在天京滥杀无辜的韦昌辉和秦日纲已经是孤家寡人了。但是，人越是到穷途末路之时，越是变得疯狂和不理性。

杀人杀上瘾的韦昌辉连洪秀全也看不顺眼了。

在韦昌辉看来，洪秀全没有明确表态支持自己讨伐石达开就是和自己作对。所以，干脆连天王洪秀全一块杀了算了。

11月中旬，利令智昏的韦昌辉竟然带兵围攻天王府。

但是，天王府墙高院深，短时间围攻不下。战局持续得越久，对韦昌辉越不利，因为韦昌辉的部下对围攻天王府这件事还是有顾虑的。毕竟，杀杨秀清和杀洪秀全还是不一样的，洪秀全是拜上帝会的创始人，是太平天国的最高领袖。这种大逆不道的事情，做起来总是有点名不正言不顺。

为了击退韦昌辉，洪秀全也下了一点功夫。洪秀全命令天王府的

① 明代初年至清代前期，大报恩寺琉璃宝塔作为南京最具特色的标志性建筑物，被称为“天下第一塔”，更有“中国之大古董，永乐之大窑器”之誉，是当时中外人士游历金陵的必到之处。清代康熙、乾隆来江南时均曾登临此塔，康熙帝作诗云：“涌地千寻起，摩霄九级悬。琉璃垂法相，翡翠结香烟。缔造人功巧，流传世代迁。旷然弥远望，万象拱诸天。”乾隆帝还逐层题写匾额。

女官们穿上太平天国军装，然后在墙头升起了翼王石达开的旗帜。

韦昌辉的部下本来就心惊胆战如惊弓之鸟，一看天王府墙头升起了翼王石达开的旗帜，以为翼王的部队已经攻进了天京城，立刻作鸟兽散，四散奔逃而去。

刚才还前呼后拥的韦昌辉突然就变成了孤家寡人，一个人四处躲藏，躲避天王府的追捕。

形势一下子发生了大逆转。

韦昌辉从天王的同谋变成了天国的逆党，成了整个太平天国的敌人。

有时候，是敌是友，就在一瞬间。

但是，在只问立场不问是非的世界，谁又比谁更正义呢?

形单影只的韦昌辉很快就被抓获了，韦昌辉的父亲以及其他亲属也都被愤怒的天国将士诛杀。天京城开始了新一轮的屠杀。

之前是北王杀东王，现在是天王杀北王。

天王洪秀全抓住韦昌辉之后，没有经过任何审讯直接就把他五马分尸了。天王为什么不审讯?不敢审啊！万一审出什么不该让天国将士知道的事情，那他天王洪秀全的声誉就完蛋了。毕竟，是天王洪秀全密诏韦昌辉回京诛杀杨秀清的，天王洪秀全才是打开潘多拉魔盒的人。

韦昌辉被贬为“北孽”，尸体被分成方寸小块，挂在天京城的各处，旁边张贴告示：北奸肉，只准看，不准取。秦日纲和陈承瑢也很快被抓获并处死。

他们必须死，而且必须立即死，因为他们知道了太多内幕，知道了洪秀全的太多秘密，一定不能经过任何审讯，直接砍头对天王最有利！

韦昌辉的人头被送到了翼王石达开的大帐之内。石达开打开装着韦昌辉人头的木盒子看了一眼，人头用盐包裹着以免腐烂，确认过眼神之后，就是韦昌辉本人，石达开放心了。

毕竟，韦昌辉也是杀害自己家属的仇人，也是破坏太平天国的仇人，于私于公，韦昌辉的死都能给石达开带来一丝的慰藉。

“天父”想杀天王，结果天王反而杀了“天父”。原本，太平天国很多人是真心相信洪秀全、杨秀清、萧朝贵以及冯云山等人精心构建的神话体系的，相信天父、天兄的存在，相信太平天国子民都是兄弟姐妹，大家亲如一家。但是，怎么突然就开始打打杀杀了呢？拜上帝会的整个信仰体系开始崩塌，大家再也不相信洪秀全原来的那套说辞了。

之后，太平天国流传着一首民谣：天父杀天兄，总归一场空；打起包裹回家去，继续当长工。天国子民觉得自己之前被骗了，不再相信天王的那些鬼话了。信仰体系的崩塌要比战场上的失败对太平天国的影响大得多。人们一旦产生怀疑，太平天国的统治的基础就开始土崩瓦解，也就预示了最终的结局。

天京内讧，诸王之间的恩怨似乎到此该结束了。

确实该结束了，但是真的没有结束。

因为，天京内讧的下一幕，也是最后一幕，马上就要上演了。

**正所谓：**

**祸不单行小天堂，天国柱石灰飞扬。**

**梦想成烟无踪迹，万事成空熄信仰。**

## 石达开出走

太平天国的首义诸王中，东王、西王、南王和北王都没了，只剩下天王和翼王了。

以前，东王杨秀清在的时候，天王洪秀全可以安心地待在天王府和自己的众多王娘嬉戏作乐，没事写写打油诗乐和乐和，天国诸多繁杂之事都有东王操心，其他王爷配合就可以了。

经过天京内讧，天王发现了几个事实：第一，异姓王爷打江山还行，坐江山都不可靠，还得是自家兄弟才靠得住；第二，首义诸王只剩下翼王了，依照目前的状况，天国的大事必须交由翼王打理了；第三，关键是，翼王靠得住吗？

但是，无论翼王石达开是否靠得住，目前都只能依靠他了。原因之一，目前没有其他人可以依靠；原因之二，翼王在天国内部的声望太高，不用翼王，对天国上下都没法交代。

1856年11月底，翼王石达开由安徽宁国回到天京。

按道理，翼王全家都被北王韦昌辉杀害，此次回京之后一定会严惩任何与韦昌辉有关的人，天国必然又是一场血雨腥风。

但是，翼王就是翼王，不仅业务素质高，能征善战，而且有大局观，一切从天国的安危和未来出发，没有再在天国掀起屠杀的浪潮，保持了天国的暂时稳定。

以现在的眼光来看，翼王简直就是德艺双馨，简直就是高风亮节，简直就是至圣至义之人。

满朝文武，齐盼翼王主政。

众望所归，天王让翼王石达开总理朝政军国大事，基本继承了原先东王杨秀清的角色。

然而，天王洪秀全却再也不能将所有权力都下放给现在的翼王了，不能像之前一样完全做甩手掌柜了，因为他实在不放心这个异姓王爷。因此，洪秀全兼作军师，将决策和行政大权全部掌控在自己手中。翼王虽然被封为通军主将，名义上掌握着全国的军队，但是却无法调动天京的卫戍部队，这支部队归天王直接统领。

翼王石达开并不和洪秀全计较这些，在他心里，天国的安危大于自己的权势地位，自己只要尽心为天国办事就好。

因此，从1856年底到1857年5月份这期间，翼王以高尚的道德情操、高明的军事战略、高效的军事行动，稳定了朝局，团结了上下，淡化了内讧之影响，强化了内部之合作，粉碎了曾国藩的湘军主力对九江等军事重镇的围攻，巩固了天京的防御，而且提携了天国新秀陈玉成和李秀成，使天国事业后继有人。

一切都在向好的方向发展，天国正在恢复元气，天京内讧的伤痕正在慢慢抚平和痊愈。

但是，洪秀全已经变了。

他看到翼王石达开的声望如此之高，能力如此之强，功勋如此之大，慢慢开始担心和忌讳石达开了。

洪秀全毕竟是读过一些历史书的人，知道如何去平衡和削弱石达开的权力。

洪秀全首先改革了太平天国的官制。以前，东王府是天国的行政中心，东王在台前，天王在幕后。现在，天王从幕后走到了台前，天王府代替了东王府，成为天国名副其实的中央机构，然后将自己的亲信都委派了重任。这些人有什么军国大事根本不向石达开报告，而是直接向天王汇报，天王绕过石达开直接发号施令，让石达开的权力大打折扣。为了平衡石达开的权力，天王封自己大哥洪仁发为安王，二哥洪仁达为福王，参与朝政，和翼王石达开平起平坐。

说实话，天王洪秀全的这两个哥哥笨得跟猪一样，成天就知道贪污腐化、寻欢作乐、敲诈勒索，对朝政一窍不通，除了和翼王石达开对着干，别的也不会什么。

天王洪秀全通过天王府分他的权，石达开是能够忍受的。毕竟，他也知道自己的权力源于天王，天王分权，无可厚非。但是，石达开不能忍受的是，自己竟然要和天王洪秀全的两个笨蛋哥哥平起平坐，这是对他最大的侮辱和折磨。

也有人劝石达开实在忍不了也可以学东王杨秀清搞宫廷政变，利用自己的声望和号召力干掉洪家兄弟，自己做天王岂不快哉。

可是，翼王石达开真的不是这样的人，他觉得太平天国再也经不起那样的折腾了。自相残杀，只能让亲者痛仇者快，这种事他石达开干不出来。

但是，和洪仁达、洪仁发这样的猪队友一起工作，实在忍不下去啊！

古今职场的铁律就是忍不了就滚。石达开思来想去，觉得实在忍不了了，那我石达开还是滚吧！滚得远远的，带领自己的队伍离开天京，去和清军作战，总比待在天京受这种窝囊气要好。

那就走吧！

1857年6月2日，翼王石达开借口到天京城南门外的雨花台看望太平军将士，带着自己的随从以及忠于自己的部队，与天王洪秀全不辞而别。

在赶往安庆的路上，为了表明自己的心迹和苦衷，沿途张贴布告：

> 真天命太平天国圣神电通军主将翼王石：
> 为沥剖血陈，谆谕众军民。自愧无才智，天恩愧荷深。
> 惟矢忠真志，区区一片志，上可对皇天，下可质世人。
> 去岁遭祸乱，狼狈赶回京，自谓此愚衷，定蒙圣君明。
> 乃事有不然，诏旨降频仍，重重生疑忌，一笔难尽陈。
> 疑多将图害，百喙难分清。惟是用奋勉，出师再表真。
> 力酬上帝德，勉报主恩仁。惟期妖灭尽，予志复归林。
> 为此行谆谕，谆谕众军民：依然守本分，各自立功名。
> 或随本主将，亦一样立勋，一统太平日，各邀天恩荣。[①]

这篇布告的大概意思是：我翼王石达开无论是以前，还是现在，甚或是将来都会效忠太平天国，但是天王对我不信任啊，被人猜忌，这让人不开心，一言难尽啊。因此，我石达开只得离开天京，希望大家继续团结在天王洪秀全的周围，继续为天国事业建功立业。

---

① 盛巽昌：《实说太平天国》，上海书店出版社2017年版，第293页。

石达开最后也不忘给自己拉点人马，如果想要跟着我翼王石达开混的，热烈欢迎加入到我的队伍中来，将来天下太平了，大家都有功劳，有福同享。

翼王石达开的这篇布告公开了他和天王洪秀全之间的矛盾，虽然说得很委婉，但是太平天国的对手咸丰皇帝立刻就知道这意味着什么：太平天国内讧，实力大减，如果现在能将石达开招降过来，平定太平天国指日可待。因此，咸丰下旨要曾国藩立刻想办法将石达开招抚过来为大清所用。

接到清方的劝降信，石达开认真地看完后，只说了一个字：难。石达开拒绝了清方的招降。

石达开的出走，最尴尬的莫过于天王洪秀全。洪秀全刚开始可能还对自己的帝王权术沾沾自喜，以为自己可以将石达开等人玩弄于股掌之中，但是洪秀全没想到的是石达开这么快就读懂了他洪秀全的心思并且识破了他的小伎俩。

石达开在天京，洪秀全睡不着觉；石达开出走，洪秀全更睡不着觉。

洪秀全搞不清楚石达开是否要背叛他洪秀全和太平天国。所以，当洪秀全看到石达开的布告之后，虽然尴尬，但也放心了，毕竟从石达开的文字来看，他石达开还是忠于太平天国的。

为了顾及颜面以及在京诸位大臣的意见，洪秀全不得不削除他的两个哥哥的王位，正式封石达开为“义王”，还专门镌刻“义王”金牌一枚，连带着满朝文武请石达开回京主事的请愿书一道送往安庆，请石达开回朝主政。

对于石达开而言，他对天王的诚意是有疑虑的，加上他已经两次回京，第一次回京自己的家人全被北王韦昌辉杀害，第二次回京诸事不顺伤心而走，再次回京会比前两次好吗？再一再二不再三。所以，回去不一定好！既然不确定，那就干脆一条道走到黑，别回去了，按照自己的心迹，遵从自己的内心，走得远远的，带着忠于自己的部队，和清军打仗，也是为天国尽忠。

因此，石达开拒绝了天王洪秀全的好意，决意拉出人马单干。

石达开在安庆待了五个月，号召附近忠于自己的太平军部队到安庆与他会合，一起远走高飞。

我们可能想象石达开一定一呼百应，会有很多太平军跟他一道离去。其实，事与愿违。当时的太平天国已经允许男婚女嫁，也恢复了家庭，大多数太平军将士征战多年，已不想再流浪了，老婆孩子热炕头不好吗？干吗非得再去满世界流浪，流动作战，要打到什么时候呢？打到什么地方是个头呢？

因此，安庆周围并没有太多人跟着石达开出走，愿意跟随他的主力部队大概如下：第一支是由原先驻扎在天京上游的石氏家族控制的部队；第二支是由他亲戚朋友控制的江西各府县的地方部队；第三支是从广东投奔而来的一些人马，大概有十几万人。

石达开将这些部队重新整编之后踏上了远征之路。

这一走，就是好多年。

1863年5月14日，石达开率领大军来到了水流湍急的大渡河，这里也是他的最后归宿。对的，你没看错，这个大渡河就是《七律·长征》中“金沙水拍云崖暖，大渡桥横铁索寒”的大渡河。

在这里，石达开遭到了当地土司部队和清军部队的联合攻击，再加上大渡河涨水，无路可走，为了保存手下将士，石达开于6月11日向清军投降。

6月19日，清军将已经投降的两千余太平军全部斩杀。

6月25日，石达开被凌迟处死，“临刑之际，神色怡然”！

石达开，在太平天国首义诸王中最有公义之心，最有大局观念，最能指挥作战，最能体恤他人，最后却落得碎尸万段，不得善终。

**正所谓：**

**大渡河水逝忠魂，出师未捷泪沾襟。**

**鸱夷白马梦中论，功罪风云败苦辛。**

# 第十四章

# 中兴

太平圣宝天国罕见钱

## 天国小鲜肉

天京内讧，首义诸王几近全灭，死的死，走的走，太平天国只剩下天王洪秀全了，太平天国从此由盛而衰。从金田起义到定都南京，再到破除清江南江北两座大营的围困，走上顶峰，太平天国仅仅花了六年时间。但是，天京事变之后，太平天国就踏上了衰亡的不归路。

如果说天京事变有什么受益者的话，这个人无疑就是洪秀全，他第一次真正掌握了太平天国的最高权力。洪秀全大权在握，遂将自家兄弟和其他亲属封王封爵，将太平天国变成了“洪家天下”，实现了“家”就是“国”，“国”就是“家”这种家国一体的愿望。洪秀全掌握着天国军政大权，终于实现了“主是朕做，军师也是朕做”的理想。

但是，太平天国此时的国运却不太好：清江南大营重新建立，太平天国丢掉了一些重要关口，镇江和瓜洲也被清军围困多时，岌岌可危；同时，天京上游的武昌已经被湘军攻陷，江西重镇九江也处境堪忧。

有些人，心中分得清家国天下的位置，哪怕自己利益受损，也要维护集体权益，正所谓“苟利国家生死以，岂因祸福避趋之”。太平天国当中，石达开就属于这样的人。

李秀成像

有些人，看重的只是自身的权力和利益，至于集体的利益从来就不在考虑范围之内。太平天国当中，洪秀全、杨秀清以及韦昌辉也许就是这样的人。

好在，在太平天国老一代将星纷纷陨落之后，新一代天国“小鲜肉”将领借此机会走上了历史舞台，重整旗鼓，威震大清天下。

这些人当中，最著名的当数李秀成。

李秀成原名李以文，在太平军路过自己家乡时加入太平军，之后改名为李寿成，成为一名普通的太平天国圣兵。加入太平军之后，他作战勇敢，有勇有谋，很快获得晋升，在天京内讧之前，升任地官副丞相，是太平天国的一名中级指挥员。

机会说来就来。1856年9月，天京内讧爆发，清军加强了进攻势头，李秀成奉命驻守安徽桐城。在安徽桐城，李秀成做了一件彻底改变自己命运的事情，即联合当地势力强大的捻军。[①]1857年3月，李秀成率部和淮北捻军会师，捻军首领张洛行愿意接受太平天国领导（其

① 捻军是一个活跃在长江以北皖、苏、鲁、豫四省部分地区的反清农民武装势力，与太平天国同时期。捻军起义从1853年至1868年，长达十五年，其历史分为两个阶段。自1853年春至1863年3月为前期捻军，此后为后期捻军。捻军与太平军互有联络，行踪飘忽不定，难以捉摸。捻军骑兵纵横驰骋于皖、豫、鲁、苏、鄂、陕、晋、直（冀）等省十余年，极盛时期总兵力达二十万众。

实就是接受李秀成领导），捻军一律蓄发，接受太平天国印信。

人多力量大。捻军的加入，极大地壮大了李秀成的兵力。任何时代，有人就有力量，有兵就更有力量，毕竟“枪杆子里出政权”！有了捻军的加入，李秀成的腰杆子就更硬了。

此时，镇江危急，天王洪秀全四处下诏求援，各地太平军中，只有李秀成奉诏来解镇江之围。

李秀成到达镇江战场之后，首先救出先行前来支援镇江反被围困的洪仁发所率各部，然后率军杀进镇江和瓜洲，将被围困的吴如孝所率各部悉数救出。

人虽然救了出来，但是镇江和瓜洲还是被清军占领了。不过，李秀成先后救出了洪仁发和吴如孝所率各部，为太平天国保存了一定的实力。更重要的是，天王发出了那么多求救诏书，只有李秀成奉诏前来。锦上添花和雪中送炭，哪个更让人感动？当然是雪中送炭嘛！

大概也就是在此时，感动万分的天王洪秀全将自己的“秀”字赐给李秀成，同时委任李秀成为天王府又副掌率，相当于太平军第二副总司令。李秀成完成了从中级指挥官到中央军政大员的直线晋升。

从此，天国再无李寿成，只有李秀成。

优秀的李秀成要干成一番优秀的事业，要送给天王洪秀全一份大礼，他要出京调兵，解天京之围。

但是，身边没有什么能臣干吏的洪秀全实在不想让能干的李秀成再离开天京，毕竟有这么一个能干的年轻人留在天京，洪秀全安全感十足。

所以，洪秀全想都没想，直接否定了李秀成的想法，要李秀成留在天京辅理政务。

作为军事天才，李秀成知道，留在天京，不出去调兵，单靠这点人马，天京迟早守不住，早晚得丢。因此，李秀成将这番道理对洪秀全讲了又讲，讲到动情处，李秀成不禁潸然泪下，情真意切。

洪秀全看李秀成说得很有道理，勉强同意李秀成的想法。随后，李秀成出京，赶往芜湖，调集本部所有人马以及自己的族弟李世贤所率太平军，准备彻底解决天京之困局。

1858年3月，李秀成、李世贤以及陈玉成等在安庆附近的枞阳召开军事会议。会议决定，李秀成所率各部与陈玉成所率各部在滁州会合，随后一同进攻浦口江北大营，解天京之围。

也正是在此时，天王洪秀全重设五军主将，封赞王蒙得恩为正掌率、中军主将，封成天豫陈玉成为又正掌率、前军主将，合天侯李秀成为副掌率、后军主将，韦志俊（韦昌辉弟弟）为右军主将，李世贤（李秀成族弟）为左军主将。至此，太平天国军事领导集团重新形成，小鲜肉进入领导核心，新的时代来临了。

1858年9月，陈玉成和李秀成率部在乌衣会师，全歼江北大营钦差大臣德兴阿的蒙古骑兵四千余人，德兴阿仓皇逃窜。随后，两人率军击溃江南大营派出支援江北大营的冯子材所率五千余人，然后率军从正面强攻江北大营，砍杀清军一万余人，江北大营被击溃，德兴阿率部仓皇突围，跑的时候一骑绝尘，竟然连自己的钦差大印都没来得及带上。

此后，江北大营被彻底击溃，清军再也没有能力重建江北大营，其所有职能归入江南大营管辖。

击垮江北大营后，天京和江北之间的航道重新开通，天京又可以吃到来自两淮地区的粮食了。

正所谓东边日出西边雨，天京这边击溃了江北大营，解了天京之围。但是，天京的一个重要屏障九江被湘军李续宾部攻陷。

在湘军中，李续宾是带兵打仗的能人。

早年，他跟随罗泽南开办团练，与普通士兵同吃同住，从不克扣军饷。而且，李续宾颇懂地理、兵法及医术，他的部队最为团结，很少有人叛逃投降，作战时也能充分利用有利地形，频繁取得胜利。

李续宾最大的军事创新是挖沟。是的，你没看错，就是挖沟。

早在1856年初，湘军围攻武昌之时，湘军因为兵力不足，无法完全将武昌城围住，李续宾就发明了一种新式战法——在自己的防线后面深挖壕沟。这种壕沟有很多好处：第一，可以防止敌人从自家防线后面进攻；第二，可以以此壕沟阻击敌人援军；第三，可以隔绝城内被围之兵与城外之联系。曾国藩对李续宾的发明大为赞赏，令湘军全军上下学习效仿李续宾先进的挖沟技术。

李续宾部围困九江，用的就是围困武昌的办法，深挖壕沟，将九江城死死围住，彻底断绝九江城内外交通，断绝守军的一切物资来源。守卫九江城的是太平天国贞天侯林启荣，他已经坚守九江城五年了，饿得皮包骨头，别说打仗，就连睡觉翻个身都费劲。

但是活人也不能让尿憋死啊，太平军九江城守军发挥中国人民善于种菜种粮的优良传统，到处挖个坑，埋点土，数个一二三四五，种啥都能吃进口。太平军在九江城内种粮种菜，虽然能有一点点收获，但是杯水车薪，最后只能食用草根树皮，饿得实在是守不住了。

李续宾看太平军饿得差不多了，率部强攻九江城，林启荣战死，九江失陷，一万七千名太平军被全歼。

攻下九江，对于太平天国和湘军来说都是一件大事。

太平天国失去了一个拱卫京师的重要屏障，而湘军攻下九江之后则可以溯江东下，进攻安庆。如果攻下安庆，天京就成孤城，剿灭太平天国就指日可待了。

攻下九江之后，曾国藩发八百里加急给咸丰报喜；李续宾则心高气傲，向曾国藩请命，早日出兵，进军皖中。当然，进军皖中，拿下安庆，就可以兵指天京了，曾国藩的计划也是如此。

因此，曾国藩派李续宾和曾国华（曾国藩的堂弟）率八千湘军精锐，兵发安徽。

但是，李续宾没有想到的是，攻下九江将是自己军旅生涯中最后的辉煌，安徽将是他自己和他率领的几千湘军的坟场，也将是曾国华的葬身之所。

**正所谓：**

**首义之臣尽皆亡，后起之秀登殿堂。**

**卧榻之侧心不死，步步紧逼亦猖狂。**

## 三河镇之战

骄兵必败，这个道理曾国藩一定懂得，李续宾也一定懂得。但是，人在取得巨大胜利之后，这种大道理就会变成逆耳忠言。

进兵皖中的李续宾部太顺利了，接连攻下太湖、潜山、桐城、舒城。攻城之后，就是抢劫，而且是公开抢劫。李续宾率领的这支湘军发了大财，整支部队都处于极度亢奋之中，其他湘军看他们发财，也都眼馋得不得了。

李续宾打算攻下庐州之后，再和其他湘军一起合围安庆。他的计划其实违背了曾国藩的计划，曾国藩的计划是先围安庆，再图其他。

取得一个又一个胜利的李续宾觉得既然路过庐州，干脆拿下算了。但是，庐州附近有一个叫作三河镇的地方，地理位置极其重要，攻取庐州之前要先攻下三河镇。

三河镇为什么重要？因为三河镇位于庐州、舒城和庐江三地交会处，又因丰乐河、杭埠河和多槽河三河交汇于此，故而得名三河镇，离庐州五十里，乃北上庐州之咽喉。更为关键的是，三河镇是太平天国在皖北的集散中心，囤积了大量的粮食和军火，供应庐州和天京。

李续宾应该懂得，三河镇对太平军既然如此重要，他们必然会拼死守护，三河镇之战定是一场恶战。但是，被胜利冲昏头脑的李续宾及其所率部队都认为自己可以很快拿下三河镇，在太平军援军赶来之前，战斗早就结束了，他们早就冲进庐州，大口喝酒大口吃肉了。这种错误，他李续宾现在会犯，将来还有很多人也会犯。

三河镇的太平军守将是吴定规，在得知李续宾兵发三河镇之后，立即派出飞骑火速向陈玉成和李秀成汇报。

陈玉成和李秀成得知消息后，立即率领十二万人马，昼夜不停赶往三河镇支援吴定规。

太平天国两大护国柱石倾巢而出，李续宾竟浑然不知。

三河，三河，注定血流成河。

1858年11月7日，李续宾指挥所部开始进攻，三河镇守将吴定规率军迎战，据死迎敌，两军陷入混战。随后，太平军进入三河镇周围的九座石垒迎敌，一时间各种火枪火炮向进攻的湘军袭去。湘军也颇为勇敢，不顾死活，致力强攻，终于攻下九座石垒。太平军撤入三河镇。经此一战，湘军小胜，但是伤亡一千余人，近五分之一的兵力受损，攻势已经减弱。

急于求胜的李续宾和曾国华命令部队在三河镇周围扎营，持续进攻。三河镇太平军守将知道陈玉成和李秀成的援军快到了，因此拼死抵抗，不断消耗湘军兵力。僵持日久，李续宾部已成强弩之末，士气大为低落。

陈玉成率先带领部队赶到三河镇外围，立刻切断李续宾后路，命令庐州太平军守将吴如孝率部南下，阻止湘军驻扎在舒城的部队前去支援李续宾。

李续宾听闻太平军援军到了，带领幕僚们登上高处查看敌情。这一看，倒吸了一口凉气。只见周围几十里之内全是旗帜飘扬的太平军，将自己的几千湘军团团围住。此时，李续宾才知道情势危急，顾不上攻打三河镇，立刻部署主力掉头打援。

陈玉成带领的是十几万太平军，李续宾部只有五六千人，分出六成兵力，也就是三四千人而已。三四千湘军去和十几万太平军硬拼，结局应该没什么意外。

更坏的事情还在后头，11月14日，李秀成率部也到达三河镇，充当陈玉成的预备部队，太平军军威大振。

困兽犹斗，湘军真没有给自己丢脸。15日凌晨，湘军以寡敌众，奋勇杀敌，拼力冲击，竟将太平军打得抬不起头来。两军正在鏖战之际，突然大雾弥漫，咫尺莫辨。李续宾派出七个营进攻陈玉成大营，却和陈玉成部错路而过。陈玉成听到队伍后方人叫马鸣，断定湘军就在后面，立即调转队伍，后队变前队，直接包抄，湘军大败。

李续宾听闻部队即将被围歼，立即派出最后的六个营前来营救。此时，李秀成也率部加入战斗，三河镇守将吴定规也前来支援陈玉成。

在此危急时刻，李续宾的弟弟李续焘逃走，孤立无援的李续宾被合围，陷入了空前的绝望之中。

李续宾最后的时刻无疑是悲惨的，王闿运曾经这样描述这位末路将领最后的挣扎：

> 续宾自搏战，不能进，还营，闭垒门。七营已先陷，寇来如墙。续宾叹曰："今败矣！"令军中曰："见月照地而走。"军皆束载而待月出。续宾终耻于溃围，谋复固守。军已动，遂大奔。续宾驰督战，军不复成列，遂陷陈死。曾国华、何忠骏从之，皆死。[①]

太平军此战，打的是经典的五朵梅花阵，集中优势兵力，兵分五路，从前后左右中五路出击，各路人马奋勇杀敌，将李续宾所率部队全歼。此一战，湘军损失近七千精锐，湘军名将李续宾命丧战场，曾

① 王闿运：《湘军志》，岳麓书社1983年版，第38页。

国华也下落不明，想来也是尸首无存。李续宾的家乡在湖南湘乡，其所率部队尽是自己家乡子弟，一时间，整个湘乡地区户户招魂、家家吊孝，哭丧之声连绵数月，闻之令人心痛。

远在江西建昌（今永修）驻扎的曾国藩在半个月之后才得到李续宾全军覆没的战报，痛心不已。一方面抱怨李续宾等人没有按照自己的既定战略行事，导致精锐尽失；另一方面，也是更重要的，自己进军皖中的计划从此泡汤，攻克安庆的打算将会被无限期推迟，平定太平天国大业不知何时才能实现。除此之外，曾国藩的堂弟曾国华战死，这也令曾国藩心痛不已，派出贴己兵丁前往三河镇，试图寻找曾国华的尸骨以归葬故乡，无果而终。

对于太平天国而言，三河镇之战具有极大的转折意义，对天京上游战局产生了深刻的影响，扭转了皖北的两军战局，湘军被陈玉成和李秀成一步步赶回了湖北，太平军收复了大片土地，巩固了战略后方，太平天国进入短暂的中兴阶段。

**正所谓：**

**骄兵必败千古言，精锐尽失空悲咽。**

**三河大捷士气高，太平中兴俱欢颜。**

## 洪仁玕归来

进入1859年之后，太平天国的事业似乎有很大转机，颇有中兴之兆。天京内讧造成的内耗正在慢慢恢复，各方面的军事危机因为陈玉成和李秀成的不断努力在渐渐化解，太平天国统治的范围也逐渐扩大，湘军一时半会儿打不到天京城下，天京暂时安全了。

在天王洪秀全看来，有了陈玉成和李秀成，太平天国的军事问题就不再是问题。

但是，太平天国的政务问题却依然是大问题。天王洪秀全的两个哥哥实在是不成器，难堪大用。天王宠臣蒙得恩帮天王搞些漂亮女人还行，治国理政还是差了一些，天王急需要一个帮手，最好还是自己人。

久旱逢甘霖，他乡遇故知。真是想什么来什么！

1859年4月，天王洪秀全的堂弟洪仁玕终于历尽千辛万苦，漂洋过海，从香港来到了天京，见到了自己多年不见的堂哥洪秀全。

洪仁玕和他堂哥一样，之前也是希望通过读书改变命运，但是屡试不中，只能在家乡当个私塾先生。

1850年，当洪秀全已经在广西紫荆山区搞拜上帝会颇有起色的时候，洪仁玕就想跑到广西投奔洪秀全。但是，清军的封锁很严密，再加上洪秀全等人一直是流动作战，战场和驻地也都飘忽不定，因此，洪仁玕没有赶上在金田参加起义，也没有机会追上起义部队。

洪仁玕既无法投靠洪秀全，也不敢回广东老家，因为清军早就在广东花县老家铺开天罗地网等待洪姓族人自投罗网。万般无奈的洪仁玕只好在1852年跑到香港，认识了瑞典传教士韩山文，在教会帮忙，混口饭吃，平时也学习一些基督教知识。1853年9月，韩山文给洪仁玕施洗，洪仁玕正式成为一名牧师。

洪秀全在南京定都并改南京为天京之后，消息传到了香港，洪仁玕就特别想到天京去，只是苦于没有路费。因此，洪仁玕就给韩山文讲述洪秀全传教和起兵的过程，韩山文将其记录在案并且准备出版后将稿酬作为洪仁玕赴天京的路费，这本书就是后来的《太平天国起义记》（此书原名《洪秀全之异梦及广西乱事之始原》）。

1854年，洪仁玕觉得自己准备好了，准备向韩山文告辞，前往天京。韩山文为洪仁玕准备了很多东西：《旧约》、《新约》及其他宗教书籍、各种地图、一架打印机、望远镜、指南针、温度计等等，而且还为洪仁玕写了一封给上海布道会牧师的介绍信，希望上海布道会能够帮助洪仁玕。香港伦敦布道会给洪仁玕提供了回天京的路费，并且还给他在香港的家人提供了生活费。布道会之所以这么支持洪仁玕是希望洪仁玕到达天京之后，能把正确和正统的宗教知识教给洪秀全，矫正太平天国对基督教和外国人的态度。

洪仁玕先是到达上海，发现清军封锁严密，他根本无法穿过清军阵地进入太平军军营。因此，他只好待在上海，学习天文知识。五个月之后，无计可施的洪仁玕于1854年冬天再次返回香港。

回到香港之后，洪仁玕继续在教会协助传教士工作，同时他还学习西方天文、地理、政治、经济以及先进技术。他精通中医，并将中医和西医融合在一起，他有可能是中国最早的中西医结合专家。

洪仁玕在香港又待了四年。

1858年秋天，洪仁玕决定再次北上，去天京找自己的堂哥天王洪秀全。有了上次的教训，洪仁玕这次没有先去上海，而是从广东南雄出发，过梅岭，经东江进入江西饶州，然后到湖北黄梅、罗田，假装和一个清军军官合伙到天京走私，从而混进了太平天国控制区，随后设法进入天京。

1859年4月22日，洪仁玕终于见到了失散多年的堂哥洪秀全。老乡见老乡，两眼泪汪汪，何况哥哥见到自己失散多年的弟弟。

此时的洪秀全正愁朝中无人，在香港学习多年的洪仁玕正好才学非凡，见多识广，可堪大用。

洪秀全见到洪仁玕的当天，内举不避亲，立即封其为干天福，半个月之后又封其为干天义，任九门护京主将（相当于清朝的九门提督）。洪秀全把自己的身家性命都交给了洪仁玕，这也不难理解，洪仁玕毕竟是自己的堂弟，不信他，还能信谁？

洪仁玕刚到天京半个月，职位就可以和陈玉成、李秀成平起平坐，这简直是火箭式提拔。即使是这样，洪秀全觉得还不够，很快又封洪仁玕为“天朝精忠军师顶天扶朝纲干王七千岁”，总理天国朝政。

太平天国原有的军师就首义诸王那几个人，天京内讧之后一个也没了，而且“七千岁”原本是南王冯云山的称号，现在洪秀全把“军师”和“七千岁”的称号一股脑地给了洪仁玕，这不能不让其他凭实力在战场卖命才得到五军主将的陈玉成、李秀成、李世贤等人感到不满。

不满有用的话，要权力干什么？

洪仁玕也觉得自己资历浅，配不上这些职位和称号，多次推辞不受。洪秀全一句话就让他安心了："风浪暂腾久自息。"

当自己的官，让别人说去吧。

为了增强洪仁玕的权威，洪秀全为其授印时对大家说："京内不决之事，问于干王；京外不决之事，问于成天义（陈玉成）；京内京外都不能决之事，问于朕。"

洪秀全等于是把天国的政事都交给了洪仁玕，军事都交给了陈玉成。

洪仁玕博古通今，见多识广，思维敏捷，确实令天国的文臣武将耳目一新，人送外号"文曲星"。

"文曲星"洪仁玕确实想为太平天国做点事，他觉得有洪秀全的支持，再加上自己的学识，一定能把太平天国治理得井井有条，使其发展壮大，成为同时期先进的近代化强国。

洪仁玕提出的治国方案是《资政新篇》，这个经典文献经常在我们各级教材里出现，是我们评价太平天国的一个重要文献依据。太平天国正是因为颁布了《资政新篇》和之前的《天朝田亩制度》，才区别于以往所有的农民起义，才成为中国农民起义的最高峰。

公正地讲，《资政新篇》的内容真是好，提出的近代化纲领和措施远远超越了当时所有人，包括"睁眼看世界的第一人"林则徐、提出"师夷长技以制夷"的魏源，以及清政府内部的洋务派。《资政新篇》提出要"法西洋之善法"，不仅学习和引进西方的武器、设备，还要学习西方的法规和制度，还提出要"平等外交"，主张办新式教育，培养人才，废除各种不合时宜的旧体制和制度，废除各种酷刑，提倡依法治国。洪仁玕竟然能提出依法治国这样的想法，这在当时绝对是最先进的思想了，绝对让人叹为观止。

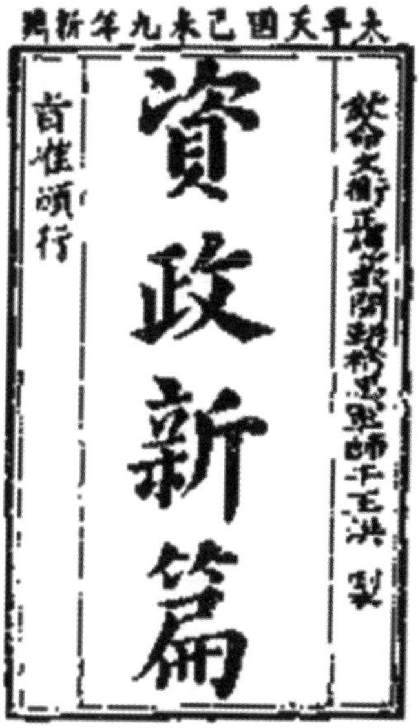
太平天國己未九年新鐫
欽命文衡正總裁開朝精忠軍師干王洪 製
資政新篇
旨准頒行

《资政新篇》

因此，我们必须承认，《资政新篇》的内容是先进的，但是，也是超前的，远远高于当时的时代。

正是因为太超前，洪秀全看了《资政新篇》之后，原则上认可所有的条款，允许可以推广。但是，除了在太平天国内部增加了几个新颖时髦的头衔之外，并没有任何具体措施得到实施和推行。原因大概有两个方面：一方面太平天国天天都在打仗，战事倥偬，条件不允许；另一方面，洪秀全虽然认可，但是否真心对洪仁玕这一套感兴趣呢？如果依法治国了，那他天王洪秀全还有什么权力呢？这不是胡闹吗？

《资政新篇》非常好，但在当时，就是一堆废纸而已。

洪仁玕在天国文官里的口碑非常好。这话反过来理解就是，洪仁玕在天国武将里的口碑非常差。

洪仁玕与陈玉成以及李秀成的关系都不怎么好，原因很简单：其一，陈玉成和李秀成都是靠军功才得以封王封爵的，而洪仁玕只是去香港游学了一阵子，仅凭自己是天王洪秀全的堂弟就可以飞黄腾达，这怎能不令这些武将心里纠结和不满呢？其二，太平天国一直在打仗，偶尔也会派洪仁玕去指挥一些战役，往往都是以失败告终。失败不可怕，最可怕的是洪仁玕往往会把自己的失败归咎于陈玉成、李秀成等一干将领的不配合，搞得陈玉成和李秀成有口难辩。因此，这帮武将快烦死洪仁玕了，要不是他有天王堂弟的身份，估计在太平天国活不了太久。

事实正是如此，不光是洪仁玕活不了太久了，就连太平天国的国祚也不长久了。

**正所谓：**

**师夷长技救国计，资政新篇谋新宜。**

**可怜天下士子心，废纸一张国祚息。**

# 第十五章 危局

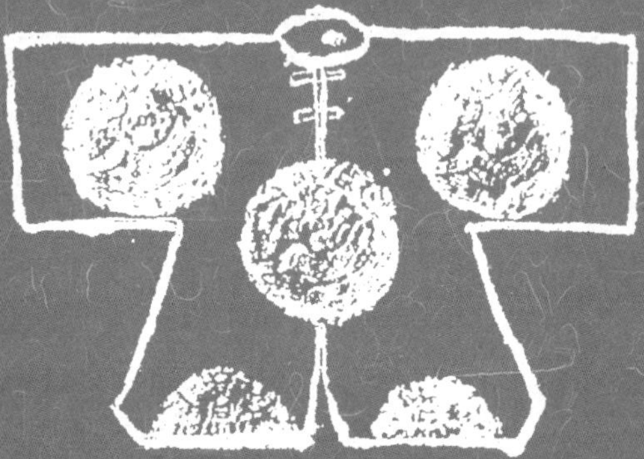

马褂图

马褂官衔图

# 曾国藩笑得合不拢嘴

咸丰自从当上皇帝，就没有一刻轻松过。

太平天国起兵之后，咸丰殚精竭虑，耗费巨资，四处调兵，频繁更换钦差大臣，试图一举平定太平天国。但是，太平天国就像打不死的“小强”，生命力极强，大清的半壁江山都沦入太平天国之手。

1853年，钦差大臣向荣尾随太平军驻扎在南京城外，建立江南大营，坚持了三年，于1856年6月被太平军击溃。两年之后，也就是1858年，咸丰再命钦差大臣和春、提督张国梁重新组建江南大营，屯兵近十万，对南京造成极大的威胁。江南大营的存在首先是为了威慑南京，也是为了卫戍苏州、常州等地，这些地方都是清政府的漕赋重地，是清政府的钱袋子。再者，咸丰的考虑很深远，让湘军这些体制外的部队在外围与太平军主力作战，不断削弱太平天国的实力，让满蒙贵族等率领的嫡系部队围困南京，伺机攻下南京，平定太平天国，这样就可以不用封汉人为王爷了（咸丰为了鼓励清军将士杀敌，曾经有口谕说谁拿下南京就封谁为王爷，关于这一点，曾国藩等人充满了期待，但是平定三藩之乱后，大清早已不封汉人为王爷了。所以，咸丰期盼的是满蒙贵族能够先于曾国藩这帮汉人先拿下南京）。

1860年2月1日，江南大营攻陷九洑州之后，形成了对南京的合围之势，清廷看到了攻克南京的机会。因此，对于太平天国而言，如果要保护天京的安全并扩大太平天国的势力范围和财源，那么，拔掉江南大营必然是太平天国军事统帅的首要之选。

太平天国拔掉江南大营，在战略上具有必要性，同时在战术上也有很大可能性。江南大营肩负着围困并伺机攻克南京的重任，也肩负着护卫苏浙的军事责任（因为江南大营的军饷主要来自苏浙地区，拿人钱财，替人消灾，这是常识），因此，江南大营的防线过于漫长，看起来铁桶一般，其实非常容易渗透进去；另外，咸丰对满蒙嫡系部队和曾国藩率领的地方部队的亲疏之分，导致江南大营很难得到曾国藩的湘军的战略支援。故而，看似固若金汤的江南大营，实则不堪一击。

洪仁玕和李秀成都认为要调集外援解救天京之围。两人多次商量之后，制定下了“围魏救赵”的策略：出奇兵攻击清军必救之地杭州和湖州，迫使江南大营分兵救援，待江南大营分兵而致内部空虚，则集中优势兵力攻击江南大营，一举击溃之，从而解天京之围。

关于这个“围魏救赵”的策略，洪仁玕说是他自己提出来的，李秀成也说是他自己提出来的。到底是谁提出的这个战略呢？综合二人口供以及当时的情势，想来应该是洪仁玕与李秀成、陈玉成等人相互磋商之结果，两人被俘之后的口供都有抢功的嫌疑。

攻克江南大营的策略定下之后，李秀成随即率军出发，一路攻宁国、广德后进入浙江，随即，经由泗安、武康来到杭州城下，并在1860年3月20日攻下杭州。江南大营果然中计，派出总兵张玉良率领两万人马，赶往杭州救援。李秀成亲自登上城楼与来杭清军对话。确认过眼神之后，李秀成知道这就是江南大营的清军，大喜。随后，李秀成命令太平军在杭州城墙遍插旗帜以迷惑敌军，然后悄悄撤走。同时，侍王李世贤佯攻湖州，配合李秀成奔袭杭州，借机迷惑清军对太平军主攻方向的判断。

等到江南大营真的派出援兵支援杭州之后，李秀成、李世贤、杨辅清在安徽建平（今郎溪）开会，决定立即集中各路人马，合力围歼江南大营。

5月2日，太平军各路人马分头出击：李世贤进攻江南大营东路，杨辅清等进攻江南大营南路，右军主将刘官芳和后军主将陈坤书率部进攻江南大营北路，李秀成率本部人马与陈玉成部合力攻打江南大营的孝陵卫大营。

看似坚不可摧的江南大营如纸糊一般，待太平军冲进大营之后，清军争先恐后夺路而逃。在清军组织的反击过程中，提督张国梁溺水而死，钦差大臣和春兵败自杀而亡。

江南大营被彻底击溃。

此后，清军正规军再也没有能力在天京外围形成战略性威慑。对这一战果，太平军自然是笑得合不拢嘴。但是，真正能够笑到最后的人不是太平军，而是曾国藩以及他率领的湘军。因为，太平天国拔掉江南大营后，在天京附近，咸丰皇帝没有可以依靠的清正规军了，只能依靠曾国藩和他组建的湘军。对于太平军而言，湘军的战斗力要比清正规军强太多了。客观上，李秀成他们帮助曾国藩彻底干掉了清正规军，使得再也没有人可以和曾国藩争抢攻克南京的头功了。

曾国藩和他的湘军才是笑到最后的人。

江南大营被李秀成等攻破之后，一直不受皇帝待见的曾国藩于1860年6月8日被咸丰任命为署理两江总督加兵部尚书衔，于8月10日实授两江总督，以钦差大臣督办江南军务，统领江苏、安徽、浙江和江西四省军政要务。经过这么多年的南征北战，清廷终于开始完全信任，严格地说是完全依赖曾国藩了。曾国藩也终于有了军政大权，可以做出更大的事业了。

大清自平定三藩之乱以来，第一次对一个汉人如此重用。从此，大清的权力向汉人倾斜，中央的权力也渐渐向地方转移，大清的整个政治格局发生了根本性变化，汉族权臣（曾国藩、左宗棠、李鸿章、张之洞等）的地位上升，地方各省的自主权也大为增加，这大大影响了后太平天国时期清朝的军政大局，甚至影响了民国初期的政治格局。

**正所谓：**

**奇兵降世出江南，空城大计莫等闲。**

**清廷无奈易国策，汉臣赢得艳阳天。**

## 东线上海之战

不管怎么说，拔掉江南大营，对于太平天国而言无疑是一场巨大的胜利。天京暂时可以高枕无忧，而且太平天国的力量还可以进入苏南长江三角洲的北部地区，进而将势力范围扩展到上海。

占有苏浙，攻下上海，这对于太平天国来说太有利了。一方面，太平天国可以极大地扩大财源，另一方面，太平天国可以和西方有更多的接触，购买更多的先进武器，进而有机会彻底推翻大清。

但是，占苏浙、攻上海，更多是忠王李秀成自己的想法，[①]洪秀全的想法更直接干脆：李秀成你这么能打，干脆再率领一支精兵，趁着北京的清妖正和英法联军鏖战的有利时机，二次北伐，直捣黄龙，砍掉咸丰妖头，不就万事大吉了吗？

在李秀成看来，洪秀全这种想法既幼稚又可笑，简直不值得讨论。当时，关于二破江南大营之后太平军的主要发展方向，英王陈玉成还有另外一种观点：太平军主力应该驰援被湘军包围的安庆守军，以保天京上游屏障安庆。

也就是说，当时的太平天国内部，在击溃江南大营之后，有两种主要的发展战略，一种是李秀成的东进苏浙，一种是陈玉成的西援安庆。由于李秀成的建议有干王洪仁玕和侍王李世贤支持，英王陈玉成的建议就落了下风。

在打消了派李秀成二次北伐的念头之后，天王洪秀全还是觉得上游安庆要比苏浙战场更重要，但是又没有办法说服李秀成。因此，权衡再三，洪秀全做了妥协，同意李秀成东进苏浙，但是必须一个月之内结束苏浙战事，带兵回朝以图保卫安庆。

至于清廷一方，咸丰知道李秀成意在苏浙，因此下旨要求曾国藩

①　1859年秋，天王洪秀全封李秀成为忠王，并亲书“万古忠义”四个大字赠予李秀成。但李秀成接到封王诏书后，悬印月余，不肯接受，他上奏章说他的一些功劳都出自捻军将领之力，恳请天王先加封捻军将领韩碧峰、韩肃峰、孙葵心、刘天祥等爵位，而后他方敢受任。

从安庆撤围，抽出兵力支援浙江。但是，羽翼丰满的曾国藩拒绝了咸丰的要求。因为，他觉得安庆围困已久，各种打援部队也已经安排妥当，此时撤围，必然引起整个皖北战局的逆转，从而破坏围攻南京的战略谋划。也就是说，曾国藩认为浙江的火已经着了很久了，没有救的必要了，干脆就别救了，不然这边安庆也着火就更麻烦了。

双方的战略已经很明显了：李秀成利用清军在浙江的空虚准备进军苏浙，洪秀全也没有办法阻止他；曾国藩死死咬住安庆不放，咸丰拿他也没有办法。

在君要臣死臣不得不死的帝制时代，李秀成和曾国藩都能根据自己对战争进展的理解来自行决定发展战略，确实难能可贵。

李秀成率领部队沿着大运河进发，在苏浙如入无人之地，攻城略地，先后占领无锡、常熟，并于1860年6月1日兵不血刃进入苏州。

上有天堂，下有苏杭。

李秀成觉得苏州真是个好地方，美女如云，美食遍地，好一个繁华的花花世界。打仗是为了什么？不就是为了能够好好地生活吗？苏州这个地方这么好，那就作为我李秀成的驻地吧。

随即，李秀成设立苏福省，省城设在苏州，然后派出部队分别占领周边的各州各县，从而巩固苏州的安全，同时为苏州提供各种物资和保障。

此时的李秀成，收编了各种部队，包括清军江南大营溃散之后的散兵游勇五六万人，加上原先的部队，总数达到了二三十万人。其帐下设置有殿后军、平西军、忠义宿卫军等多支部队，兵强马壮，装备精良，是太平天国后期诸王之中实力最强大的部队。

李秀成真是把苏州当成家了，命令几千名工匠扩建拙政园，作为自己的忠王府。同时，在苏州觅得美女多名，纳入府中作小妾。另外，李秀成采取了一些政策逐步安定苏州民心，恢复和发展生产，以保苏州繁华和稳定。

占领苏州之后，李秀成随即派出两支部队，一支由陈坤书率领南下攻嘉兴，另外一支由陆顺得率领东进嘉定、松江，进逼上海。

上海原本是江苏松江府的一个县，鸦片战争之后，上海作为首批开埠城市，成为西方文化和文明进入中国大陆的重要口岸，渐渐发展成为当时最为近代化的城市。

早在李秀成尚未攻下苏州之时，上海的有钱士绅就觉得不妙，怕太平军来了将他们的财富全部抢走，充入所谓的“圣库”。因此，这些士绅自己出钱雇佣了美国人华尔，要他组织了一支雇佣军。这支由美国人率领的雇佣军主要由菲律宾人组成，配备了新式先进的洋枪洋炮，以保卫上海安危。

7月15日，陆顺得留下一百多名非战斗人员驻守松江城，率领主力向上海进发。但是，陆顺得刚刚离开松江几十里，华尔就率领洋枪队攻占了松江城。陆顺得立即撤到嘉定，写信请李秀成亲自率兵来进攻上海。

李秀成正打算率兵直攻上海，忽闻华尔洋枪队和清军组成万人左右的联军进攻青浦。青浦危急，李秀成即刻调转部队，杀往青浦救援。

大家也不要觉得这些洋枪队有多厉害，洋人有多威猛，其实他们也都是纸糊的老虎，没啥战斗力。其原因也很简单：其一，这帮人是临时拼凑起来的，没有经过专门的训练，战斗力堪忧；其二，这帮人都是雇佣军，虽然说拿人钱财替人消灾，但是战场上拼得是军人意志，意志这种玩意不是给多少钱就会有的。所以，双方一接触，李秀成率部把这帮洋鬼子揍得够呛。

经过两个时辰的作战，李秀成部大败洋枪队和清军联军，击毙洋枪队成员近三分之一，华尔自己身中五枪，差点把命给丢了。李秀成缴获洋枪二千余支，大炮十余门，前膛铁炮上百门，其他战利品若干，大获全胜。

李秀成觉得，洋人也不过如此，攻陷上海如探囊取物尔，遂率三千太平军向上海杀去。

在进攻上海这件事上，李秀成有点幼稚了。为什么？因为李秀成有点把洋人当亲人了，结果在进攻上海时吃了大亏。

早在6月份，上海英租界急于搞清楚太平天国对基督教和外国人的态度，因此派出英国伦敦布道会在上海的牧师艾约瑟一行五人到苏州去拜见李秀成。双方聊得很嗨，都很热情，谈得很投机。

艾约瑟很客气地说，哎呀！王爷有空到上海来坐坐呀！一起喝喝茶吃吃饭，谈谈上帝聊聊天啊。

李秀成说，好的呀！好的呀！有机会一定去。

因此，这次李秀成带兵前往上海，觉得是和艾约瑟有个约会，大家轻轻松松聊聊天就把上海占领了。而且，李秀成觉得，洋人和自己都信仰上帝，都是自己人，自己人总不会打自己人吧？

因此，带着这种乐观和幼稚的想法，李秀成只带三千太平军就大摇大摆地骑着马唱着歌向上海进发了。

8月18日，李秀成在徐家汇的天主教堂做完弥撒之后，率兵冒雨向上海县城进攻。他远远地看见城头飘扬着英国的米字旗和法国的三色旗，天真地以为是外国人在欢迎他呢，结果等来的却是密集的枪林弹雨。

李秀成一看洋人开始向自己开炮，觉得不可思议，前几天还叫我小亲亲，今天就叫我牛夫人，真是翻脸比翻书还快，而且自己带的兵也很有限，强攻上海也不太现实，只能自行撤退而走。

不过，这次进攻上海，李秀成也不是一无所得，他有三个收获：第一，认识到了西方殖民者的嘴脸，根本不可能和洋人交朋友，将来大家肯定会兵戎相见；第二，充分认识到了洋枪洋炮的威力，因此，李秀成决定大力购买洋枪洋炮装备自己的队伍；第三，一个名叫呤唎的英国人投靠了李秀成，此人懂得铸造炮弹，会制造引信，还会用大炮瞄准，是个用起来得心应手且忠于太平天国的军事人才，后为守卫天京出力不少。归国后，呤唎将自己在太平天国的见闻写成一本名为《太平天国革命亲历记》的书，以他的视角记载了太平天国的历史和他自己在太平天国的点点滴滴。

**正所谓：**

**天帝之子连气节，忠王孤军取上海。**

**同根并蒂又如何？翻脸只比翻书快。**

## 西线安庆之战

当忠王李秀成在东线的苏浙蓬勃发展之时，英王陈玉成在西线安庆方面却遭遇到了越来越大的压力。

1858年底的三河镇之战，湘军的势力几乎被太平军撵出了安徽，从根本上改变了双方在皖北的战略态势。但是，对于曾国藩而言，在拿下湖北武昌和江西九江之后，安徽安庆是其攻克南京的最后一个绊脚石，必须集中水陆两师之优势兵力从太平军手里夺回安庆。

因此，曾国藩一直谋划着在皖北重新布置军事力量，与太平军争夺安徽省城安庆。为了避免重蹈当年李续宾部试图速战速决却招致全军覆没的覆辙，曾国藩提出了“先剪枝叶，后拔本根”的战略进攻计划。安庆就是南京的枝叶，要想攻克南京，必须先占安庆，而欲占安庆，必须稳扎稳打。

为了攻下安庆，曾国藩将湘军主力分为四路，一路兵马由曾国藩亲自担任统帅，二路兵马由李续宜统领，三路兵马由胡林翼统领，四路兵马由多隆阿统领作为后援。四路人马，分兵徐进，准备在安庆打一场持久的围点打援战略大会战。

这场大会战，持续了将近二十个月。

1860年的清廷，也发生了翻天覆地的变化：这年的春天，英法联军大举入侵；七月，联军攻陷北塘；八月，攻陷天津，向北京进犯，咸丰以狩猎的名义带着一班大臣妃子逃往承德避暑山庄；十月，英法联军火烧圆明园；随后，恭亲王奕䜣留在北京谈判，与英法俄三国分别签订卖国条约。咸丰听说圆明园被烧了，国破山河碎，再也不想回北京了，一直留在承德，耽于享乐，龙体越来越差，将国家军政大事都交给信任的肃顺以及后来垂帘听政的西太后慈禧。慈禧和奕䜣这些人都比较信任曾国藩，放手让曾国藩、左宗棠、李鸿章、沈葆桢等一帮汉人去做事。因此，少了中央的羁绊和约束，曾国藩能够比较顺利地执行自己先攻安庆再图南京的战略。

太平天国这一方，对安庆的重要性也有充分的认识。

安庆是天京上游最后一座屏障，丢了安庆，天京就一展无遗地暴露在湘军面前了。因此，无论是天王洪秀全，还是干王洪仁玕，以及英王陈玉成，都对安庆的战略重要性有着非常充分和清醒的认识。但是，此时太平天国最有战斗力的李秀成在非常认真地经营着自己的领地苏福省，至于安庆这个地方，在李秀成看来，这是英王陈玉成的地盘，自己不方便，也不想干预太多。当然，虽然李秀成心里是这么想的，但是面子上还得听候天王调遣，该出兵的时候总是要出兵的，至于是不是真的用心打，那就是另外一回事了。

湘军志在必得，太平军志在必守，安庆会战势必是一场硬仗。

湘军一路猛攻，先后攻陷太湖、潜山等地，拔掉了安庆西路的屏障，继续东进，兵锋直指安庆唯一门户——枞阳镇。

枞阳镇的地位非常重要，胡林翼曾经说："安庆之要在枞阳，不得枞阳，即顿兵城下一二年，贼可徜徉自如，暇则来战，不暇则游于他处，我不能奈何也。""安庆之计，不得枞阳，不能合围，即再顿兵十年，不能制贼要害，亦不关贼痛痒。”①

湘军对进攻枞阳非常重视。但是，英王陈玉成却没有给予枞阳足够的重视。在枞阳被围之际，他竟然远离皖北战场，流连于天京和苏浙战场不归，从而给了湘军极好的进攻机会。

1860年5月，杨载福、彭玉麟等带领水师分路进攻枞阳，苦战一个月，未见成效。遂派已经投降湘军的韦志俊利用和枞阳守将万宗胜的旧交将其诱骗出城，趁机将其拿下。枞阳群龙无首，很快被湘军攻陷。

枞阳既下，曾国藩随即命曾国荃兵围安庆。

曾国荃将安庆城死死围住，率领湘军士兵在安庆城下挖了两道深沟长壕，里面一圈壕沟用来围困安庆城，外面一圈用来抵御太平军援军，完全隔绝了安庆城与外界的联系。安庆的陷落只是时间问题了。

湘军此次是志在必得，曾国荃率军日夜围攻安庆，杨载福率湘军水师封锁江面，隔断安庆的水路，多隆阿率万人掩护曾国荃侧后，李续宜领兵万人作为总预备队，胡林翼亲自督师太湖。在曾国藩的统一调配之下，湘军各部全力配合曾国荃的正面进攻。

太平天国方面，原本天王洪秀全答应让李秀成东征的条件是一个月之内速归天京，然后李秀成再率兵回防西线，保卫安庆。但是，李秀成以及陈玉成等人都在东线战场耽误太久，导致对安庆的防卫不足，致使湘军围城，在战略上很是被动。

……………………………

① 崔之清主编：《太平天国战争全史》（第四卷），南京大学出版社2002年版，第2123页。

1860年9月，李秀成、陈玉成分别从苏州和常州回到天京，与洪秀全和洪仁玕商讨拯救安庆的计划。大家商量来商量去，想到的还是之前常用的办法——围魏救赵，即进行第二次西征，进攻湖北武昌，迫使曾国藩从安庆撤出部分部队回援湖北，从而达到解救安庆的目的。随即，陈玉成和李秀成各自领兵，形成两路夹击之势，准备在1861年3月攻下武昌，其他部队伺机策应和配合陈玉成、李秀成。安庆是陈玉成的指挥中心和命根子，因此他自当积极主动。李秀成对西征武昌，虽然不是那么积极，然而迫于天王压力，也不得不率兵出发。

陈玉成率部在湖北如入无人之境，一路杀向武昌，于1861年3月18日占领黄州（今黄冈），距离武昌仅有百里之遥。

武昌清军只有两千人，只要陈玉成稍微再努力一把，攻下武昌如探囊取物。但是，陈玉成却停下了。

为什么？

因为一个外国人，英国参赞巴夏礼。

《中英天津条约》签订之后，英国人派巴夏礼参赞来湖北办理汉口通商口岸的开放事宜。巴夏礼看到陈玉成要攻击武昌，就想和他谈谈。

陈玉成也想和巴夏礼谈谈，因为陈玉成觉得这个外国人和他一样都拜上帝，说不定是自己阵营的人呢，聊一聊说不定能让英国人支持太平天国！

陈玉成太天真了，因为英国和太平天国没有任何关系，英国人是和人家清政府签的条约，又不是和你太平天国签的条约。也就是说，如果陈玉成把武昌给占领了，英国人从清政府那里攫取的权益就没有了，他们在汉口开办通商口岸的事也就黄了，这违背英国人的利益。

因此，巴夏礼和陈玉成谈话的核心就是说服太平军不要进攻汉口。不知出于什么原因，也许是因为共同信仰上帝吧，陈玉成竟然听了巴夏礼的话，许诺只进攻汉阳，而不进攻武昌。

当时，因为情报传递的问题，李秀成部和陈玉成部并不能通畅地交换信息，导致各自对对方的位置和状态缺乏直接的了解，全靠猜测对方的状态来决定自己的行军方向。

李秀成率领的那支部队在江西耽误了很久，直到1861年6月才进入湖北，此时陈玉成已经离开湖北了。

李秀成一看陈玉成都已经离开了，自己也撤吧，也没有进攻武昌。

陈玉成和李秀成都没有进攻武昌，导致太平天国之前商定的围魏救赵的计策失效，再加上湘军进攻日紧，安庆的陷落已经进入倒计时了。

眼看安庆危急，陈玉成直接率兵回援安庆，同时洪秀全从天京派出洪仁玕、林绍章以及吴如孝等人率领援军支援安庆。

湘军早就做好了围点打援的战略部署，静静地等待太平军援军的到来，以逸待劳，逐个消灭。

此时，曾国荃反而不主动进攻了，只是加紧了对安庆的围困，处于围而不攻的状态。因为，他知道安庆的太平军撑不了太久了，现在不着急进攻，等里面的太平军饿死得差不多了再说。

安庆的粮食开始出现严重短缺，已经出现人吃人的现象。人间地狱，大概就是这个样子吧。此时的太平军也许才真真实实感受到了人间不值得的滋味。

对于曾国荃来说，时间差不多了，该总攻了。

1861年8月27日，曾国荃亲自指挥湘军冲向安庆城，猛攻十二次，用去火药十七万斤，铅弹五十万斤。但是太平军拼死抵抗，湘军阵亡一万多人，一直到9月3日，湘军也未攻上安庆城头。

堡垒最容易从内部攻破。

镇守安庆的太平军中有一个中级军官叫程学启，率五百太平军驻扎在安庆北门之外。曾国荃想尽办法抓了程学启的乳娘当人质，逼迫其投降。程学启也真是个大孝子，看到乳娘被捉，立刻剃发投降。曾国荃担心程学启是诈降，就将程学启的手下五百人分隔开来，分散在湘军各营安置，然后命程学启仍旧待在原地代表太平军驻防，每日湘军偷偷给程学启送粮草物资，保其活命。

安庆久攻不下，曾国荃只好动用程学启这颗暗雷。

9月4日，熟悉安庆布防的程学启带领湘军从安庆西北城墙攻入安庆。同时，曾国荃命人挖掘的北门地道也竣工了，一声巨响，北门城墙坍塌，湘军蜂拥而入，太平军彻底崩溃。程学启后来当了大官，他的五百名手下也各有赏赐，其中一个士兵后来做了北洋水师提督，他的名字叫丁汝昌，是我们非常熟悉的一位历史人物。

9月5日，安庆陷落，太平军守军覆没，只有文将帅张潮爵驾小船逃走，其他守将和士兵被湘军全歼。后来，湘军在张潮爵府邸的房檐上发现了五石粮食，看来这个文将帅并没有打算和太平军将士同生死共患难。看来，太平天国的某些将领，真是嘴上满是上帝，肚里全是大米，心里想的全是自己的生机。

安庆大会战以湘军全胜告终，咸丰已于当年八月驾崩，同治皇帝随后继位。清廷赏时任湖广总督官文太子太保衔，赏曾国藩太子少保衔，赏胡林翼太子太保衔，赏李续宜黄马褂，升任湖北巡抚，赏杨载福、多隆阿云骑尉世职，赏曾国荃布政使衔记名按察使及黄马褂，彭玉麟升任安徽巡抚，等等。

与清军一片欢欣鼓舞的景象不同的是，太平军则愁眉苦脸。因为，丢失安庆，就意味着天京门户大开，太平天国国运堪忧。

此次攻克安庆，湘军采用的是围而不攻的战略，死死围住安庆，然后准备好打援部队防备太平军援军，不攻坚，不出战，不逞强，最终在安庆守军弹尽粮绝之时再强攻进城。这种模式后来被湘军在南京完美复制，最终攻克南京，平定了太平天国。

**正所谓：**

**黑云压城扼咽喉，天国命运实堪忧。**

**围魏救赵好时节，功亏一篑成败寇。**

# 第十六章 湮灭

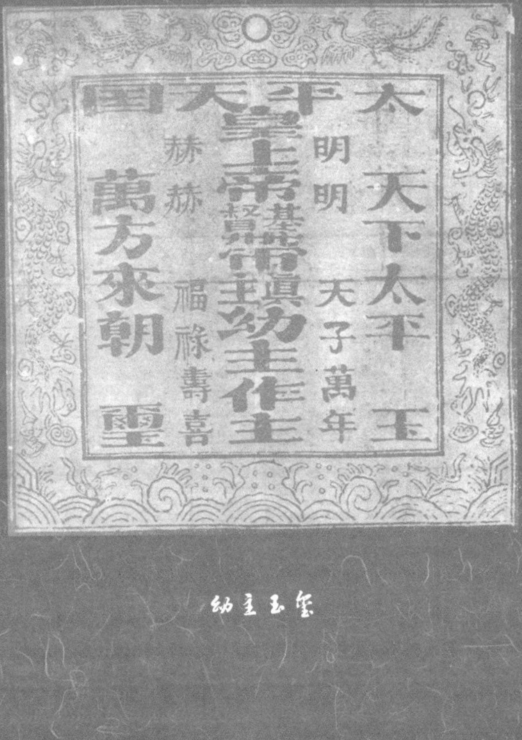


幼主玉玺

# 李鸿章率淮军攻下苏州

长达二十个月的安庆大会战结束了，安庆沦于湘军之手，天京门户洞开。从此，再无任何战略要地屏障天京，湘军可以直接进攻太平天国中枢了。

安庆被湘军攻陷之后，陈玉成眼睁睁地看着安庆城内燃起了熊熊大火，知道已经回天无力，遂败走庐州，不久即遭湘军围困。

1862年5月，陈玉成从庐州突围成功，不料却被苗沛霖诱捕，于6月份遭凌迟处死。一代英王陈玉成，从此烟消云散，只留后人喟叹而已。

安庆失陷和英王陈玉成被杀，都是太平天国的巨大损失。好在还有忠王李秀成，仍旧在为天国事业竭尽全力，成为天国最后一位护国柱石。如果李秀成再倒下，那么天国再无可用之人。

1861年底，李秀成围攻杭州满城。这一次，李秀成没有打算将这些满族人斩尽杀绝。他给洪秀全上奏，要求放走满城里的满族人，一个不杀，愿意走的给路费，满族人还可以带走自己的财产。洪秀全刚开始觉得李秀成的想法不可思议，但是想到天国可用之人不多了，那就随他的便吧。很快，洪秀全下诏同意李秀成的提议。

李秀成愿意放杭州的满人一条生路，洪秀全也愿意放他们一条生路，但是，杭州的满人却不想放自己一条生路。他们拒绝了李秀成的提议，决心抵抗到底。因为，他们知道，如果不抵抗就将杭州内城拱手送给太平军，清廷不会放过他们。故而，与其背一个不战而降的罪名，还不如拼死一战，至少可以落个好名声，自己的子孙后代还可以视自己为家族之荣耀。不战而降，这算怎么一回事呢？干脆，拼死到底，干死拉倒！

李秀成一看，人家满人不愿意和平地走，愿意死战到底，那咱就别客气了，太平军将士们，该你们上了。随即，李秀成命令太平军强攻，满城里男女老幼齐上阵，拼死抵抗，最后全部阵亡。这些满人，也算可歌可泣，赢得了对手的尊重和敬意，不愧为八旗后裔，没有辱没祖宗的荣光。

二次攻克杭州的李秀成志得意满，打算二次进攻上海，进一步扩大太平天国的财源和地盘。

1862年1月7日，李秀成发出对上海、松江两地军民以及外国人士的谆谕，“各宜去逆归顺，同沐天恩，毋得自取灭亡之事”，“凡所经过之地，其于投诚之百姓则抚之安之，其于归降之勇目则爵之禄之”，“进攻尚海、淞江，恐尔人民惊恐……特颁谆谕，先行令人前来张贴，仰尔尚海、淞江一带人民兵勇知悉”，“自谕之后，倘不遵我王化而转助逆为恶，相与我师抗敌，则是飞蛾扑火，自取灭亡”。[①]大概的意思就是我忠王李秀成很善良仁慈，在进攻之前给你们驻守在上海、松江的清军以及住在这里的老百姓打声招呼，希望你

①　中国史学会主编：《太平天国》（二），上海人民出版社1952年版，第743—744页。

们早日归顺，一起共筑天国梦。我一路打来，对各地军民都很客气，怕你们担惊受怕，希望你们不要再助纣为虐，不要再帮助清妖，否则的话，我老李就不客气了，要听话，要乖哦。

随即，李秀成亲率二十万太平军兵围上海。

此时的上海不光有大清子民，还有各国租界和数不清的洋人。李秀成进攻上海，无疑会侵犯这些洋人的利益，甚至威胁到他们的性命。因此，上海的洋人已经和清政府站在了一个立场上。另外，1861年11月，慈禧太后和奕䜣发动宫廷政变，打倒了咸丰指定的八位赞襄大臣，开始垂帘听政。相比于咸丰皇帝，慈禧还是要开明一些，彻底改变了之前咸丰打死也不和洋人合作的政策以及对汉族大臣的不信任，她希望能够依赖汉族大臣并借助洋人的力量尽早把太平天国剿灭。因此，慈禧太后给予了曾国藩等汉族大臣更多的信任，也给予了洋人更多的合作机会。

因此，李秀成兵围上海，导致清廷和洋人更加紧密地勾结在一起，一致对抗太平天国。前一阵子被李秀成击伤的美国人华尔已经养好了伤，又回来了。华尔这次没有再招募外国那些散兵游勇，他觉得这帮洋鬼子（虽然他也是洋鬼子）打仗不卖力。这一次，华尔主要招募华人，然后，聘用洋人教官进行训练，并给这些华人雇佣兵配备最新式的武器。华尔的这波操作，使这支洋枪队的战斗力空前膨胀，人数也达到了近5000人的规模，这是一支能够影响部分战局的生力军。

不仅如此，李秀成还遇到了比曾国藩的湘军更厉害的部队，那就是李鸿章的淮军。李鸿章在曾国藩的同意和指导下，亲自组建了几千淮军。他完全效仿曾国藩组建湘军的方式，并配备了最先进的洋枪洋炮，采用西洋练兵之法练兵，战斗力爆棚。淮军组建完毕之后，李鸿章租用洋人的运兵船，将这支成立不久但战斗力超强的淮军运到上海，协防上海。在出师之前，曾国藩为了让李鸿章的淮军声势更大，将自己手下的几千精锐送于李鸿章，期望李鸿章在上海战场能够顺风顺水，一战成名。李鸿章一到上海，迅速兼并了很多绿营部队，淮军人数大大增加，达到数万人。李鸿章的淮军，人数众多，武器先进，战术过硬，战斗力超强，是李秀成以及其他太平军从来没有遇到过的对手。淮军是继湘军之后，清王朝出现的第二支成规模的私人武装，这支军队中的许多人以及他们的手下将在中国近现代史上扮演着非常重要的角色。中国近代史上的大小军阀，如果想要寻找他们的出处，追根溯源，几乎都能上溯到这支淮军部队。比如袁世凯，他就长期在淮军将领吴长庆麾下效命，最后当上了北洋军阀的老大，成为近代中国的一代枭雄。

李鸿章像

现在，李鸿章的淮军和华尔的洋枪队联合起来对付李秀成，李秀成的上海之路注定走得不会太顺畅。

不过，别忘记一个事实，李秀成是太平天国后期最善于打仗的一位王爷，他也不会给李鸿章的淮军和华尔的洋枪队什么好果子吃。

刚开始，李秀成率领太平军在上海周围打了不少胜仗，甚至在1862年9月击毙了华尔本人。

对于太平天国而言，上海之战形势大好。

但是，此时的天京已经被曾国藩率领的湘军围困，天京危急！天国危急！天王危急！洪秀全下诏给李秀成，命其速速奉诏率军回援天京，放弃上海战场。这使得李秀成白白丧失了上海的大好局势。

李秀成曾回忆道：

> 正当成功之时，曾帅之军已由上而下，破我芜湖、巢县、无为、运漕、东西梁山、太平关一带，和州亦然。有如破竹之势，直至金陵，逼近京都。那时天王一日三道差官捧诏到松江追我，诏甚严，不得已，将松江兵退回。①

洪秀全没有说谎，此时的天京，真的是岌岌可危，朝不保夕了。

攻陷安庆之后，曾国藩指挥湘军乘胜肃清了安徽全境的太平军，随后攻陷天京上游一系列军事重镇，长驱直下，直逼天京。天京很快就被湘军死死围住，除非奇迹发生，否则，太平天国已经没有翻盘的机会了。

但是，对于太平天国而言，也未必没有回旋的余地。

在李秀成看来，如果此时违背天王诏旨，强行硬攻上海，也未必

① 罗尔纲、王庆成主编：《太平天国》（二），广西师范大学出版社2004年版，第381页。

攻不下来。一旦攻克上海，就会极大开拓苏福省的地盘和财源，将会极大地增强太平天国的粮草供给和饷银供应，也许战局会有柳暗花明的一天。但是，李秀成这个思路也有风险，如果他不听洪秀全诏旨，拒绝班师回京救援，天京被攻克的时间就会大大提前。如果天京被攻克，天王被俘或是被杀，他的上海之战还有什么意义呢？粮草给谁吃？饷银给谁花？上海滩的姑娘给谁抓？

正是因为有了这个想法，李秀成刚开始并没有打算放弃进攻上海。但是，天王洪秀全一道又一道诏旨发来，命令其从上海撤军，李秀成也断然不敢完全拒绝，毕竟天王还是天王，他的诏旨还是要听的。

可是，李秀成一旦下令从上海撤围，太平军与李鸿章所率淮军的士气对比就完全不一样了。太平军被迫撤围，一路退走，士气低落，而此时的淮军，经过多次和太平军交手，已经摸清了太平军的作战风格和思路，追击撤退之兵自然是士气旺盛，斗志昂扬，锐不可当。

李秀成决定退兵之后，上海战局一发不可收拾。上海浦东、浦西相继失守，苏州外围州县吴江、江阴等也相继失陷。

李秀成在天京听说吴江、江阴丢失之后，就判断形势已经非常危急了。就目前而言，天京已经失去上游安庆的屏护，如果苏州再失陷的话，天京下游也再无屏障而言，天京就会完全被清军包围，必然会弹尽粮绝，孤城难守，也逃脱不了最后陷落的命运，太平天国就彻底上“天国”了。另外，李秀成将苏福省看作是自己的封地和势力范围，一旦沦陷，自己的切身利益也必然受损。因此，李秀成必须力保苏州。

1863年9月23日，李秀成从天京返回苏州，立即从各地抽调十万余部队，从苏州和无锡全线主动出击，力图全歼李鸿章的淮军。

对于李鸿章而言，为了顺利攻占苏州，他采取了稳扎稳打、步步推进的战略，一步步缩小对苏州的包围圈，直至最后兵临城下，再发动总攻。

苏州城，李秀成是志在必守，李鸿章是志在必得。一个拼命守，一个玩命攻，战局势必胶着和惨烈。

苏州太平军拼死抵抗，淮军和洋枪队奋力攻击，双方死伤都很多，但是谁都不想先放弃。

洋枪队的戈登司令官担心伤亡过大，希望李鸿章加紧诱降行动，从苏州内部击垮太平军。

此时的苏州，有几十个太平天国的王爷领兵打仗，但是只有慕王谭绍光对太平天国和李秀成忠心耿耿，其他的王爷大都心怀鬼胎，意志动摇，一看苏州城被淮军包围，早就想叛变了。

如果李秀成在苏州，给他们一万个胆子他们也不敢叛敌。但是，偏偏在此时，李秀成率领一万多人离开了苏州城，打算从苏州城外策应城内防守。估计，李秀成也是担心苏州城守不住了，与其待在城里最后被俘或是战死，还不如先找个退路，苏州万一失陷，他还可以领兵回天京。

1863年11月30日，李秀成离开苏州；12月4日，苏州城内其他诸王如郜永宽等人密谋杀掉了慕王谭绍光，将苏州城拱手献给了李鸿章的淮军。

然而这些叛变太平天国的人最终也没有得到封官晋爵的优待。李鸿章觉得这帮人卖主求荣，实乃不仁不义之徒，不堪大用，再加上这帮太平天国降将提出了各种优待的条件，远超李鸿章的承受范围。于是，12月6日，李鸿章设下鸿门宴宴请部永宽等人，将其一一诛杀。随后，淮军开始对投降的太平军动手，大部太平军被杀，一部分逃走，一部分被遣散，太平军仅存的精锐部队被淮军消灭了。也有记载说，一些投降的太平军被卖往南美洲等地做苦工，他们的家属则被赶到长江边上，寒冬腊月，无衣无食，冻饿而死，可怜至极。

李鸿章斩杀俘虏的事情让戈登很为不齿，他表示拒绝再听从李鸿章的指挥，打算自己单独行动。双方闹得不可开交，经总税务司赫德[①]从中斡旋，李鸿章赔给戈登一大笔银子作为安抚费用和精神损失费，两人关系才算好转。后来，李鸿章访问德国的时候，德国首相俾斯麦由于听说过这件事，对李鸿章表达了自己的不屑和蔑视。

可惜，历史从来不会嘲笑胜利者，成王败寇从来都是颠扑不破的真理。如何认识和评价李鸿章，并不是本书的行文重点。但是，有几点必须清楚：第一，李鸿章作为清朝臣子尽了自己的忠，无论是平定太平天国，还是甲午海战，李鸿章都是忠心耿耿，这一点毋庸置疑；第二，李鸿章作为晚清比较开明之人，为晚清的近代化甚至中国的近代化奠定了相当厚实的基础；第三，李鸿章作为清朝外交代表签订的不平等条约不能视为他个人行为，弱国无外交，这个道理还是不难理解的；第四，李鸿章在一些具体的条约谈判之中确有不妥和失误之处，如《中俄密约》，这个值得深入研究和探讨。

① 赫德（Robert Hart，1835—1911），清末海关第二任总税务司，英国人。1854年到香港，1861年起在上海担任海关总税务司职务，1863年继李泰国正式担任海关总税务司，1908年休假离职回国，1911年死于英国白金汉郡，清廷追授其为太子太保。著有《中国论集》《赫德日记》等。

**正所谓：**

**偷鸡不成蚀把米，兵临城下誓不弃。**

**鸿门断肠人不齿，冤声一恸灭信义。**

## 天王号召大家吃草

苏州失陷，天京失去了最后的东部屏障，清军彻底完成了对天京的合围，太平天国的丧钟已经敲响。

兵败如山倒，随着战局越来越明朗，苏浙的太平军将领展开了投降比赛。当然，并不是所有投降的太平军都被诛杀，大部分降将都会得到很好的安置，大多都能升官发财。

1863年6月，天京城外的雨花台、聚宝门各营垒以及要塞九洑州先后失陷，1864年5月，江苏常州、丹阳等地相继失陷，天京失去了所有方向上的屏障，完全暴露在清军面前。天京已成一座孤城。

从苏州回防天京之后，李秀成认为天京无论如何都保不住了。1863年12月，李秀成鼓足勇气对洪秀全进行了劝说："粮道绝门，京中人心不固，老少者多，成兵无有，俱是朝官，费粮费饷者多……京城不能保守，曾帅兵困甚严，濠深垒固，内无粮草，外救不来，让城别走。”

李秀成的意见很直白了，天京城中作威作福的官老爷太多（费粮费饷者多），能打仗的兵太少，没钱没粮，没有救兵，守不住了，天王，咱还是撤吧。

天王洪秀全充满信心地拒绝了李秀成的提议：“朕奉上帝圣旨、天兄耶稣圣旨下凡，作天下万国独一真主，何惧之有。不用尔奏，政事不用尔理，尔欲出外去、欲在京，任由于尔。朕铁桶江山，尔不扶，有人扶。尔说无兵，朕之天兵多过于水，何惧曾妖者乎！尔怕死，便是会死，政事不与尔干。”

李秀成的意见应该说是比较中肯的，“让城别走”，没有必要死守孤城天京，外面还有大批太平军在南征北战，只要天王出京，振臂一挥，总会有不少人跟随，将来再翻盘的机会也不是没有。但是，如果死守天京，湘军隔断了天京与外面太平军的联系，粮草不济，天京迟早沦陷，天王被俘或是被杀之后，太平天国再想翻盘就没机会了。

李秀成也知道天王说的“天兵多过于水”是信口胡说。也许天王是真心相信天父会派天兵下凡来帮助他重整旧河山，但是在这个湘军围城的节骨眼上还说这种不着调的话，除了证明天王洪秀全确实不着调之外，并不能解决任何问题。

李秀成也不是没有想过放弃太平天国，但是，谁让他是忠王呢，既然被封为忠王，就要替天国血战到底，才不负自己忠王之名号，才不负自己多年来的征战杀伐。但也许还有一个更重要的因素：李秀成的母亲和家人都在天王的控制之下。

忠王李秀成只能留在天京尽忠。天王虽然不高兴李秀成“让城别走”的提议，但是也没有别的人可以信任和依靠，只能指望李秀成帮他守住天京。

天王要死守，曾国藩要死攻，双方在暗暗较劲，都在等待最好的时机。

1864年的春天，又到了万物复苏的时节，植物开始发芽，动物们开始发情，天京的人们却开始发疯了。

天京军民的粮草越来越紧张，水路被湘军水师封死，粮食无法走水路进入天京。如果走陆路运输的话，偶尔能运进来一些，但也只能优先供应太平天国的王公贵族，不少王爷家里库存了很多粮食，比如天王洪秀全的哥哥洪仁达家里就有很多。但是，在全城军民挨饿的情况下，洪秀全竟然不敢也不愿号召诸王府把粮食交出来分给百姓。

天王洪秀全给天京军民准备了另外一种美食——甜露。

甜露，听起来多么美妙的名字，一定香甜可口，妙不可言。你想多了，所谓的甜露，源自《圣经旧约·出埃及记》，说是逃出埃及的以色列人饥寒交迫，有一天清晨，这些人突然发现荒野上覆盖着一层薄薄的鱼鳞模样的东西，以色列人问摩西："这是什么东西？"摩西说："这是耶和华赐给大家的美食，大家可以放心食用。"其实，所谓的美食，就是地上长的野草，也就是洪秀全所说的甜露。

天王号召大家吃草，自己总得做个表率，不然自己不吃，让老百姓吃，这总不是什么好领导，领导总得以身作则！

于是，天王就像模像样地让厨师把野草割下来，然后揉成一团，硬着头皮吃了一些。天王可以假装吃草，老百姓可不买这个账，这个时候还要相信你这个糟老头子就算我们瞎了眼。因此，普通百姓到忠王李秀成那里求情，希望能够出城，离开天京这个无情无义的地方。

李秀成跑到天王那里求情，希望能放走一批百姓，让大家自谋生路。显然，天王洪秀全明白甜露不好吃，既然没有办法帮大家解决粮食问题，就只好同意百姓离城。

但是，天王的哥哥洪仁达却没有忠王李秀成这般仁慈。他家里藏着很多粮食，不仅不分发给老百姓，反而要求出城者要从他这里购买出城证，否则不予放行，每人五两银子。要知道，当时天京的老百姓哪里会有五两银子来买出城证，能买得起出城证的大都是太平天国的各级官吏。这些太平天国的官吏平时都是口号声声，要保卫天京，然而，一旦出事，树倒猢狲散，个个溜之大吉，各奔前程去了。

能够顺利逃离天京城的普通百姓，命运也不会好到哪里去。因为城外是重重设卡的湘军，这些湘军碰见这些逃难的百姓，百般刁难，遇见年轻貌美的女子，就掠走据为己有，遇见不对眼的，随便砍杀，或是撵回天京城里。湘军之所以要把老百姓撵回天京城，动机很明显，城里的饥民越多，太平军内部的粮食危机就会越严重，进攻的时候就更容易攻克。

大兵压境，天王身体开始出现问题。

据说，天王在定都天京之后，平时喜欢吃生冷食物，也喜欢吃油炸蜈蚣，生冷遇见油腻，经年累月，肠胃系统也就不那么好了。加上最近又装模作样地吃了一些甜露，肠胃系统紊乱，身体就彻底垮了。

1864年5月，天王洪秀全病了，而且是大病。

可天王觉得自己还年轻，才52岁，还不到花甲之年，再加上平时养尊处优，身体发福，满面红光。因此，他觉得他的病不是什么大病，又有上帝庇佑，他认为自己还能再抢救一次，甚至不用医生医治也能好转起来。

天王在床上躺了十天，天父上帝并没有给他带来好运，城外的湘军围攻日紧，每天都有不好的消息传到天王府。终于，天王撑不住了。1864年6月1日，天王洪秀全在床上安静地死去，用他自己以前的话来说，是升天了，上天堂见他的天父去了。

洪秀全死得仓促，天国上下没有做好相应的准备，天王府中的一些女官将他草草埋葬，不发通告，不搞仪式，一切从简。一名女官用黄绸裹尸布将死去的洪秀全层层包裹，没有用棺椁成殓，直接埋在地下。洪天贵福被俘之后，曾回忆说：十九日老子死毕，是遣女官来葬的，葬在新天门外御林苑东边山上……尸身未用棺椁，以随身黄服葬于宫内御林苑上。

就这样，悄悄地，天王洪秀全没了。

洪秀全没有成为刘邦和朱元璋，没有斩尽天下妖魔，没有建立一个男女平等的太平世界，没有机会实现有田同耕的理想社会。终其一生，他自己实现了锦衣玉食，实现了穿金戴银，实现了生杀予夺，实现了一言九鼎，实现了一呼百应，但并没有给这个灾难深重的国家和人民带来改变命运的机会。纵观太平天国十四年，破坏大于建设，时时都在战争，处处都在杀戮，人民流离失所，提不出切实有效的治国纲领，更无法带领中国向近代化迈出坚实的步伐。用教科书的经典语言来概括，即近代中国，农民阶级的局限性决定了其不能带领中国人民实现民族独立和人民解放，这是历史的必然。

正所谓，兴，百姓苦；亡，百姓苦。

洪秀全在死之前，将天王之位传给了儿子洪天贵福。洪天贵福在埋葬洪秀全五天之后，才对外称幼天王，正式公布了洪秀全的死讯。

满朝文武向幼天王表示效忠，决意一起努力拼搏，外拒强敌，内修德政，在幼天王的领导下将太平天国建设得更加美好、更加强大。

但是，曾国藩没有给幼天王洪天贵福太多的时间。

因为六周之后，天京即将陷落，天国将烟消云散，天国将成为一段往事。

**正所谓：**

**经年兵败倾山倒，天王表率食仙草。**

**藉藉无息归天国，金陵困顿终烟消。**

## 天国十误

攻克金陵（南京），平定太平天国，这是摆在曾国藩面前的头等大事。在曾国藩看来，这一丰功伟业必须由湘军完成，最好是由自己的弟弟曾国荃完成，其他部队，比如李鸿章的淮军和清正规军都不应该也不允许来抢占这最后的荣耀、最大的功劳，这个至高无上的荣耀必须是属于我们曾家的。

为了确保曾家在攻克南京中占得头功，曾国藩驻扎在安庆遥控全局，将围攻南京的湘军各部交由曾国荃统一指挥。曾国荃指挥湘军各营，步步推进，先后拿掉进出南京城的雨花台、九洑州以及其他重要堡垒。雨花台是南京城进出的主要陆路，九洑州是进出南京城的水路，水陆两路都被湘军斩断，南京成为名副其实的孤城。到1863年11月25日，曾国荃将自己亲率的吉字营扎在孝陵卫，彻底截断了南京经由陆路运粮的通道。

很快，南京东、南、西三面要塞均被湘军占领，仅剩下钟山之巅的天堡和地堡尚未被攻陷。

对于湘军而言，攻克南京，指日可待。

对于忠王而言，守住天京，才有活路。

又是一个拼命攻，一个玩命守，双方都志在必得，一时间难分上下，战场暂时处于胶着状态。

此时，曾国藩很着急，曾国荃也很着急，清廷更着急。清廷不太关心攻克南京的人到底是曾国藩的湘军，还是李鸿章的淮军，或者是别的什么军队，清廷最关心的事情是尽快攻克南京，扫平太平天国。因此，清廷下旨给李鸿章，命其率淮军以及洋枪队从苏州赶赴南京，和湘军一起会攻南京。

接到圣旨之后，李鸿章想了又想，他想明白了几个事情：

第一，他李鸿章是曾国藩的学生，他不能和自己的老师抢功劳，这是封建儒士必须要遵守的基本伦理；

第二，他一旦出兵，南京攻克的速度必然加快，但是现在曾国藩的弟弟曾国荃将全部身家押在了攻克南京上，如果因为自己的到来，得罪了曾国藩的亲弟弟也不是什么好事情；

第三，朝廷的圣旨，不照办是抗旨，总得找到合适的理由推脱。

李鸿章思来想去，他宁愿得罪朝廷也不能得罪自己的老师和兄弟，毕竟朝廷远在千里之外。于是，李鸿章向朝廷回复说，盛暑时节不宜多用火炮，淮军火炮众多，不宜派大股部队向南京移动，只派出刘铭传等人率一万余人赶赴南京助攻。

李鸿章不仅是个明白人也是个聪明人，自己派出少量部队助攻，既能向朝廷复命，也不会在攻克南京的大会战中太过于出风头，抢了湘军的风头。

可对于湘军而言，哪怕淮军只来一百人也不行，也是在和湘军抢功。

曾国荃就怕别人和他抢功，因此加紧了对南京的围困和进攻。

他首先命令吉字营选出敢死队，尽快拿下天堡和地堡。在领兵打仗方面，曾国荃有两个特点：杀人如麻和挥金如土。曾国荃向敢死队保证，只要攻下天堡和地堡，敢死队每人赏银500两，战死者抚恤金1000两。重赏之下，必有勇夫。湘军吉字营争先恐后争当敢死队，都想在攻克南京上立下大功。

守卫天堡和地堡的太平军也知道这两个堡垒是天京最后的堡垒了，因此将能搜罗到的炮弹，无论是实心弹还是开花弹，都集中在这两个堡垒中，拼死捍卫天京城。

曾国荃的敢死队一队一队地上去，一片一片地倒下。

由于伤亡过大，有人给曾国荃提供了一种方法：用芦苇、竹竿或是木条编织成一丈多长、八尺高、两尺厚的篱笆，然后将稀泥糊在篱笆上，泥巴干了之后，就成了一堵厚实的墙；然后在下面装上轮子，几个人从后面推着走，敢死队都躲在墙后面，步步推进，推进到足够近的距离，待消耗掉太平军的炮弹之后，再进行冲锋，定能拿下两座堡垒。

曾国荃觉得这个法子可行，随即按照此法建造数十座移动城墙，命令敢死队躲在墙后往上冲。

太平军一看湘军有了新式的防御武器，就拿他们自己最珍贵的开花弹往上轰，效果还不错，确实能把这种移动的墙打个稀巴烂。但是，在那个年代，太平军的开花弹是有限的，打完就没了。等到太平军的开花弹消耗殆尽之后，湘军肆无忌惮地再往上冲，湘军炮兵也不断轰炸，很快就攻占了地堡。用同样的手段，天堡也被湘军拿下。

这两个堡垒拿下之后，对于湘军而言，剩下的就是攻城了。

湘军攻城有一套，不直接派人强攻城墙，而是采用之前太平军攻打武昌时使用的方法——穴地攻城。这种办法虽简单但费时，派人从各个方向往城门方向挖掘地道，差不多挖到城墙下时，放置数千斤的炸药，引爆之后，上方的城墙会随之塌陷，然后攻城的士兵冲向城墙的缺口，杀入城内。

这种方法简单、暴力、有效，以至于无论是湘军还是太平军，双方在攻击对方的城池时都会采用这种方法。

但是，守城的一方也很容易判断出地道的大致方位。第一种办法是直接观察法。守军只要站在高高的城墙上，往下面前后左右看几眼，发现哪里的草木开始发黄枯萎，就说明这下面有地道。这个原理很简单，下面开挖地道，断了地上植物的水路和营养，没有了水的滋养，草木自然变黄，那么城墙上的人自然就容易分辨出来。不过这种方法仅适用盛夏时节或是长草的地方，如果原本这里就没有草，你就是瞪瞎自己的双眼，也发现不了地道的位置。如果第一种办法不管用，还有第二种办法，那就是派人（盲人最好）趴在地上听，或是沿城墙每隔两三丈埋下一个空水缸，命人将耳朵贴在水缸上听，地下的土木作业声音一般都会被听到。一旦判断出大概的位置，那就静静地等待，等到挖地道的人挖到相应的位置时，上面的人就将各种脏东西，比如粪便，一股脑地灌进地道，或是直接扔个炸弹炸死挖地道的人，然后再将地道迅速堵上。

曾国荃让人大量地挖掘地道，太平军就日夜不停地监听和破坏。

遗憾的是，湘军人太多了，挖掘的地道也太多，虽然很多地道被太平军发现并破坏了，但是总有遗漏的地道。

1864年7月19日，天京城太平门下的地道引爆了，将太平门的城墙炸开了二十多丈宽的大口子，早已等候多时的湘军蜂拥而上，从缺口处杀入天京城。

对于太平天国而言，天京陷落了；对于大清帝国而言，南京收复了。

同样一件事情，因为立场不同，自然表述不同，各自的意义也不同。

冲入南京城的湘军，一时间顾不上杀敌。因为，他们卖命攻城的主要目的就是要在攻进南京城之后可以好好地抢劫一番，发一笔大财。

一时间，湘军没有什么纪律可言了，也没有什么组织可言了，当官的也管不住下面的士兵了。毕竟，你挡别人财路，别人要你生路。

湘军的混乱给幼天王洪天贵福和李秀成等人逃出天京创造了良好的时机。

在李秀成的保护下，幼天王洪天贵福以及一干人等乔装打扮，穿着湘军服饰，趁着湘军忙于抢劫的有利时机，逃出了天京城。

在逃亡的路上，幼天王的马不幸崴了脚，李秀成将自己的好马让给幼天王骑，自己骑了一匹普通的马跟在队伍后面断后。不承想马力渐渐不支，李秀成落得越来越远，最后深夜迷路，再加上饥肠辘辘，想去寻找一些食物充饥，以至于和大部队走散。

李秀成跌跌撞撞地来到了方山顶上的海会寺，将随身携带的珠宝财物挂在树枝上。有百姓给他送来一些食物并愿意掩护他的安全，李秀成就把将这些财宝赠予这些百姓。但是，悲剧就出现在这些财宝上。拿到财宝的百姓自然高兴万分，但是没有拿到财宝的自然心生愤恨，分配不均，以致发生争执，分得少的人就向湘军告发了李秀成。李秀成于7月22日被湘军捕获。

曾国荃听说抓获了李秀成，急命手下将李秀成押进来。

仇人相见，分外眼红。

曾国荃，气急败坏，连连发问；李秀成，岔然挺胸，拒绝回答。

曾国荃看见这个让他损失了无数湘军将士的敌人竟然如此桀骜不驯，一时间完全不顾君子风度，拿起一把铁锥朝李秀成扎去，一时间，李秀成血流如注。

李秀成看到曾国荃如此丧心病狂，骂道："曾老九，你我战场各为其主，你何必如此下作？"

这么一说，曾国荃更加疯狂了，冲上去想把李秀成刺死。曾国藩的幕僚赵烈文见此情景生怕曾国荃一激动把李秀成给杀了，那就没法向曾国藩交差了，便立即劝阻曾国荃，将李秀成从曾老九的刀下救出，等待湘军统帅曾国藩的到来。

五天之后，曾国藩从安庆来到南京，当晚审讯李秀成。

曾国藩到底是朝廷大员，比曾国荃有君子风范。也许是装的，也许是真的，曾国藩一见李秀成，心疼得不得了，说道："你就是李秀成？真是一条好汉。可惜！可惜！真乃人杰也，不早遇知己，乃如此。"曾国藩说完，立即命令手下给李秀成松绑。

听到自己的老对手曾国藩能这样评价自己，又看到曾国藩给自己松了绑，再想想自己的处境，李秀成竟然对这个老对手有了无以言明的好感。

李秀成决定对曾国藩敞开心扉，用他的一片真心换取曾国藩的重用。

曾国藩和李秀成谈了好久，后续又谈了好几次。

曾国藩问了李秀成很多问题，李秀成都如实回答。曾国藩看李秀成有归顺之心，遂命人给李秀成送来纸笔，让其写出供词。李秀成从个人的角度写出了太平天国的始末，写了一些重要人物以及他自己的重要活动。同时，根据自己的理解，还写出了"天朝十误"，分析了太平天国失败的诸多因素。

计开天朝之失误有十：

一、误国之首，东王令李开芳、林凤祥扫北败亡之大误。

二、误因李开芳、林凤祥扫北兵败后，调丞相曾立昌、陈仕保、许十八去救，到临青（清）州之败。

三、误因曾立昌等由临青（清）败回，未能救李开芳、林凤祥，封燕王秦日昌复带兵去救，兵到舒城杨家店败回。[杨家店清将，现今日久，不能记得姓名。]

四、误不应发林绍璋去相谭（湘潭），此时林绍璋在相谭（湘潭）全军败尽。

五、误因东王、北王两家相杀，此是大误。

六、误翼王与主不和，君臣而（疑）忌，翼起狈（猜）心，将合朝好文武将兵带去，此误至大。

六、误主不信外臣，用其长兄次兄为辅，此人未有才情，不能保国而误。

七、误王不问政事。

八、误封王太多，此之大误。

九、误国不用贤才。

十、误立政无章。[①]

李秀成总结的“天国十误”，大概说出了太平天国失败的原因，有军事战略方面的失误，比如北伐，也有内部斗争对太平天国造成的内耗，比如天京内讧，再比如人才的缺乏，天王的平庸以及行政的低效和无序，等等。

以现在的眼光来看，李秀成能想到这些原因实属难能可贵，大部分也颇有道理。但是，他想不到的是，为何太平天国会有这么多失误？他大概意识不到的是，他所信仰的拜上帝会与中国传统文化格格不入，也与西方正统教义偏差颇多，如何能够在中华大地生根发芽？他所追随的领导人洪秀全只知道痴人说梦、寻欢作乐、钩心斗角、不理政事，如何能带领他们一帮拜上帝会信徒走向人间天堂？他所忠诚的太平天国和太平军，只会砸碎一个旧世界，却不知道如何建设一个

① 罗尔纲、王庆成主编：《太平天国》（二），广西师范大学出版社2004年版，第397页。

新世界，如何能够建设一个让民众都心向往之而非闻风而逃的正常国家？

**正所谓：**

**半壁功业十四年，江山翻覆猢狲散。**

**若问缘由都几许？忠王十误定盖棺。**

# 第十七章 结局

胡以晃即是豫王前是護國侯

後是豫王

秦日昌即是秦日綱是為

燕王

忠王手迹

# 不“忠”的忠王李秀成

向曾国藩投降的太平天国忠王李秀成并没有善终。

在获得李秀成的自述口供之后不久，曾国藩就下令将李秀成斩首处死。

我们要回答两个疑问：第一，身为太平天国忠王的李秀成为什么要投降？第二，曾国藩为何要杀掉已经投降的李秀成？

先说第一个问题。关于忠王李秀成投降的原因，有两种说法。第一种说法认为李秀成是真降。这种说法认为，曾国藩一见李秀成就表现出惺惺相惜，对李秀成爱惜有加，一副相见恨晚的感觉。李秀成被曾国藩这种惜才爱才的精神感动了，觉得曾国藩最懂自己，李秀成泪目了，破防了，甚至忍不住要唱“听我说，谢谢你”！而且，李秀成还想将来在曾国藩的麾下创建一番千秋伟业。所以，李秀成是真心向曾国藩投降。第二种说法认为李秀成是诈降。李秀成对太平天国的事业还有信心，还有希望，因此先假装投降，获得人身自由之后，将来有机会召集太平天国旧部，重整天国一片河山。

关于李秀成投降的这两种说法，笔者更倾向于第一种。当时，太平天国天王洪秀全已经去世，天京已经被攻陷，幼天王洪天贵福下落不明，李秀成自己又成了湘军阶下囚，况且曾国藩老成稳重，对李秀成礼遇有加，表现出的惜才爱才之情，这让当时处于逆境中的李秀成很容易就感动了，此乃人之常情。再者，太平天国无论多么伟大，但是曾国藩作为平定太平天国之人，至少在能力上，那就显得更加卓越和超群。因此，在李秀成看来，如果能跟着曾国藩这样的人干一番大事业，自然能够彪炳史册，彰显大丈夫的真正实力，也才能实现他这个军事天才的真才实干。因此，李秀成投降曾国藩这件事，个人认为李秀成是真诚的，并非假意投降。对于持第二种看法的人来说，更多的是处于维护李秀成忠王的名誉和称号，觉得忠王怎么可能会投降呢，一定是别有所图，所以假意投降，欺骗曾国藩而已。个人觉得，这种说法有点自欺欺人。毕竟历史的事实就是李秀成投降了，而且写下了数万字《李秀成自述》的降书。我们还是应该尊重历史。

至于曾国藩为何要杀掉已经投降的李秀成，应该是诸多原因综合的结果。第一，李秀成知道太多有关天京的实际情况，而有些情况与曾国藩上奏给朝廷的奏折内容并不一致。比如，天京中储存的太平军多年搜刮的财富，早已被湘军抢劫一空，而朝廷还在期待用这批财富解决一些实际的财政问题。相反，如果不杀李秀成，把他押送至北京献俘虏，这符合清廷的旨意。但如果李秀成向清廷说了一些不该说的话，那曾国藩也就犯了欺君之罪，这是曾国藩不愿意看到的。因此，只有死去的李秀成才最符合湘军和曾国藩的利益。第二，相传李秀成劝曾国藩造反，自己做皇帝。毕竟，当时曾国藩手握重兵，如果造起清廷的反也不是没可能。但是，曾国藩本人是一个正统的儒士，忠君是他最基本的原则和信条，造反这种想法即使偶尔有之也绝对会迅速被压制下去。所以，李秀成劝曾国藩造反，可能触动了曾国藩最敏感的神经，他怕这种想法通过李秀成的嘴透露给清廷，一杀了之最为保险。第三，李秀成是太平天国后期最善于打仗的王爷，有太多的湘军将士死于李秀成之手，如果不杀李秀成，恐难以压制湘军众怒。第四，曾国藩担心李秀成是诈降，哪怕有万一的可能，这也是不可承受之痛。因此，为了免除后患，一杀了之最为稳妥。综合以上因素，李秀成必须死。

但是，朝廷想要见一见活着的李秀成，而且专门下旨要曾国藩将李秀成押往北京。

朝廷要得越急，李秀成就死得越快。因为曾国藩是绝对不可能让李秀成活着到达京城的，绝对不可能让李秀成说一句话的。

于是，李秀成就死了。

曾国藩冒着违抗圣旨的风险杀掉了李秀成。

从此，天下再无李秀成，只留忠王任人评。

**正所谓：**

**忠而不忠遗龌龊，不死而死皆疑惑。**

**是非功过乱如麻，千秋伟业任评说。**

# 幼天王洪天贵福

太平天国幼天王洪天贵福，虽然名字里有贵又有福，但是却不像他父亲洪秀全那样有福气。因为，他爹临死前交给他的太平天国已经是空有名号的太平天国了。他即位不到两个月，天京城破，湘军攻入，太平天国就烟消云散了。

洪天贵福是洪秀全的长子，出生于道光二十九年（1849年），原本叫洪天贵，后来加了一个福字。据太平天国史书记载，他出生的时候有“万鸟来朝，早征幼主降生之瑞”。不过很多开国皇帝都有类似的记录。比如，《明史》记载朱元璋出生之时，“母陈氏，方娠，梦神授药一丸，置掌中有光，吞之，寤，口余香气。及产，红光满室。自是夜数有光起，邻里望见，惊以为火，辄奔救，至则无有”。大概意思就是说，朱元璋母亲生他的时候，梦见有个神仙给他一个药丸，她吞下后不久就生下朱元璋，生产的时候，满屋的红光，邻居们感觉非常奇怪，都以为朱家着火了，纷纷来救火。再比如，宋太祖赵匡胤出生的时候，“赤光绕室，异香经宿不散。体有金色，三日不变”。又比如，东汉光武帝刘秀出生之时，“有赤光照室中”，“时夜无火，室内自明”。这种鬼话，都是他们在当了皇帝之后官方史书记载的，那就随便他们自己怎么说了，不可信。

所以，洪天贵福出生时所谓的祥瑞，基本可以确定是骗人的鬼话。洪仁玕回忆说洪天贵福是个很聪明的孩子，他洪仁玕看一行书，洪天贵福都看了两行书了。这种话大概也不可信，那时洪天贵福已经确定要接洪秀全的班了，将来肯定是太平天国的天王，洪仁玕作为叔叔找机会拍拍未来天王的马屁，这种事想来也是容易理解的。

不过洪天贵福也有自己的福气。出生第三年，洪秀全就发动了金田起义，然后很快就做了天王。洪天贵福作为洪秀全的亲儿子，自然是钦定的接班人，有享不尽的荣华富贵。1853年，洪天贵福跟着太平军进入南京，随后住进了天王府，在此度过了自己快乐简单的童年和少年时期。

但是，洪秀全给洪天贵福提供的教育是让人叹息的。首先，洪秀全没有请什么大学问家来教育洪天贵福，而是让洪天贵福同父异母的姐姐洪天娇教他。因为，洪秀全不允许别的男人进入天王府。第二，让姐姐教也没问题，如果这个姐姐真有学问的话，但是这个姐姐教给洪天贵福的都是什么内容呢？大部分都是太平天国刊行的《十全大吉诗》《三字经》《幼学诗》《千字诏》《醒世文》《太平救世诏》《太平救世诰》《颁行诏书》等。为什么学这些而不学四书五经呢？要知道，太平天国是反对孔子和儒家的，所以洪秀全绝不可能让他儿子学习儒家经典。所以，洪天贵福所享受的福气不过只是满足了口舌之欲而已，这是人类最低等的幸福，而精神上没有得到滋养，能力上没有得到提高。

最让人无语的是，洪天贵福九岁的时候，洪秀全就给他配了四个小王娘。九岁的孩子就有四个老婆，还能好好读书吗？

自从进入南京之后，洪天贵福就没有离开过这座城市，大概他也没有离开过几次天王府。可想而知，他对这个世界的认知是极其有限的，以至于城破之时，惊慌失措，颠三倒四。

1864年6月1日，天王洪秀全病逝，十四岁的洪天贵福即天王位，号幼天王。是时，湘军围城，太平天国眼看就要灭亡了。这种局面让一个十四岁的少年来应付，自然是勉为其难，所以幼天王只能依仗李秀成以及其他几位太平天国的王爷。

天京城破之后，在李秀成的护送下，洪天贵福逃出了天京。李秀成自己不幸被俘。

一路逃亡的幼天王洪天贵福的日子也不好过。一路被清军追杀，如丧家犬般惶惶不可终日。

幼天王洪天贵福先是逃到安徽南部的广德，随后干王洪仁玕赶来护驾。商量之后，他们决定前往江西，期待能够与侍王李世贤会合，然后取道湖北进军陕西，再徐图大业。

然而，当他们行进到江西石城之时，被清军席宝田部包围，遂惊慌逃走，洪仁玕被俘，洪天贵福掉进了一个深坑里暂时躲过了清军的搜捕。待清军散去之后，洪天贵福逃入山林，四处流浪，辗转走过广昌、瑞金等地，后来又回到了和洪仁玕分开的地方石城。然后，他就转啊转，走啊走，希望能碰到自己的部队。不幸的是，流浪途中，他被一个已投降于清军的原太平军的养马人认出，遂被清军捕获，并于1864年10月25日被押入席宝田部兵营。

这种流浪逃亡的日子终究到了尽头。

流浪到头了，也该掉头了。

被俘之后的幼天王洪天贵福将所有一切都推给了已经死去的洪秀全，说这些事都是他爹干的，他一点也没参与，什么都不了解，他是无辜的。被俘的幼天王还想着能够去湖南，在那里好好学习，将来考上个秀才，可以当大清的官。

洪天贵福的幼稚和无知让人觉得好笑，审问他的许本墉和沈葆桢也觉得十分好笑，觉得洪天贵福这是在卖萌扮可爱，简直不可理喻。

洪天贵福虽然傻得可爱，但是，作为太平天国的幼天王，最终的结局也是可以预料的。

1864年11月18日，洪天贵福在江西南昌被凌迟处死，结束了他幼稚单纯的一生。

一个人，无法决定自己的出身，有时也就无法决定自己的命运。

**正所谓：**

**半生贪欢金汤匙，天堂沦亡万骑驰。**

**无奈辗转千万里，落花流水受凌迟。**

## 干王洪仁玕

洪仁玕是洪秀全的族弟，年幼时曾经跟着洪秀全读过一年书，后来洪秀全创立拜上帝会，洪仁玕是第一批追随者和信仰者。

洪仁玕对太平天国最大的贡献，就是给天王呈送了主张接受西方文明、走西方强国富民道路的《资政新篇》。这部文献，也是太平天国区别于以往农民运动的一项重要文献。可以说，洪仁玕的《资政新篇》是当时中国近代化的最佳方案，只是苦于没有实施的机会。

天京被湘军攻破之后，洪仁玕护送幼天王逃出天京，一路逃亡。1864年9月份，洪仁玕和幼天王到达江西石城县，当晚被清军席宝田部追袭，全军惊散，洪仁玕被捕。洪仁玕被捕后做自述，表示当效法文天祥，为太平天国尽忠。洪仁玕写道："予因前承诏旨顾命，自宜力扶幼天王。叹予在石城，隶也实不力，黑夜惊营，君臣失散，此诚予之大罪也，此成擒也。但思人各有心，心各有志。故赵宋文天祥败放（于）五坡岭，为张宏范所擒，传车送穷（北）者，亦只知人臣之分当如此，非不知人力之难与天抗也。予每读其史传及正气歌，未尝不三叹流涕也。今予亦祇法文丞相已。"[①]大概意思就是：我洪仁玕在天京临危受命，扶保幼天王洪天贵福，力图挽狂澜于既倒。现在我只是叹息在石城护驾不力，以致君臣失散，有负天王托孤重恩，正如宋代宰相文天祥兵败于五坡岭，被张宏范活捉押送大都（北京）一样。我当然知道作为臣子，理当如此，也知道天命不可违。我每次读文天祥的《正气歌》都感叹三分，现在我就要效法文天祥为国捐躯了。

最后，洪仁玕写道：国祚今虽逝，他日必再兴。

可以看到，洪仁玕临死之前，还是对太平天国忠心耿耿，想有朝一日能光复太平天国的伟业。

1864年10月11日，洪仁玕在南昌被凌迟处死。

① 罗尔纲：《太平天国史》（三），中华书局2009年版，第1993页。

应该说，在太平天国诸多王爷当中，洪仁玕是最有学识和眼界的，只是历史并没有给他施展才华的机会。后来，中国第一个留美学生容闳曾评价说："干王居外久，见识稍广，故较各王略悉外情，即较洪秀全之识见，亦略高一筹。凡欧洲各大强国所以富强之故，亦能知其秘钥所在。"曾国藩的幕僚赵烈文看到《资政新篇》后，也不得不承认："其中所言，颇有见识……法法类，皆是效法西人所为，其钦折外洋，殆为心悦诚服，而于夷情最谙练；……观此一书，则贼中不为无人。"

**正所谓：**

**效法西人最谙练，资政新篇现识见。**

**奈何终成纸一张，志士才高无施展。**

## 曾国荃

如果说曾国藩是运筹帷幄之中，那么曾国荃就是决胜千里之外。

他们兄弟二人，一个主谋，一个主战；一个是操盘手，一个是实干家。正是这弟兄二人的密切配合，才最终于1864年平定太平天国，为清王朝立下不世之功，使之度过了最严重的内部危机并满血复活，一直持续到1911年辛亥革命。

曾国荃是曾国藩的四弟，比曾国藩小十三岁，在曾氏家族中排名老九，因此也被称为曾老九。

曾国荃指挥湘军攻入太平天国国都天京后，居功甚伟，被清廷封为太子少保，一等伯。对于这个封赏，曾国荃不太满意。因为，在曾国荃看来，攻占南京，平定太平天国，除了他哥哥曾国藩之外，他应该是首功，结果只封了不疼不痒的一等伯，至少得封个王爷啥的吧。

其实，清廷对曾国荃也不太满意。

在收到曾国藩的正式汇报之前，清廷就已经下旨，上谕里对曾国荃等人不仅没有表扬和嘉奖，反而充满了严厉斥责。

上谕说：该逆死党尚有万余，曾国荃于攻克外城时，即应一鼓作气，将伪城尽力攻拔，生擒首逆。乃因大势粗定，遽回老营，恐将士等贪取财物，因而懈弛万一。……倘曾国荃骤胜而骄，令垂成之功或有中变，致稽时日，必惟曾国荃是问。

就是说，你曾国荃攻入天京，为什么着急上奏而没有继续领兵攻入内城？

这把曾国荃骂得是晕头转向。

这还没完，随后清廷很快又有上谕到达，追问财富的下落。朝廷的意思很清楚，大家不是都说天京里有金山银山吗，怎么攻克了之后朝廷连一根毛都没有见到？

清廷的态度让曾国藩和曾国荃都倒吸一口凉气。

俗话说，兔死狗烹，鸟尽弓藏。刚刚攻克太平天国国都天京，朝廷就立刻翻脸不认人了。

曾国藩深知朝廷的忧虑：曾国荃手握重兵，而且这些兵几乎只听命于曾家兄弟。因此，为了让朝廷放心，他曾老九必须离开，湘军必须尽快遣散。经过深思熟虑，曾国藩劝说曾国荃要知进退，为了保命，曾国荃必须暂时离开湘军，回老家养老。

在说服了曾国荃之后，曾国藩代曾国荃上奏说身体不好，奏请“开缺回籍”。对于曾国藩的奏折，清廷还是假装挽留了一下，这给了曾家兄弟一点面子。随后，曾国藩再次代曾国荃上奏，坚决要求回老家养病。戏演得差不多了，情绪和态度都到位了，清廷立刻马上答应了曾国藩的请求。

随后，曾国荃亲自指挥的湘军也大部被裁撤，以便让远在京城的慈禧太后老佛爷安心。

清廷看到曾国荃离开了军队，所部湘军也大都裁撤，就开心多了，不再追究天京的巨额财富问题了，也更加倚重信任曾国藩了。

可以说，曾国荃暂时牺牲了自己，保全了他哥哥曾国藩的位置和地位。

镇压了太平天国之后，清廷还有一个大麻烦，那就是捻军。

捻军也需要镇压。

因此，曾国荃很快就复出任职，并带兵镇压捻军。他其后的履历大概如下：

同治四年（1865年）六月，起用为山西巡抚，十二月调湖北巡抚。

同治五年（1866年）七月，奉命帮办湖北军务，移师襄阳，镇压捻军任化邦、赖文光部。

光绪元年（1875年）二月，被封为陕西巡抚，五日后改任河东河道总督，治理黄泛，平稳水患。

光绪三年（1877年），任山西巡抚。在主政山西之时，正好遇上

“丁戌奇荒”，灾荒绵延数省。曾国荃力行赈济，在朝廷给予的救助外，还向各省借贷，呼吁各界人士捐款协助赈灾，先后募得赈银一千三百万两，米二百万石，救活饥民六百万。灾后，他减轻徭役，节省民费。当时的荒政，“山西为各省之冠”。民众深感曾国荃恩德，为其立生祠。这可谓是曾国荃人生的高光时刻了。

光绪七年（1881年）二月一日，补授陕甘总督兼兵部尚书衔。

光绪八年（1882年）四月十四日，署任两广总督。

光绪十年（1884年）正月初四，署任礼部尚书，十六日后，调署两江总督兼办理通商事务大臣。很快，实授两江总督。

光绪十五年（1889年），慈禧太后归政于光绪帝，推恩加授曾国荃为太子太保。

光绪十六年（1890年）九月，曾国荃在南京两江总督任上病逝，终年六十七岁。清廷感其功劳，赐谥号“忠襄公”。

从此，英勇善战的曾国荃化为一抔尘土，千秋功罪，任人评说。

对于清廷而言，曾国荃最大的功劳就是攻克南京。而对于曾国荃而言，他最大的失误就是没有率兵去支援上海，把机会让给了李鸿章。李鸿章正是凭借此次机遇，组建淮军，立足上海，从上海往南京进兵，随后办理洋务，成为晚清中兴名臣和砥柱中流，对中国近现代史的影响颇为深远。

这个千载难逢的机遇，曾国荃没有抓住。但是，我相信，这也只是后人徒增喟叹而已，从曾国荃后来的发展来看，他也不会在乎和羡慕李鸿章所取得的成就的。在历史长河中，我们每个人都有自己的角色和定位，自己尽力就好，不必强求。

正所谓：

居功至伟生隙嫌，急流勇退称高贤。

他日再登金銮殿，身后千古亦枉然。

## 曾国藩

曾国藩以一文人儒士之身，十几年间，运筹帷幄，调动各方资源，指挥千军万马，攻入南京，平定太平天国，厥功至伟。

如果说曾国藩是清廷的再造父母，一点都不夸张。

清廷就像一栋四处漏风又漏雨的破房子，眼看就要倒了，曾国藩就像一个工作态度极度认真负责的泥瓦匠，东补一个窟窿，西补一个鼠洞，扶大厦于将倾之际，挽狂澜于既倒之时。

在镇压太平天国之后，清廷赏曾国藩太子太保、一等侯爵，世袭罔替，并赏戴双眼花翎，一时风光无限，位极人臣。

但是，曾国藩是极聪明之人，对清廷也足够忠诚。

曾国藩明白"兔死狗烹，鸟尽弓藏"的道理，也明白自己作为人臣的本分。因此，为了家族安危，为了让圣上和太后安心，更为了天下安定，曾国藩随即将大部湘军裁撤，并说服胞弟曾国荃暂时隐退，暂避锋芒。

曾国藩的伟大之处就在于知进退。

等到湘军大部裁撤，曾国荃暂时归乡，清廷才对曾国藩彻底放心，并委以重任，令其署理两江总督，挑起了重建满目疮痍的两江地区的重任。

要知道，两江，指江南省（今江苏省、安徽省和上海市）和江西省，原本是清朝最为富庶的地区，贡献的钱粮最多。但是，太平天国时期，两江地区恰恰又是太平军和清军厮杀的主战场。经此一劫，可谓是“万里无人收白骨，家家城下招魂葬”。

因此，署理两江总督之后，曾国藩迅速采取有效手段，试图恢复两江地区往日的繁华。曾国藩以身作则，拒绝讲总督大人的排场，裁撤陋规，整顿两江吏治，并向清廷上奏减免两江地区的赋税。这些措施，对腐败的地方官员，有了一定的约束，也有效地促进了太平天国运动之后两江地区的恢复。几年之后，两江地区人口慢慢多了起来，经济贸易逐渐复苏，房屋又建了起来，渐渐重现江南往日的喧闹和富庶。

曾国藩对清廷这个将倾大厦的补救是全方位的，是系统性的。如果说平定太平天国是将垂死挣扎的清廷从重症监护室抢救了过来，那么曾国藩开创和主导的洋务运动则是让原本虚弱的大清又开始容光焕发起来。

其实，早在和太平军交战之时，曾国藩就亲眼见证了英法军舰在长江江面驰骋，大为惊叹。在见证了西方炮舰的实力之后，曾国藩认为，太平军不过是眼前之敌，洋人才是大清未来真正的强敌。因此，为了防患于未然，并加快镇压太平天国的速度，曾国藩在攻克安庆之后，就在安庆建立了安庆内军械所，集中当时大清的优秀技术人员仿造西方枪炮和舰船。1862年7月30日，曾国藩观看了徐寿、华蘅芳所仿制的中国第一台轮船用蒸汽机，兴奋不已。他在日记中写道："中饭后，华蘅芳、徐寿所作火轮船之机来此试演。……火愈大，则气愈盛，机之进退如飞，轮行亦如飞。约试演一时……"要知道，蒸汽机是工业革命时代的核心技术，现在中国人自己也能造出来了，大清真是未来可期。

为了进一步学习西方先进的技术并将之运用到中国自己的军工事业，曾国藩和李鸿章等人在上海设立了江南制造局。江南制造局的规模更大，影响也更深远，现在的上海江南造船厂就是从这个江南制造局发展而来的。

为了深入学习西方技术，曾国藩还做了另外一件更有意义的事情，那就是说服清廷向西方（主要是美国）派遣留学生。

1871年8月，清政府成立"幼童出洋肄业局"，任命陈兰彬为委员、容闳为副委员。陈兰彬负责留学学生在美期间的中文学习，容闳则负责西式教育。清政府总共向美国派遣了四批幼童，每批30人左右，共120名。在这些留美幼童当中，从事工矿、铁路、电报者30人，其中工矿负责人9人，工程师6人，铁路局长3人；从事教育事业者5人，其中清华大学校长1人、北洋大学校长1人；从事外交行政者24人，其中领事、代办以上者12人，外交部部长1人、副部长1人，驻外大使1人，国务院总理1人；从事商业者7人；进入海军者20人，其中14人为海军将领。总之，除因病早亡、留美不归和埋没故里者之外，大都在不同的岗位上为中国的现代化做出了应有的贡献。更为重要的是，曾国藩推动了中国的留学事业，为大清以及将来的中国培养了一批又一批的人才，也促进了中国近代化甚至现代化的发展。

1870年，在署理直隶总督之时，曾国藩奉旨处理了著名的“天津教案”，[1]虽竭尽全力，却留下无尽骂名，在整个清廷上下背负了“卖国贼”的恶名。在处理完天津教案之后，曾国藩可谓油尽灯枯。

1872年3月12日，曾国藩在房间里坐了一小会儿，吃了一点橙子，然后到两江总督府西花园散步。花园非常大，曾国藩走了很久，突然向前栽倒。曾国藩长子曾纪泽前去将曾国藩扶起，并问道：“是穿的鞋不合适吗？”曾国藩回答说：“我感觉我的脚麻了。”随后，曾纪泽和随从卫士打算将曾国藩搀扶进内堂，然而曾国藩已无法行走，浑身抽搐，不能说话，坐下不久，便撒手西去。

可以说，曾国藩为他忠于的国家尽了最后一份力。

轰轰烈烈的太平天国失败了。失败也是必然的。原因很简单，太平天国的敌人与其说是清廷，不如说是整个中华文明。金田起义之后，太平天国将中华文明几千年留下的文化典籍贬为妖书，将中华大地的孔圣人贬为妖魔，将整个中华文明与文化全部否定、砸烂，重建一个新的文明与文化。要达到这样的目标，是绝无可能的。由此，清廷只要下一道圣旨，华夏大地千千万万的儒家教义的卫道士们就会挺身而出，为捍卫中华文明和文化而奋战到底。所以说，太平天国的对手是异常强大的，是异常有韧性的，是异常有毅力的，是异常有生命

①　天津教案是1870年（同治九年）发生在天津的一场震惊中外的教案。天津民众因育婴堂婴儿死亡之故攻击天主教教会机构，焚烧教堂，并造成20名外国人被打死。教案发生后，法、英、美、俄、普、比、西七国驻华代表联名向清政府提出抗议，并调集军舰至天津、烟台一带进行威胁。清政府委派正在病休的曾国藩进行处理。曾国藩的处理方式以安抚洋人为主，严惩了参与天津教案的一干人等，杀16人，缓刑4人，流放25人，将天津知府张光藻、知县刘杰革职充军，赔款白银50余万两，派崇厚去法国道歉。曾国藩的这种对外一味妥协退让的处理方式引起很大争议。

的。故而，再加上太平天国固有的政治、经济、军事等诸多内部问题，怎么可能取胜呢？

不管怎么说，从金田起兵到天京陷落，整整十四年，大半个中国沦为你争我夺的血腥战场，洪秀全、冯云山、杨秀清、萧朝贵、韦昌辉以及石达开等人心心念念为之而奋斗的理想和荣耀，最后都化为一缕尘烟，消散于茫茫天地之间，只留下一段段说不清道不明的往事，任凭后人评说。

**正所谓：**

**千古功绩半圣人，[①]晚做中兴社稷臣。**

**儒生一介统千军，则天第一跃龙门。**

① 半圣人：梁启超曾将孔子和王阳明列为儒家两个圣人，将曾国藩列为半个圣人。